Martin Kuhnle

Schwäbische Alb

Löwenpfade und hochgehberge

36 ausgewählte Touren

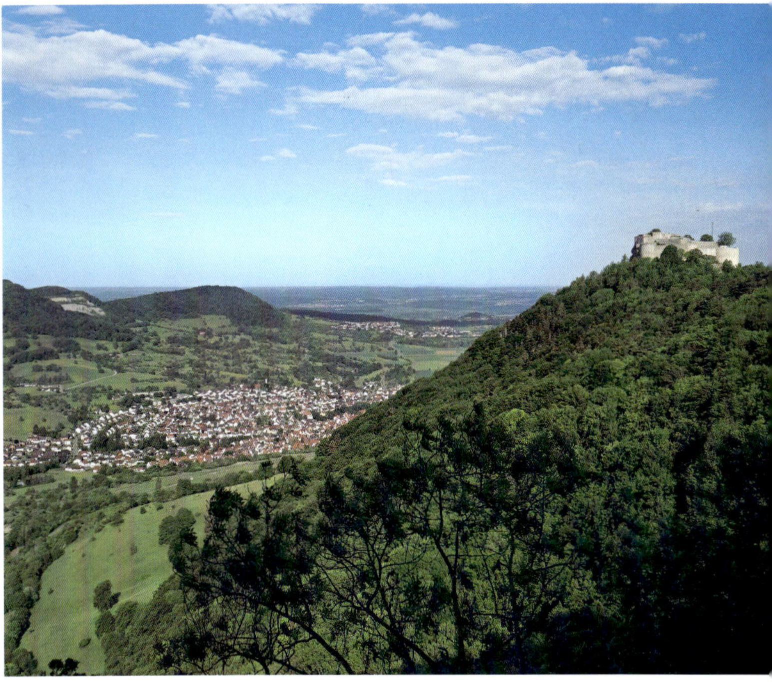

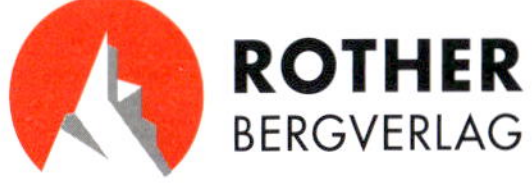

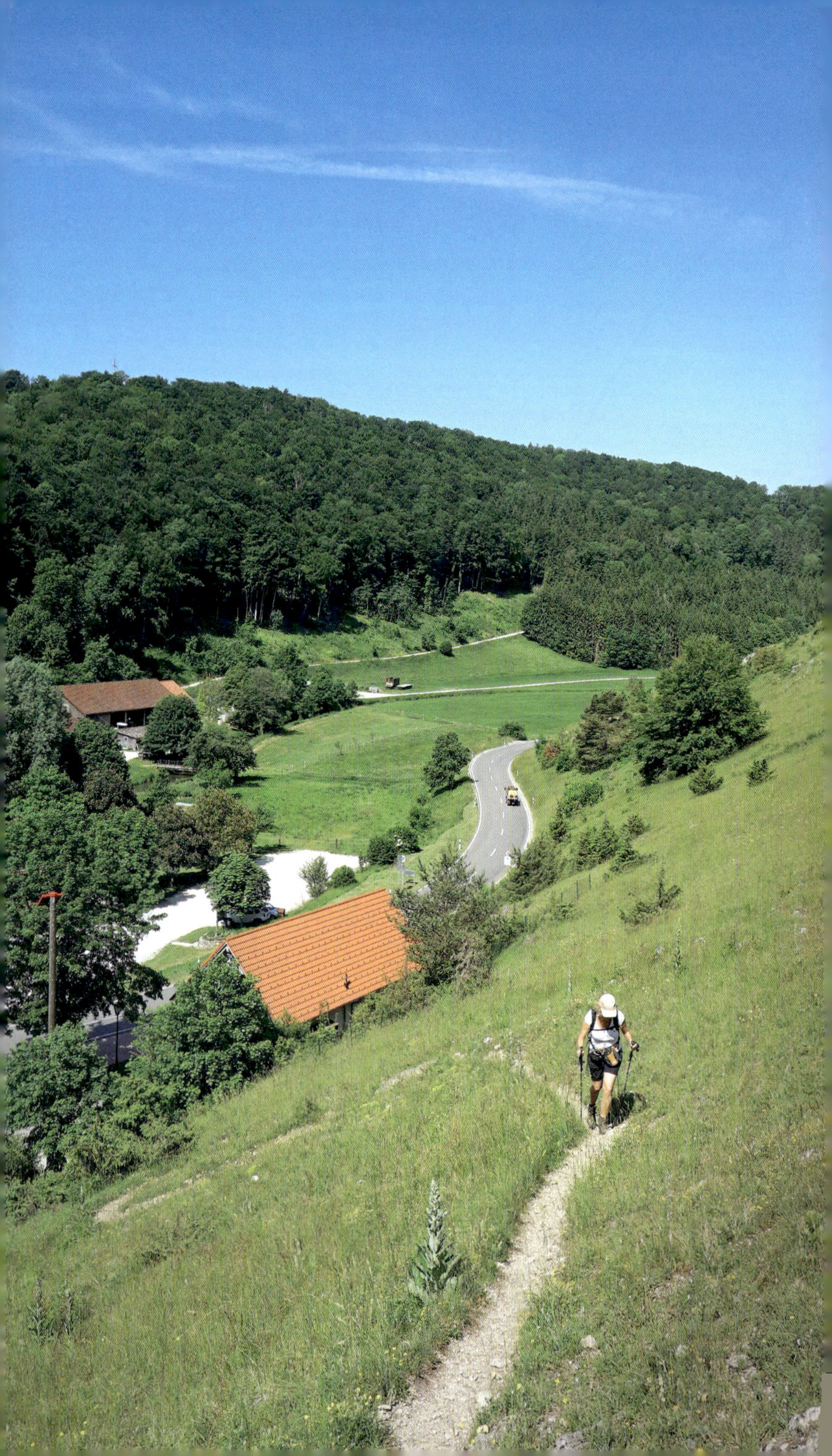

Vorwort

Als Autor vieler Rother-Wanderbücher und Bildbände und zudem als ausgebildeter Wanderführer, Gesundheitswanderführer und mittlerweile Referent der Heimat- und Wanderakademie Baden-Württemberg wage ich zu behaupten: Dieses Buch führt Sie in die schönsten Regionen der Schwäbischen Alb. Das liegt natürlich mit daran, dass viele der Wanderungen absolut familientauglich sind, aber auch daran, dass eine faszinierende und urwüchsige Natur durchwandert wird. Das Wandern auf den Löwenpfaden und hochgehbergen ist besonders schön, erlebnisreich und eindrucksvoll. Kein Wunder, dass diese Wanderwege allesamt zertifiziert sind und mit zu den schönsten in Deutschland gehören. Einfach mal für ein paar Stunden abschalten und den Alltagsstress vergessen. Die Stiefel schnüren, den Rucksack schultern und los geht's in die Natur.

Premiumwandern – was ist das? Premiumwandern ist Genusswandern auf allerhöchster Ebene. Mittlerweile taucht das Wort Premium in fast allen Bereichen des Alltags auf. Es steht für ausgezeichnete, überdurchschnittliche Produkte mit hoher und stabiler Qualität. Für Wanderwege bedeutet das, dass sie erlebnisreich sind und einen außerordentlichen und intensiven Natur-Genuss bieten.

An dieser Stelle ein paar Dankesworte an meine Frau Heidi Maria, die mich beim Fotografieren, Planen, Wandern und Korrekturlesen hilfreich unterstützt hat. Auch einen gebührenden Dank an unsere Familien und Freunde für die Unterstützung und fürs Mitwandern, vor allem aber meinem Vater, der mich mit über 80 Jahren bei so mancher Tour begleitet hat. Ein Dankeschön auch an die Lektorin, Frau Schnorfeil. Ein besonderer Dank gilt dem Schwäbischen Albverein und natürlich dem Rother Bergverlag sowie den Landratsämtern Göppingen und Esslingen für die freundliche Genehmigung der Verwendung der Logos Löwenpfade und hochgehberge.

Video-Clips zu diesen Touren finden Sie auf meinem YouTube-Kanal »Wanderkult mit Martin Kuhnle«.

Lassen Sie sich schon vor der Wanderung von der großartigen Naturkulisse und dem herrlichen Wanderparadies inspirieren.

Regelmäßig stelle ich Videos meiner Touren online.

Ich wünsche Ihnen für alle Zeit spannende Wanderungen! Entdecken auch Sie Ihre eigene Traumtour.

Ötisheim, im Sommer 2023 Martin Kuhnle

Alpiner Steig im Großen Lautertal.

Inhalt

Vorwort . . . 3
Top-Touren . . . 8
Allgemeine Hinweise . . . 10
Das Wandergebiet Schwäbische Alb/Hegau . . . 14
Das Biosphärengebiet Schwäbische Alb . . . 16

Löwenpfade . . . 20

1 **Ave-Weg**
Wallfahrt am Albtrauf . . . 22

2 **Berta-Hörnle-Tour**
Hinauf zur ehemaligen Bertaburg . . . 25

TOP 3 **Felsenrunde**
Grandiose Filstalblicke . . . 28

TOP 4 **Filstalgucker**
Zum Ostlandkreuz . . . 32

5 **Filsursprung-Runde**
Zur Ruine Reußenstein . . . 35

6 **Felsen-Tour**
On The Rocks . . . 38

TOP 7 **Höhenrunde**
Traumhafte Ausblicke ins Obere Filstal . . . 41

8 **Messelberg-Tour**
Weitblicke vom Rötelstein und Messelstein . . . 44

TOP 9 **Orchideenpfad**
Albparadies Wasserberg-Haarberg . . . 46

10 **Schloss-Filseck-Runde**
Zum Charlottensee . . . 50

11 **Spielburg-Runde**
Rund um den Hohenstaufen . . . 52

TOP 12 **Staufer-Runde**
Historischer Weg in Traumkulisse . . . 54

13 **Steigen-Tour**
Entlang der steilen Bahnstrecke . . . 58

14 **Wasserberg-Runde**
Zum Haarberg, Dalisberg und Weigoldsberg . . . 62

TOP 15 **Weitblick-Tour**
Zur Maierhalde und auf den Hohenstein . . . 65

hochgehberge 70

16 **hochgehblickt**
Rund um den Galgenberg 72

17 **hochgehadelt**
Zur Burg Teck und auf den Breitenstein 75

18 **hochgehnießen**
Museumsdorf Beuren und Kulturlandschaft 80

19 **hochgehlegen**
Hohenneuffen- und Burg-Teck-Blick..............82

20 **hochgehfestigt**
Von Beuren zur Hohenneuffen..................84

21 **hochgehkeltert**
Zur Burgruine Hohenneuffen 87

22 **hochgehsiedelt**
Albtrauf, Hochfläche und ein Vulkansee..........90

TOP 23 **hochgehflogen**
Von der Hohen Warte zur Eninger Weide 92

24 **hochgehwachsen**
Über den Markwasen zum Breitenbachsee........96

TOP 25 **hochgehtürmt**
Zur »Onderhos« auf dem Schönberg 98

26 **hochgehkämpft**
Auf den Roßberg bei Gönningen...............101

TOP 27 **hochgehträumt**
Zur Nebelhöhle und zum Schloss Lichtenstein...104

28 **hochgehhütet**
Auf den Münsinger Hausberg 108

29 **hochgehsprudelt**
Um den Gomadinger Sternberg................110

30 **hochgehgrenzt**
Alpiner Pfad am Schachenberg.................113

31 **hochgehbürzelt**
Traumaussicht vom Bürzel.....................116

TOP 32 **hochgehswiggert**
Hoch über dem Großen Lautertal...............120

TOP 33 **hochgehlautert**
Drei Ruinen und ein wunderschönes Tal........124

34 **hochgehackert**
Walderlebnis-Pfad bei Pfronstetten 127

35 **hochgehschätzt**
Entlang des Hasenbachs 130

TOP 36 **hochgehpilgert**
Vom Zwiefalter Münster zur Wimsener Höhle 132

Stichwortverzeichnis 138

Impressum 144

Blick ins Lautertal von der Ruine Hohengundelfingen.

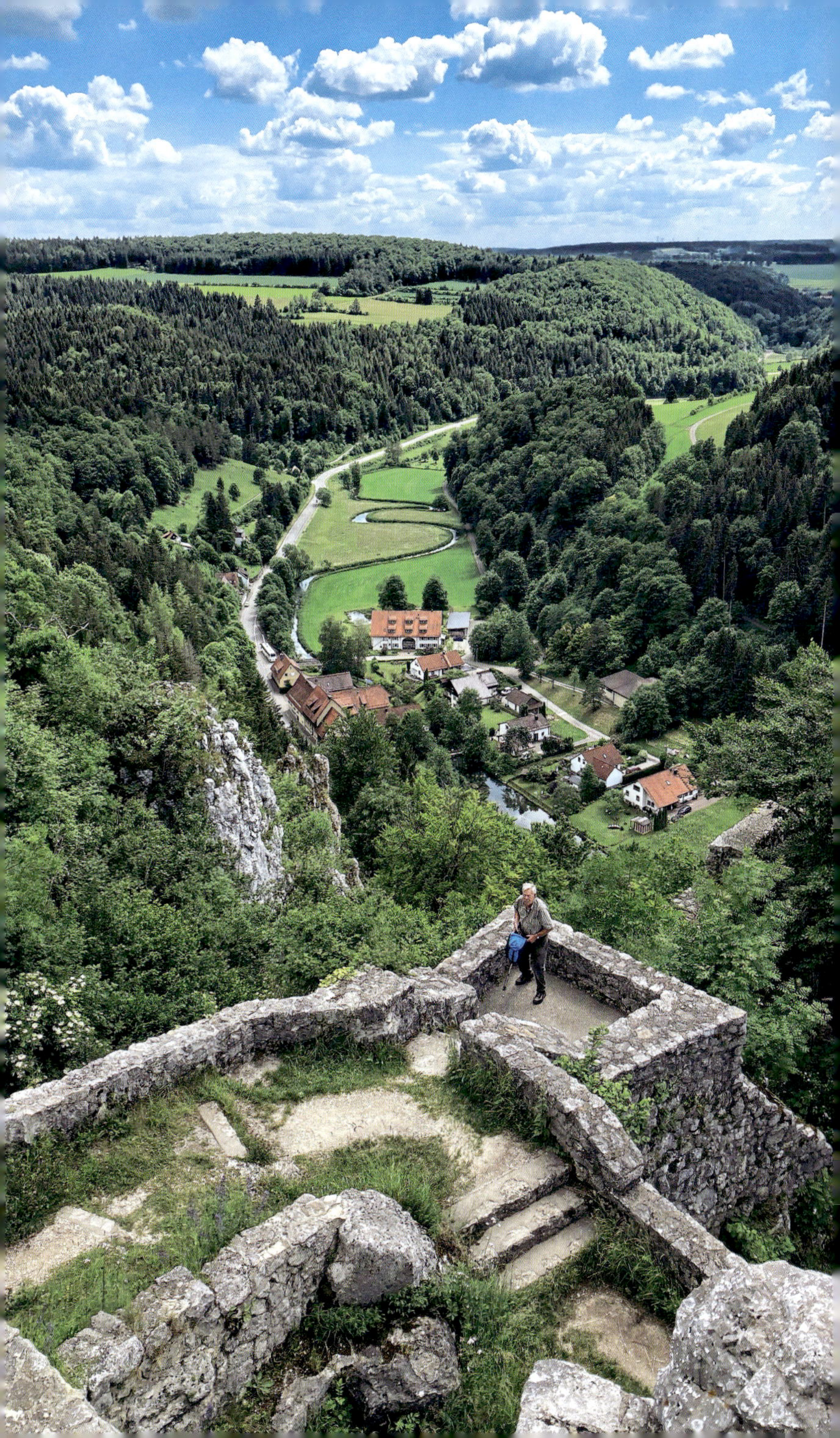

Top-Touren

Felsenrunde
Hoch über Bad Überkingen und Geislingen an der Steige bietet dieser Löwenpfad viele löwenstarke Weitblicke, mit Glück sogar bis zu den Alpen *(Tour 3, 4.30 h).*

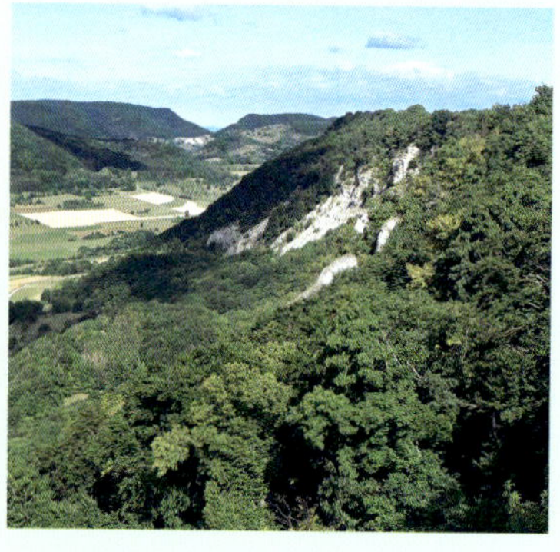

Filstalgucker
Wohlklingende Namen wie »Tiroler Felsen«, »Geiselstein« oder das mächtige »Ostlandkreuz« erwandert man bei dieser hoch über dem Filstal verlaufenden Runde *(Tour 4, 3.45 h).*

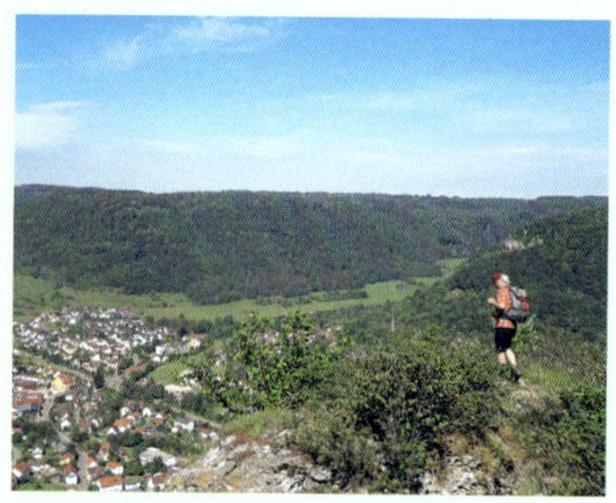

Höhenrunde
Hoch hinauf geht es von Bad Ditzenbach, dann aber steht grandioses Wellness-Wandern mit Höhenrausch auf dem Programm. Ein kleiner Abstecher führt zur imposanten Ruine Hiltenburg, den man keinesfalls versäumen darf *(Tour 7, 3.45 h).*

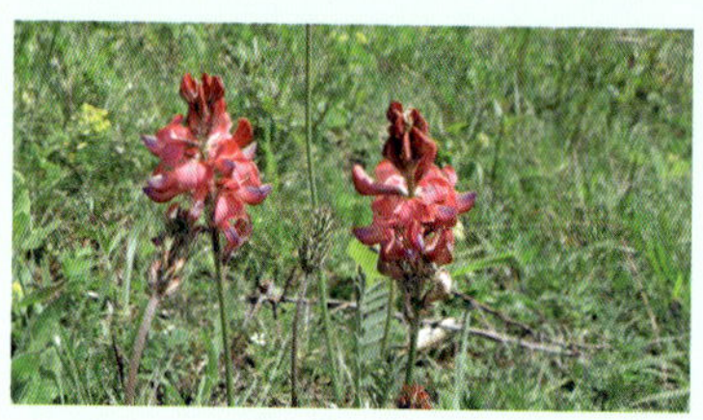

Orchideenpfad
In dem Albparadies Wasserberg-Haarberg entdecken wir eine wunderschöne, wie weichgezeichnete Heimat für zahlreiche Orchideen und wandern wie im Bilderbuch *(Tour 9, 2.45 h).*

Staufer-Runde
Die Dreikaiserberge, insbesonders der Hohenstaufen zieht schon immer die Blicke und die Menschen an. Der Hohenstaufen, ein Berg, eine Burg, ein Ort, eine Dynastie, ein Zeitalter, ein Mythos *(Tour 12, 3.45 h).*

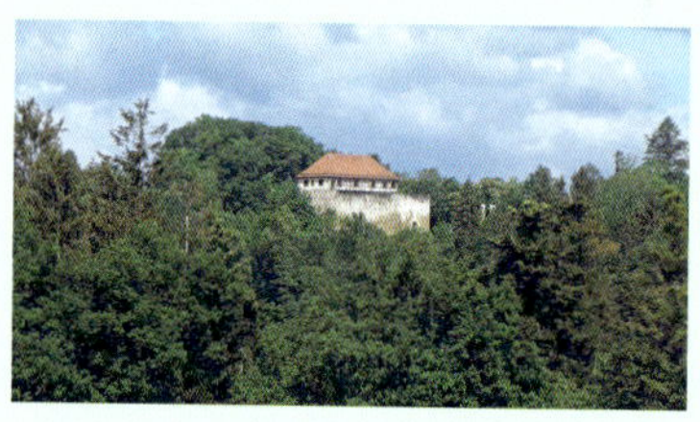

Weitblick-Tour
Bei der Weitblick-Tour blickt man weit in das Drei-Kaiserberge-Land, aber auch tief ins Filstal und nach Geislingen und Kuchen. Diese Wanderung wird ihrem Namen gerecht, die Weitblicke sind fast grenzenlos *(Tour 15, 3.30 h).*

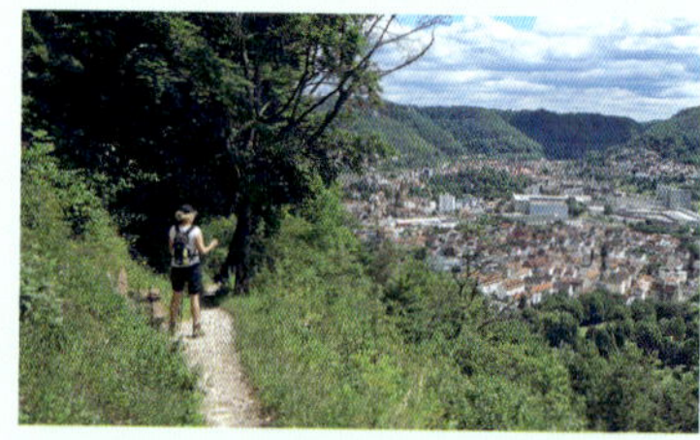

hochgehflogen
Dem Flugplatz Rossfeld auf dem Rossberg verdankt dieser Wanderweg seinen klangvollen Namen »hochgehflogen«, der zusätzlich mit einer Einkehr im Wanderheim Eninger Weide lockt *(Tour 23, 4.30 h).*

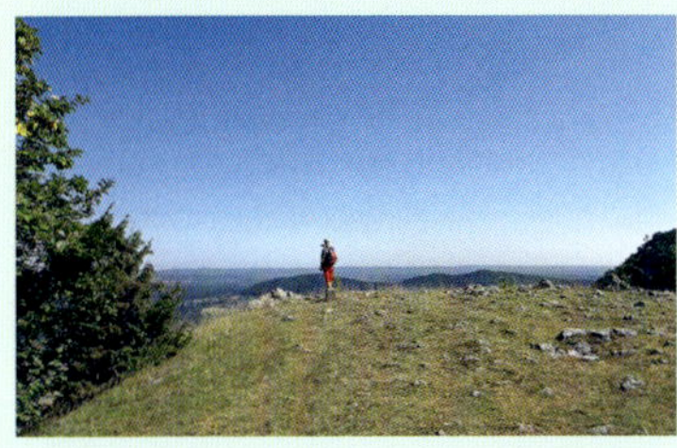

hochgehtürmt
Diese hochgehberge-Tour verläuft im Biosphärengebiet Schwäbische Alb und führt zur Felskanzel Wackerstein sowie dem Schönberg mit seinem bekannten Doppelturm *(Tour 25, 3.15 h).*

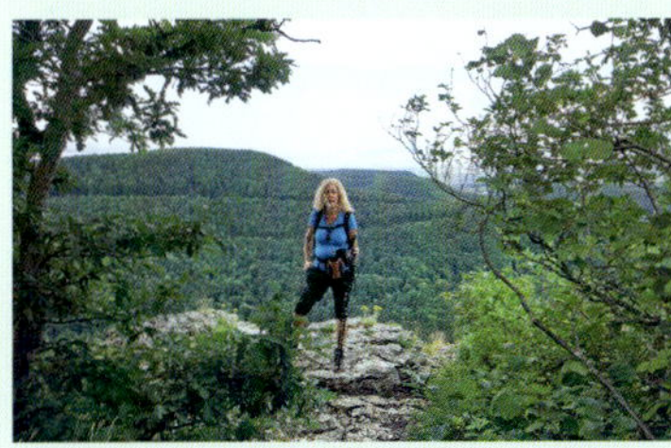

hochgehträumt
Eines der Highlights ist die Nebelhöhle, der man einen Besuch abstatten kann, aber das bekannte Schloss Lichtenstein ist die Hauptattraktion. Der Rückweg entlang des Albtraufs gibt immer wieder faszinierende Tiefblicke preis *(Tour 27, 3.30 h).*

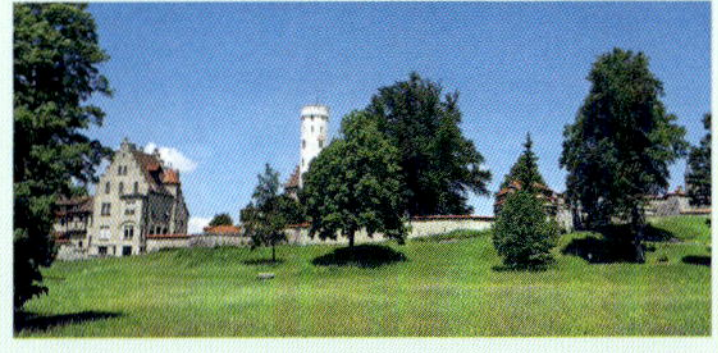

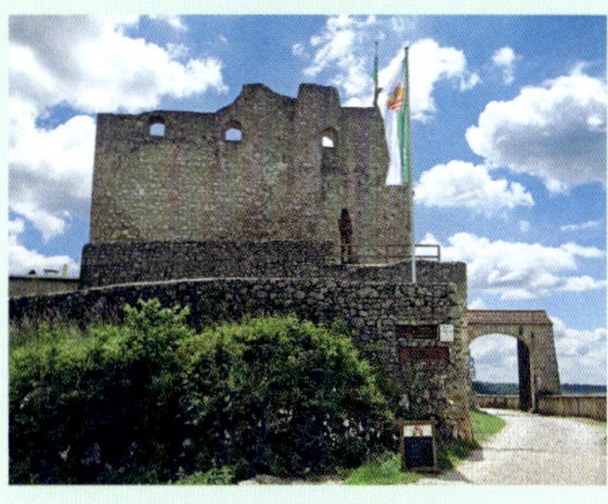

hochgehswiggert
Zwei Ruinen und ein Wanderheim, schmale Wanderpfade mit etwas alpinem Charakter und weite Aussichten sowie eine idyllische Flusslandschaft runden diese perfekte Wanderung ab *(Tour 32, 2.15 h).*

hochgehlautert
Drei alte Ruinen und der Weg durch die hübsche Bachaue des Großen Lautertals verleihen diesem Weg das Prädikat: Superschöne Wanderung, die man gerne immer wieder gehen möchte *(Tour 33, 3.30 h).*

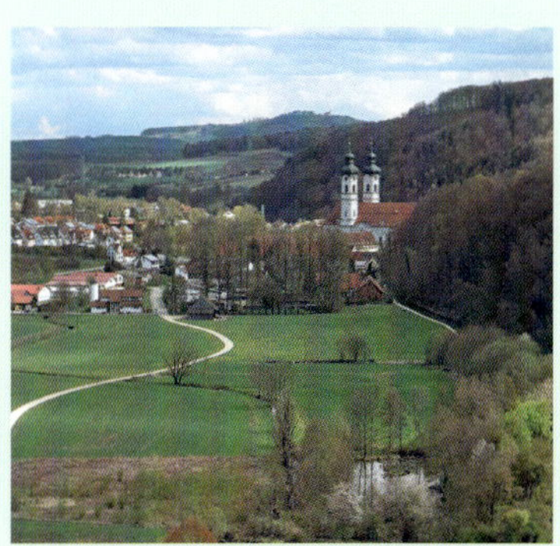

hochgehpilgert
Von Zwiefalten führen schmale Pfade zur einzigartigen Wimsener Wasser-Höhle. Nach einer Schluchtdurchwanderung ist das spätbarocke Zwiefalter Münster mit dem markanten Doppelkirchturm sehenswert *(Tour 36, 3.30 h).*

Allgemeine Hinweise

Anforderungen

Die einzelnen Tagesetappen sind so gewählt, dass die Gehzeiten für den »normalen« Wanderer nicht allzu lang sind. Je nach Anforderungen sind die Touren in drei Gruppen eingeteilt. Die Farben bedeuten:

■ **Leicht**

Die einfachen Wanderungen sind auch von Ungeübten und Familien bedenkenlos zu bewältigen. Sie verlaufen auf Forstwegen oder anderen gut befestigten Wegen. Zwar können kürzere Passagen durchaus mal steil ansteigen, aber insgesamt weisen diese Touren keine problematischen Stellen auf. Trotzdem sollten Sie dennoch auch bei den einfachen Wanderungen unbedingt feste Schuhe mit griffigen Profilsohlen tragen.

■ **Mittel**

Die als mittelschwer eingestuften Wandertouren verlaufen durchaus mal auf schmalen Wegen und Pfaden. Sie sind häufig längere Zeit steil im An- und Abstieg. Auch können diese Wanderpfade mit Steinen und Wurzeln durchsetzt sein, was bei Nässe die Rutschgefahr deutlich erhöhen kann.

■ **Schwierig**

Diese Touren können über längere Wegabschnitte schmal sein und gelegentlich in schwieriges, mitunter auch alpin anmutendes Gelände führen. Schwindelfreiheit, Trittsicherheit und eine gute Kondition sind von großem Vorteil. Diese Touren sollten nur von bergerfahrenen Wanderern begangen werden. Außerdem weisen diese Wanderungen meist auch mehr Kilometer auf und zusätzlich gilt es etliche Höhenmeter zu bewältigen.

Eine »schwarze« Tour: Felsen-Tour (Tour 6).

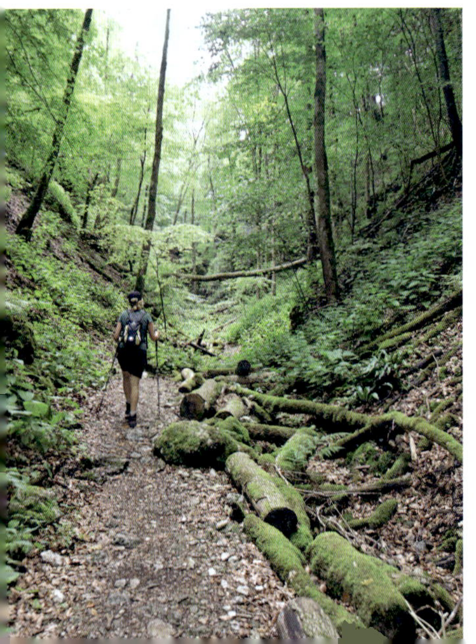

Gehzeiten

Die angegebenen Gehzeiten sind relativ großzügig bemessen. Sie beziehen sich auf ein durchschnittliches Wandertempo von drei bis vier Kilometern pro Stunde auf guten Wegen. Steigungen und schwierige Wege verlängern die benötigte Zeit; dies wurde bei den Zeitangaben berücksichtigt. Beschriebene Abstecher zu Aussichtspunkten und Türmen sind in den Zeit- und Entfernungsangaben enthalten, Pausen und Besichtigungen aber nicht.

Beste Wanderzeit

Die am besten geeigneten Jahreszeiten zum Wandern auf der Schwäbischen Alb sind von Frühling bis Herbst. Wobei es in den Sommermonaten auch schon mal um die 30 °C und mehr werden kann. Manchmal wird es dann am Spätnachmittag gewittrig. Deshalb ist es besser, den

GPS-Tracks und Koordinaten der Ausgangspunkte

Auf **gps.rother.de** stehen zu diesem Wanderbuch GPS-Tracks und die Koordinaten der Ausgangspunkte zum kostenlosen Download bereit. Dieser QR-Code führt direkt zum Download.
1. Auflage, Passwort: **337901amx**
Die GPS-Tracks können in die **Rother App** importiert werden. In der App kann man unterwegs stets sehen, wo man gerade ist und wo es langgeht. **Anleitungen dazu: rother.de/gps**
Trotz sorgfältiger Prüfung können wir Fehler und zwischenzeitliche Veränderungen nicht ausschließen. Verlassen Sie sich für die Orientierung niemals einzig und allein auf die GPS-Daten, sondern beurteilen Sie die Verhältnisse vor Ort.

Aufbruch am frühen Morgen zu planen, wenn der Wetterbericht heiße Temperaturen voraussagt.

Wetter

Es ist stets wichtig, die Wetterprognosen in die Tourenplanung mit einzubeziehen. Auch wenn sich das Morgenwetter im Frühling und Sommer klar und sonnig präsentiert, so können doch am Nachmittag vereinzelte Gewitterzellen entstehen, vor allem dann, wenn die Temperaturen heiß sind und die Luftfeuchtigkeit groß ist. Spätestens jetzt sollte man sich nicht mehr unbedingt in der freien Natur aufhalten! Auch gilt es zu bedenken, dass es in der Süddeutschen Wanderregion im Sommer recht heiß werden kann.

Wetterbericht

Am besten ist es, sich am Abend vor einer Wanderung im Internet, Radio oder Fernsehen über die aktuelle Wetterlage zu informieren. Regionale Radiosender und das TV-Programm des SWR sind zu diesem Zweck sehr empfehlenswert. Auch die lokale Presse gibt diesbezüglich verlässliche Informationen – ebenso wie Wetterberichte auf Internetseiten und Wetter-Apps.

Wanderkarten

Zur Orientierung im Gelände reichen die Kartenausschnitte (überwiegend im Maßstab 1:50.000) in diesem Wanderbuch aus. Wer trotzdem einen noch umfangreicheren Überblick wünscht: Die Wanderkarten vom Landesamt für Geoinformation und Landentwicklung Baden-Württemberg (1:25.000) sind sehr ausführlich. Welche Karte für die einzelne Wanderung benötigt wird, steht in der Kurzinfo im Tourenkopf.
Es kann gelegentlich vorkommen, dass sich die Routenführung einer Wanderstrecke leicht ändert. Deshalb sollte sicherheitshalber auf die Mitnahme der Wanderkarten sowie nach Möglichkeit auf ein GPS-Gerät nicht verzichtet werden. Außerdem muss damit gerechnet werden, dass unbedachte Wanderer manchmal die Wegschildchen als Souvenir von den Bäumen entfernen.

Tipps für die Ausrüstung

- Tagesrucksack mit Regenschutz
- Regenkleidung (Jacke und Hose)
- Teleskopwanderstöcke
- Wander- oder Trekkingschuhe mit fester Profilsohle
- Bequeme Outdoor-Kleidung, der Jahreszeit angemessen

Der Umwelt zuliebe ...

Auch beim Wandern hinterlassen wir einen ökologischen Fußabdruck, aber im Einklang mit der Natur unterwegs zu sein, ist gar nicht so schwer!

VORBEREITUNG UND ANFAHRT

- Sich vorab informieren, worauf in Bezug auf Natur und Umwelt in der jeweiligen Wanderregion besonders zu achten ist.
- Soweit möglich mit Bahn und Bus anreisen, Wander- und Rufbusse nutzen.
- Ist eine Anfahrt mit dem Auto nötig, Fahrgemeinschaften bilden.
- Bei weiten Anfahrten Mehrtagestouren planen oder von einem Quartier vor Ort aus mehrere Touren absolvieren.
- Flugreisen möglichst reduzieren und durch Beiträge zu Klimaschutzprojekten kompensieren.

KLEIDUNG UND AUSRÜSTUNG

- Beim Kauf von Outdoor-Kleidung auf umweltfreundliche und faire Herstellung achten und Kleidungsstücke möglichst viele Jahre nutzen.
- Ausrüstung kann man eventuell auch gebraucht kaufen oder ausleihen.
- Reparieren statt neu kaufen.

VERPFLEGUNG

- Beim Einkauf Bio-Ware, regionale und saisonale Erzeugnisse bevorzugen.
- Hütten und Gasthäuser auswählen, die regionale Produkte verwenden.
- Auf Einwegflaschen und Plastikverpackungen verzichten, stattdessen wiederverwendbare Trinkflaschen und Brotzeitboxen benutzen.

ÜBERNACHTUNG

- Bei lokalen Anbietern buchen, damit Menschen vor Ort profitieren.
- Auf Hütten und in anderen Unterkünften Strom und Wasser sparen.

UNTERWEGS

- Wege benutzen und Abkürzer vermeiden.
- Sperrungen von Wegen und Schutzgebieten respektieren.
- Keine Blumen pflücken und keine Pflanzen entnehmen.
- Waldbrandgefahr beachten.
- Müll wieder mit nach Hause nehmen und dort entsorgen.
- Toilettengänge in freier Natur möglichst vermeiden.
- Lärm vermeiden.
- Hunde an die Leine nehmen.

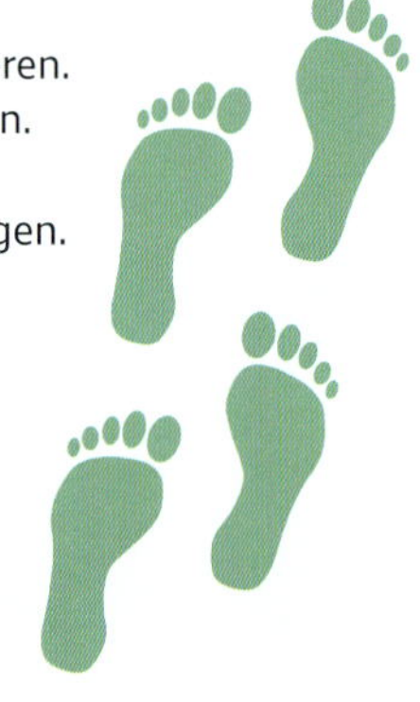

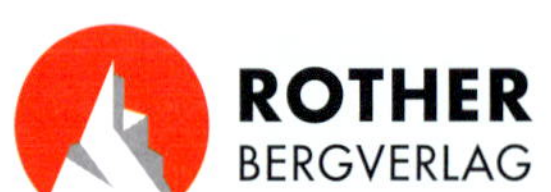

- Sonnenkappe
- Sonnenbrille
- Sonnencreme
- Taschenmesser
- Wasserflasche
- Mobiltelefon
- Foto
- GPS-Gerät
- Verbandszeug und Pflaster
- Schmerztabletten
- Persönliche Medikamente
- Salbe gegen Insektenstiche und/ oder Sonnenbrand
- Bargeld, EC- und Kreditkarten
- Ausweis und Führerschein
- Dieses Wanderbuch

Wandern mit Kindern

Kinder finden immer wieder großen Gefallen am Wandern, bloß darf man nicht gleich mit der längsten und schwersten Tour beginnen. Wichtig ist, dass Sie die Wanderung spannend und abwechslungsreich gestalten. Vielleicht mal am Wasser spielen oder zwischendurch eine Geschichte erzählen, bringt die nötige Abwechslung.
Wichtig ist natürlich, genügend Pausen einzulegen. Lassen Sie Ihren Kindern die Zeit zum Herumtoben und dem Erforschen des für sie Unbekannten. Helfen Sie ihnen dabei, die Natur verstehen zu lernen, sie zu schätzen und zu bewahren.

Wandern mit Hunden

Das Wandern mit Hund findet immer mehr Beliebtheit, ist der Vierbeiner doch der beste Freund des Menschen. Bedenken Sie aber bitte bei der Tourenauswahl das Alter Ihres Hundes, sodass ein Welpe oder Senior nicht die längsten Touren mit der größten Höhendifferenz erwandern muss. Beachten Sie auch die Leinenpflicht in den Naturschutzgebieten und geschlossenen Ortschaften. Nehmen Sie immer genügend Wasservorrat mit.

Notfall

Wie in ganz Europa, so gilt auch auf der Schwäbischen Alb die Notrufnummer 112 (auch mit dem Handy und ohne PIN).
Für den Polizeinotruf wählt man die 110. Die Notrufe werden automatisch zur nächstgelegenen Dienststelle weitergeleitet. Natürlich ist es immer wichtig zu wissen, wo man sich augenblicklich befindet. Merken Sie sich grundsätzlich den Namen des zuletzt passierten Standorts. Dieser Standortname dient den Rettungskräften zur exakten Lokalisierung des Unglücksorts.

Übernachtung und Einkehr

Bei diesem Buch wurde bewusst auf die Angabe von Übernachtungsmöglichkeiten verzichtet. Dies hat mehrere Gründe: zum einen ist es bei Tagestouren, die gleichzeitig auch Rundwanderungen sind, nicht unbedingt notwendig, eine Übernachtungsmöglichkeit aufzusuchen, so wie es beispielsweise bei einem Fernwanderweg oder einer Mehrtagestour der Fall ist. Zweitens ist es in der heutigen, schnelllebigen Zeit sehr schwierig geworden, Gastronomiebetriebe in einem Buch aufzulisten, denn häufig wechseln die Besitzer schneller, als man es mitbekommt, oder ein Betrieb wird sogar ganz aufgegeben. Durch das mobile Internet hat man aber stets die Möglichkeit, eine aktuelle Bleibe für eine (oder mehrere) Nächte zu finden. Es empfiehlt sich, mit dem Vermieter im Voraus Kontakt aufzunehmen und das Zimmer vorzubestellen, denn in Saisonzeiten sind Unterkünfte teilweise stark frequentiert.

Das Wandergebiet Schwäbische Alb/Hegau

Die Schwäbische Alb ist neben dem Schwarzwald das populärste Mittelgebirge Baden-Württembergs. Mit einer Breite von 40 km und einer Länge von bis 200 km reicht sie mit ihren nordöstlichen Ausläufern im westlichen Bayern und mit ihren südlichen Ausläufern bis in die Schweiz. Dort flacht die Schwäbische Alb sanft zur Alpenvoralb ab. Im Nordwesten wird die Hochebene der Schwäbischen Alb durch einen sehr markanten Steilabfall begrenzt, dieser wird Albtrauf genannt.

Die Schwäbische Alb stellt in sich eine Schichtstufe des Süddeutschen Stufenlands dar. Sie besteht aus mächtigen Schichten aus Kalk, Ton und Mergel. Diese Gesteinsschichten entstanden während der Jurazeit vor etwa 200 bis 145 Millionen Jahren, als weite Teile Europas von einem großen Meer bedeckt waren, und sind seither im Laufe der Jahrtausende in ihre Form gebracht worden. Man unterscheidet dabei von unten nach oben zwischen Lias (schwarzer Jura), Dogger (Brauner Jura) und Malm (Weißer Jura). Interessant sind die Gesteinsschichten deshalb, weil sie eine Vielzahl an Jurafossilien enthalten. Tiere, die früher im sogenannten Jurameer beheimatet waren, sind versteinert und somit bis heute als Fossilien erhalten.

Außerdem beheimatet die Schwäbische Alb rund 2500 Höhlen, darunter die berühmte Blautopfhöhle und die Laichinger Tiefenhöhle, die tiefste begehbare Schachthöhle Deutschlands.

Das tiefschwäbische Aalen lockt mit dem 1898 erbauten Aalbäumle (einem 26 m hohen Aussichtsturm), Ulm mit dem größten Kirchturm der Welt, Tübingen mit einer der ältesten Universitäten Deutschlands. Der Region mangelt es nicht an Superlativen. Der »Älbler« gilt als »eher verschlossen«, wird man aber

Geiselstein-Felsen (Tour 13).

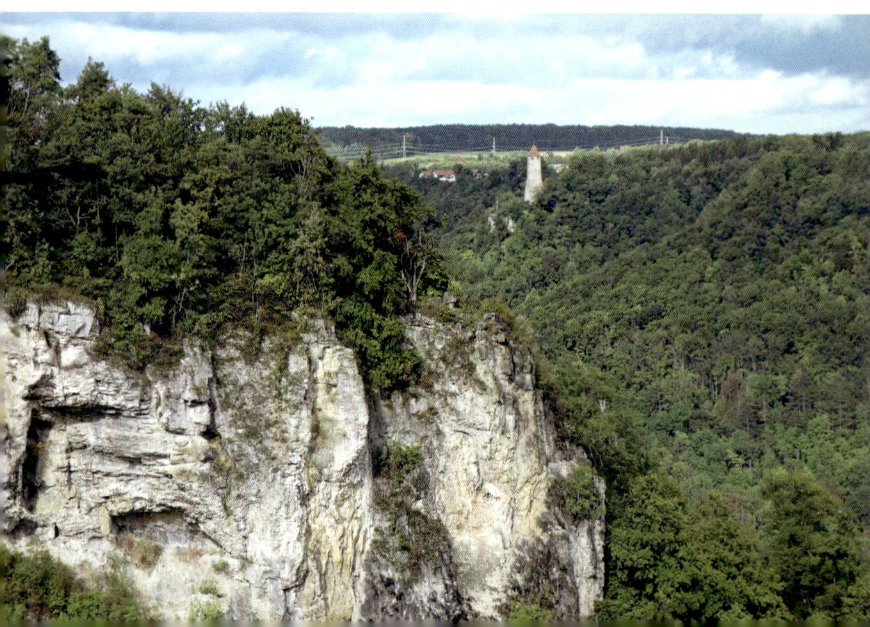

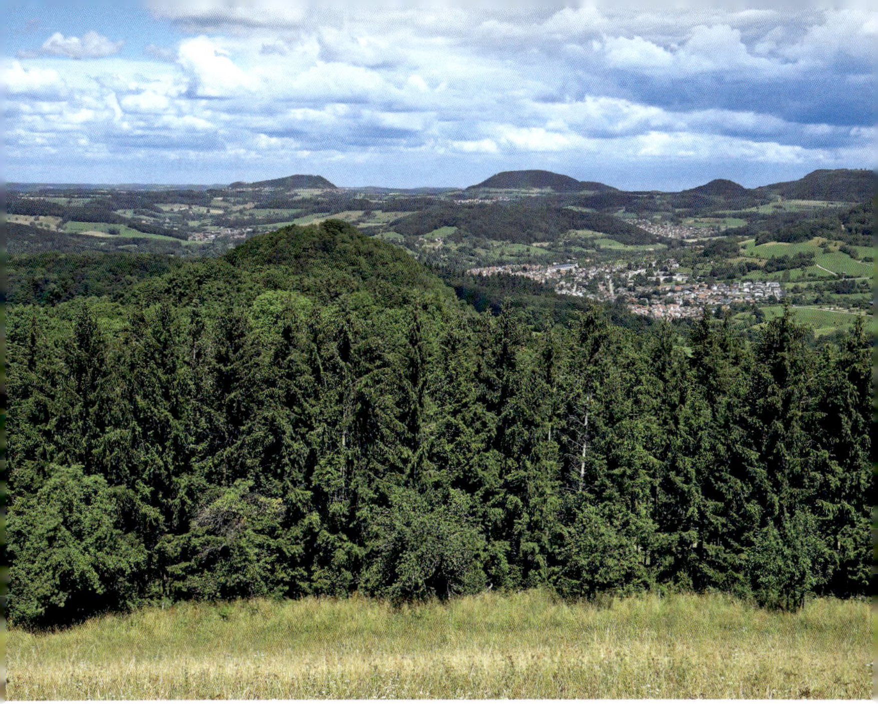

Blick bei Kuchalb (Tour 15).

erstmal mit ihm warm (und versteht ihn in seinem Dialekt), sind der Gastfreundlichkeit überhaupt keine Grenzen mehr gesetzt.
Die Schwäbische Alb punktet jedoch auch mit ihrer spannenden Flora und Fauna. Neben Nelkengewächsen, Lilien und Wilden Orchideen blüht auch der Enzian. Wenn man Glück hat, sieht man auf der Münsinger Alb den sehr seltenen Apollofalter. Etwas öfter entdeckt man da schon den Uhu oder den Wanderfalken. Auf Biberdämme stößt man zum Leidwesen der Förster auch des Öfteren. Zudem gibt es Rotfüchse, Dachse, Marder, Wildschweine, und mit viel Glück lässt sich der eigentlich schon seit 1900 als ausgestorben geltende Luchs vereinzelt auf der Schwäbischen Alb sehen.

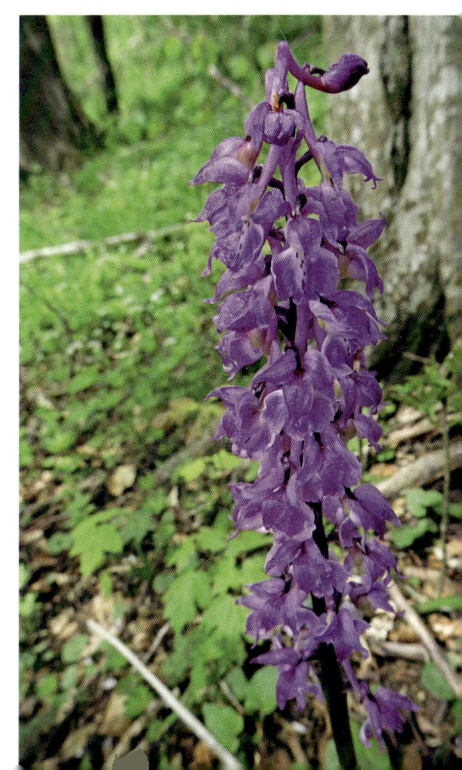

Auch Orchideen wie das Knabenkraut kann man unterwegs entdecken.

Das Biosphärengebiet Schwäbische Alb

Die Schwäbische Alb wurde 2008 vom Land Baden-Württemberg zum Biosphärengebiet ernannt und umfasst 85.270 Hektar Land der Mittleren Schwäbischen Alb. Seit 2009 hat auch die UNESCO dieses Gebiet anerkannt. Das Gebiet ist ca. 40 km lang (N-S) und erstreckt sich vom Vorland der Mittleren Alb über den Albtrauf bis zur Donau im Süden. Die schützenswerte Landschaft beinhaltet viele seltenen Tier- und Pflanzenarten wie zum Beispiel: Rotmilan, Wanderfalke, Alpenbock oder den Blauschwarzen Eisvogel. Typische Flora sind Orchideen oder die Silberdistel. Vor allem der Albtrauf bietet ein naturräumliches Alleinstellungsmerkmal. Das Gebiet schließt auch industriell genutzte Flächen wie Teile Metzingens und Reutlingens ein. Die besondere Herausforderung hier ist das harmonische Miteinander von Mensch und Natur. Hörbare Stille (außer lieblich klingendem Vogelgezwitscher), gleißende Sonnenstrahlen, die vom azurblauen Himmel und durch die mächtigen Baumkronen der Laubbäume herabscheinen und auf den Waldboden bizarre Schatten zeichnen. Wandern, sich zwischendurch entspannen, ausruhen, und die Natur beobachten. Frische Luft einatmen und die Schwäbische Alb genießen und erleben.

Wacholderheiden

Die Wacholderheiden sind ein heideartiger Biotoptyp, dessen Landschaftsbild vom Wacholder, einem Zypressengewächs, geprägt wird. Sie sind meist sehr trocken und nährstoffarm, weshalb sie oft als Schaf- und Ziegenweiden oder auch als

Wacholderheiden-Blick vom Jungfraufels (Tour 3).

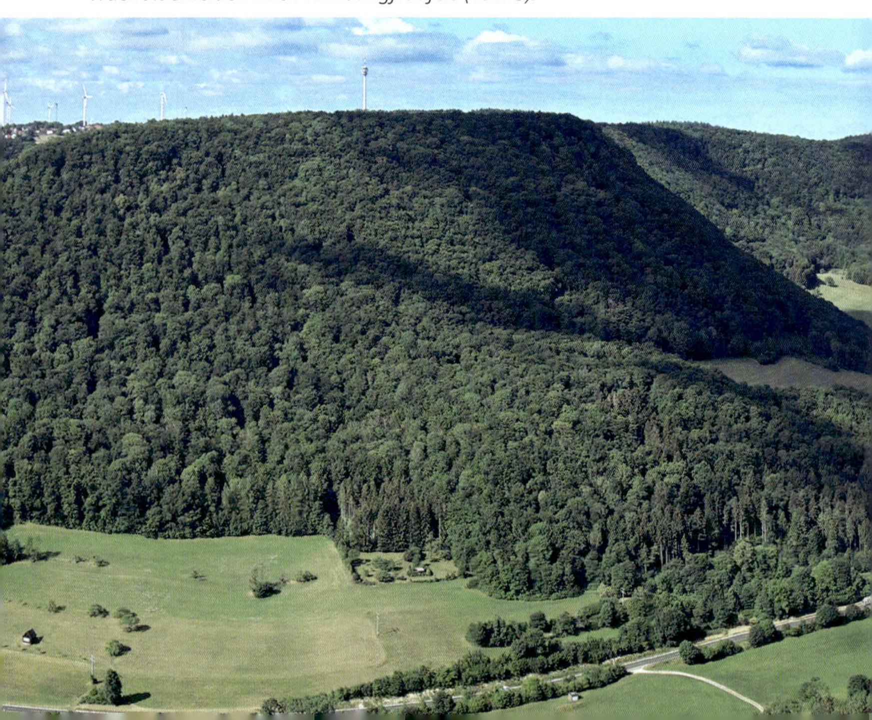

Rinderweiden genutzt werden. Da die Schäferei in den letzten Jahren rückläufig war, drohen viele Wacholderheiden bewaldet zu werden. Man findet sie vor allem im Gebiet der Mittleren Schwäbischen Alb, namentlich dem Biosphärengebiet Schwäbische Alb.

Der Schwäbische Albverein

Der 1888 gegründete Schwäbische Albverein ist der größte deutsche Wanderverein. 570 Ortsgruppen bieten reichhaltige Wander- und Veranstaltungsprogramme. Der Schwäbische Albverein steht aber nicht nur fürs Wandern, sondern auch für Landschaftsgeschichte, Heimat, Brauchtum, Natur, Umwelt und regionale Kultur.

Der Schwäbische Albverein stellt ein Wegenetz von mehr als 23.000 Kilometer Wanderwegen zur Verfügung. Dieses wurde von ehrenamtlichen Mitarbeitern angelegt und markiert, es wird jährlich überprüft und unterhalten. Sogar 21 Wanderheime sind im Eigentum des Schwäbischen Albvereins. Die Burg Teck zählt dabei zu den größten und komfortabelsten Häusern, manche der Gebäude haben eine mehr als hundertjährige Tradition. Die Häuser stehen an landschaftlich herausragenden Stellen. Stolze 28 Aussichtstürme sind im Besitz des Vereins. Traumhafte Weitblicke sind von den Türmen aus möglich, wie vom Eselsburgturm im Naturpark Stromberg.

Information

Schwäbischer Albverein e. V.
Hauptgeschäftsstelle (Albvereinshaus)
Hospitalstraße 21b
70174 Stuttgart
Tel.: +49 711 225850
www.albverein.de

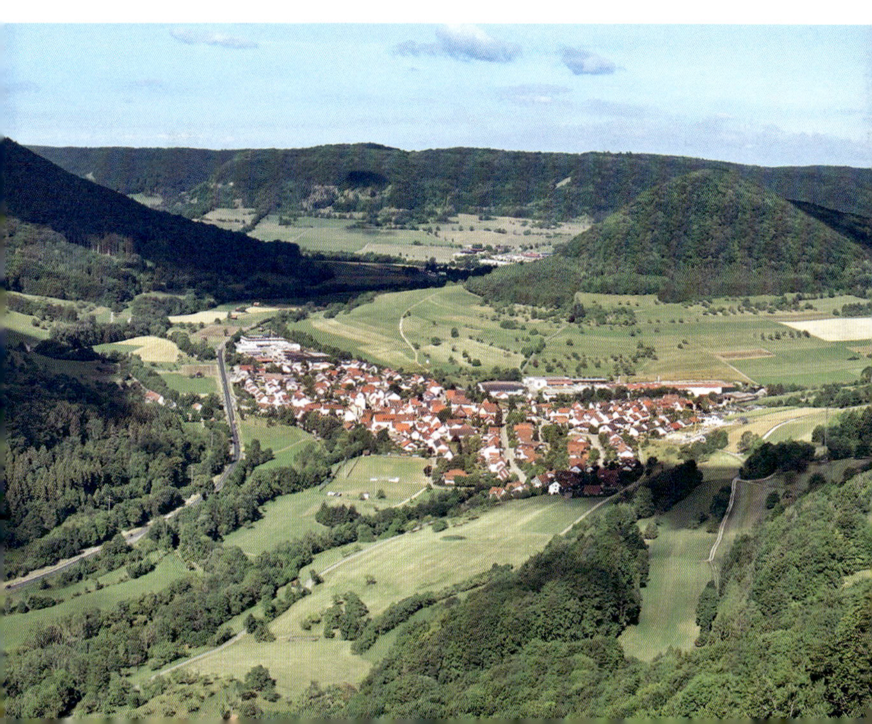

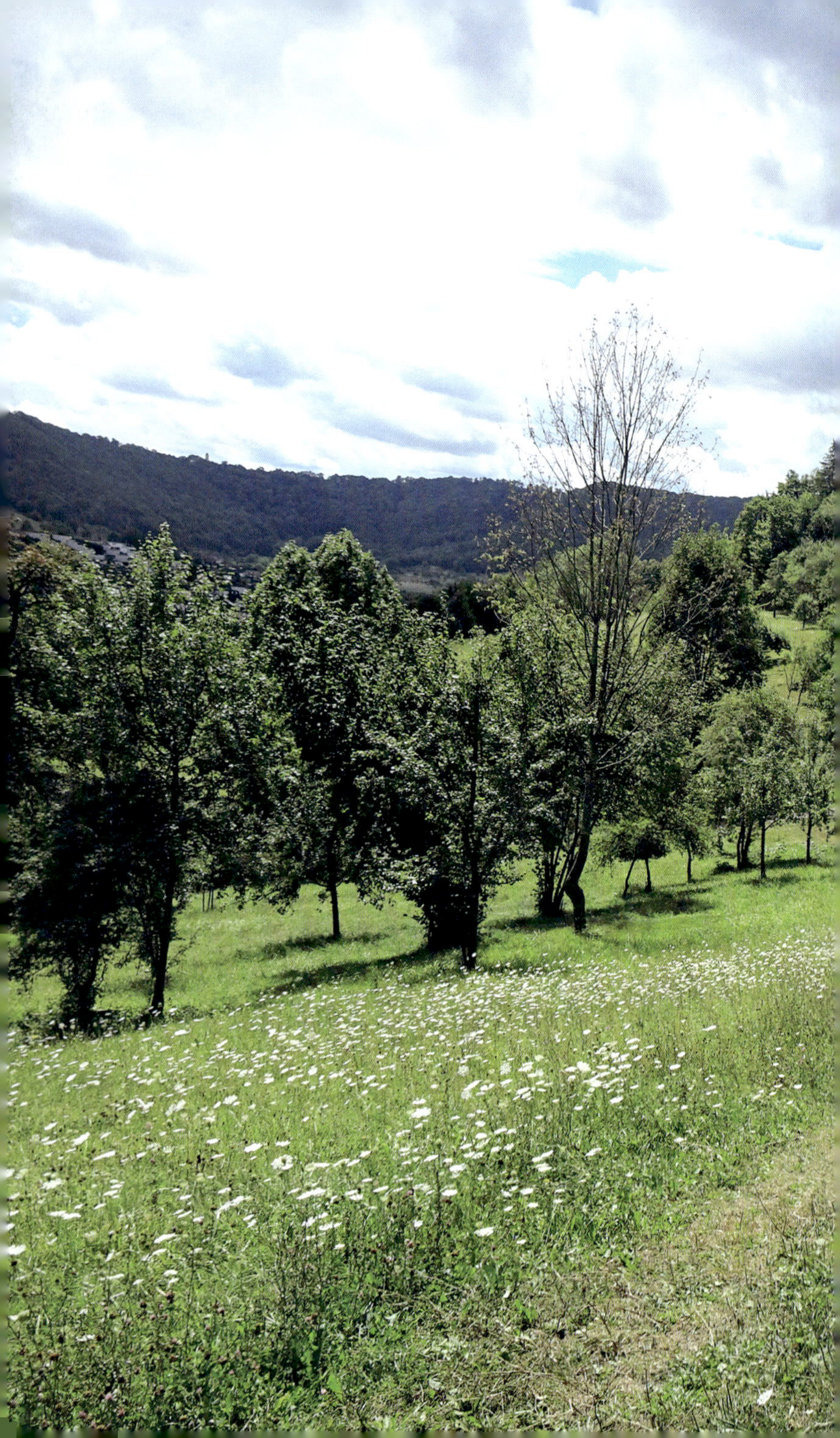

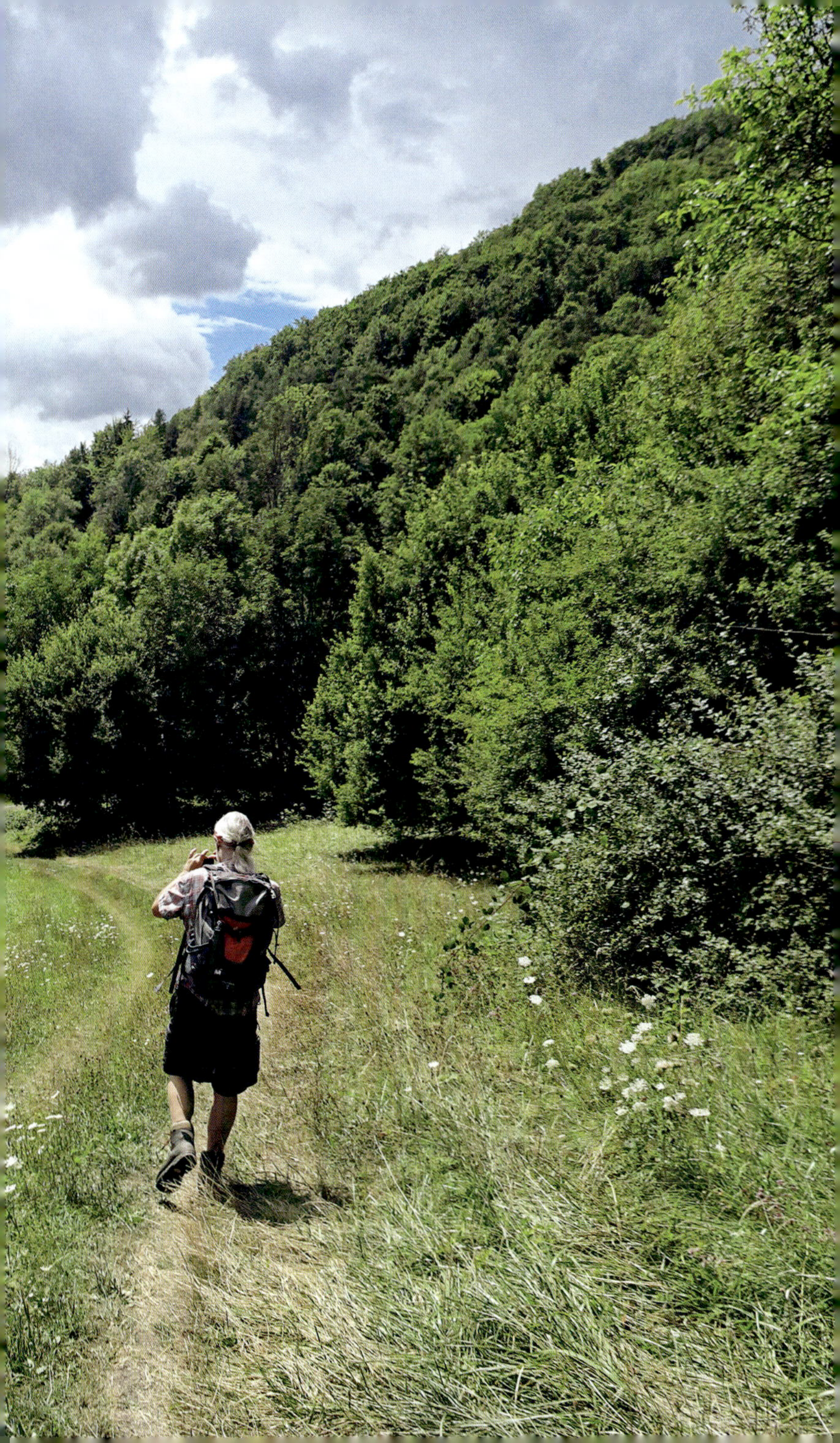

Löwenpfade

LÖWEN**PFADE** – damit ist Qualitätswandern auf zertifizierten Wegen des Deutschen Wanderinstituts gemeint. Wandern auf den Löwenpfaden, das bedeutet Spaß, Abenteuer und Spannung. Die Rundwege bieten mit ihren eindrucksvollen Aussichtspunkten und bezaubernden Naturlandschaften viel Abwechslung. Ein absoluter Wanderspaß für Erholungssuchende und auch für Kultur- und Kircheninteressierte! Bei den Löwenpfaden findet jeder seine persönliche Lieblingstour, egal ob Freizeitwanderer oder aktiver Sportler.

Warum Löwenpfade? Der Löwe ist das magische Symbol der Schwäbischen Alb, die als das geschichtsträchtigste deutsche Mittelgebirge gilt, in Gedenken an frühere Höhlenmenschen. Der Löwe steht für Stolz, Kraft, Würde und Macht. Man findet ihn im Wappen des Stauferkreises und auch des Landes Baden-Württemberg. Viele Sagen und Geschichten gibt es um und über den König der Tiere, genauso wie um das Wandergebiet rund um die Städte Göppingen und Geislingen an der Steige, also quasi dort, wo sich die Autobahn A8 zwischen Stuttgart und Ulm teilt.

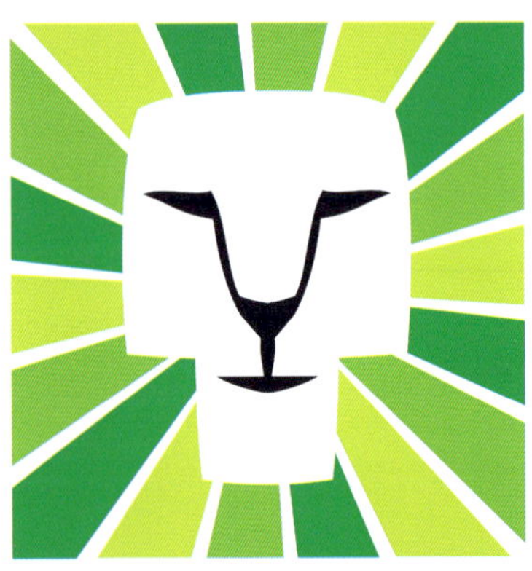

LÖWEN**PFADE**

Die Schwäbische Alb ist bekannt für ihre vielfältige und beeindruckend schöne Landschaft. Mit zu den beliebtesten Wandertouren zählen die Löwenpfade. Diese gibt es mit unterschiedlichen Schwierigkeitsgraden und Längen. Die Löwenpfade sind ausgezeichnete Wanderwege, die perfekt markiert durch Wälder und bezaubernde Landschaften führen. Immer wieder leiten die Wege zu extrem schönen Aussichtsfelsen, von denen ein atemberaubender Tiefblick wartet. Auch führen zwei Löwenpfade auf den Hohenstaufen, dessen markante Silhouette von Weitem zu sehen ist und der durch seine historische Bedeutung weitreichend bekannt ist.

Die Löwenpfade sind so angelegt, dass sie entlang der Fils verteilt sind, auch die Filsquelle, quasi der Filsursprung, wird bei einer der Wanderungen berücksichtigt. Aber auch das Schloss Filseck, das hoch über dem Tal steht, streifen wir bei einer der Touren.

Ein paar Löwenpfade befinden sich außerdem in der Mehr-Täler-Stadt Geislingen an der Steige, wobei sich dort einer der Wanderwege der Eisenbahnstrecke aus dem Tal hinauf zur Albhochfläche annimmt.

Wenn man einmal für ein paar Stunden eine wohltuende Auszeit in der Natur sucht, dann ist die Erwanderung eines Löwenpfads genau das Richtige, das entspannt Körper, Geist und Seele.

Bild rechts: Auf dem Löwenpfad hoch über Geislingen.

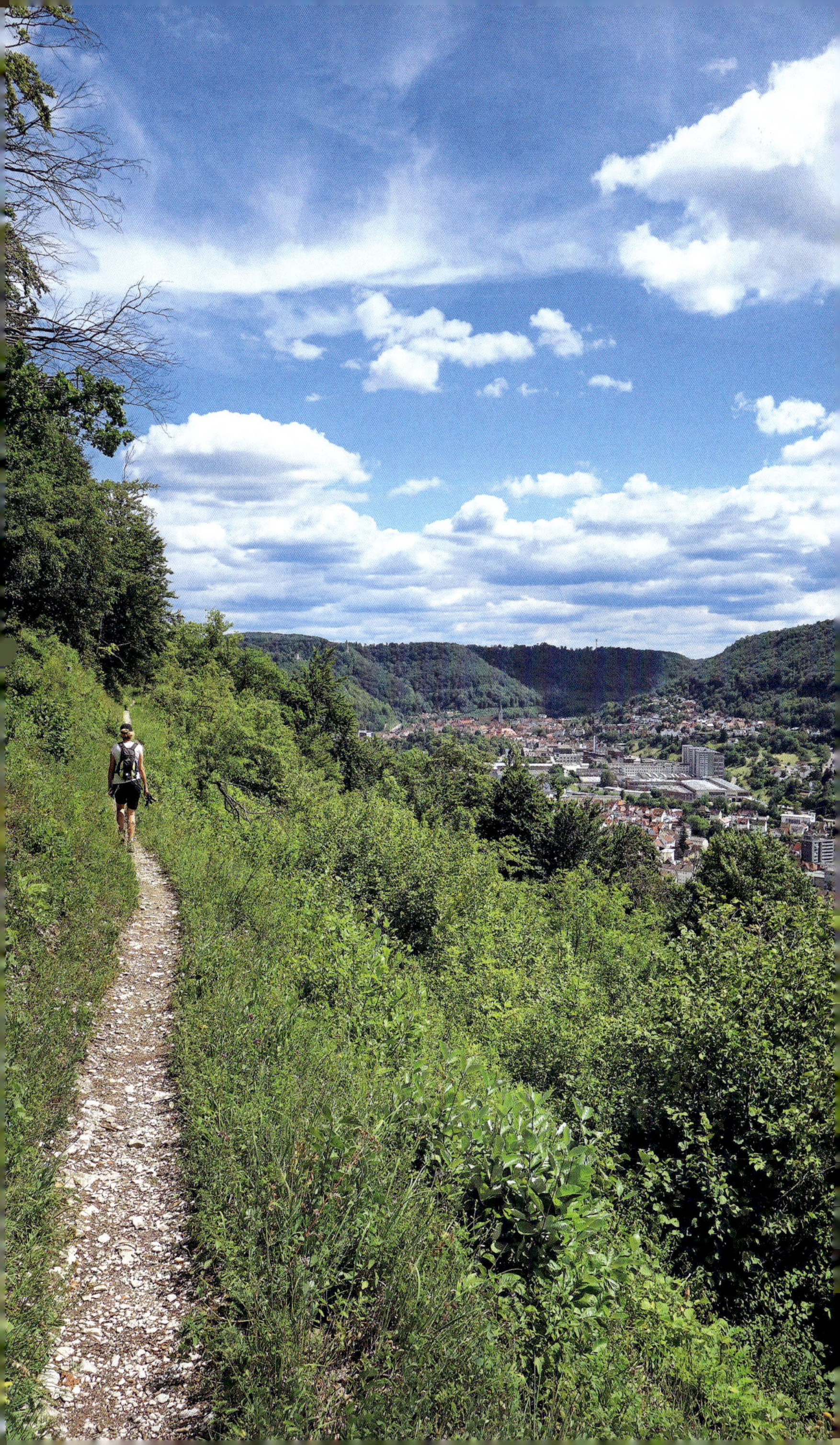

1 Ave-Weg

Wallfahrt am Albtrauf

3.00 Std. | 8,6 km | ↗ 310 m | ↘ 310 m

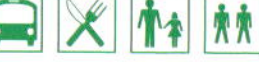

Kapellen-Runde bei Deggingen

Schon bei der Fahrt zum Ave-Maria-Parkplatz stimmt uns der Kreuzweg links der Straße auf die Wanderrunde ein. Der steile Anstieg von der Ave-Maria führt zum Kilianskreuz, das wie ein Adlerhorst hoch über Deggingen wacht. Entlang der teilweise steil abfallenden Traufkante führt der Ave-Weg zur romantisch gelegenen Buschelkapelle und gibt immer wieder überraschende Aussichten frei. Die ersten zwei Drittel verläuft die Wanderung ausschließlich auf schmalen Pfaden und durch dichte Laubwälder.

Ausgangspunkt: Deggingen, Ave-Maria-Parkplatz, 557 m, Busanschluss im Dorf. Navi: Deggingen, Ave-Maria-Weg. **Anfahrt:** Der Ausgangspunkt liegt nordöstlich von Deggingen, rechts unterhalb der Ave-Maria-Kirche.

Anforderung: Griffige Wanderschuhe und Trittsicherheit vorausgesetzt. **Einkehr:** Gasthaus Burgruine Berneck (Mo. Ruhetag) und Deggingen. **Karte:** LGL BW Wanderkarte W238, 1:25.000.

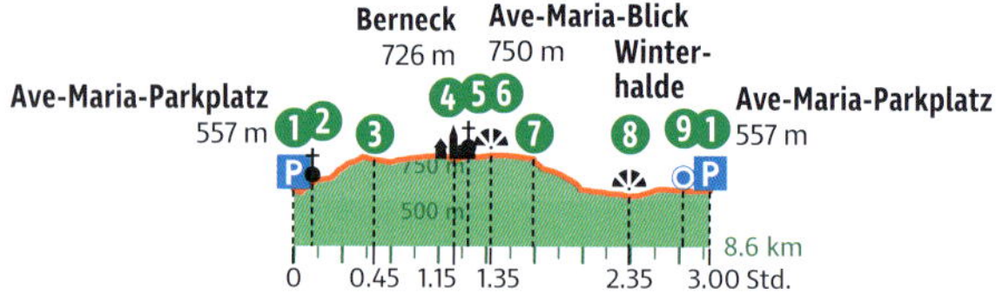

Ave-Maria-Kirche.

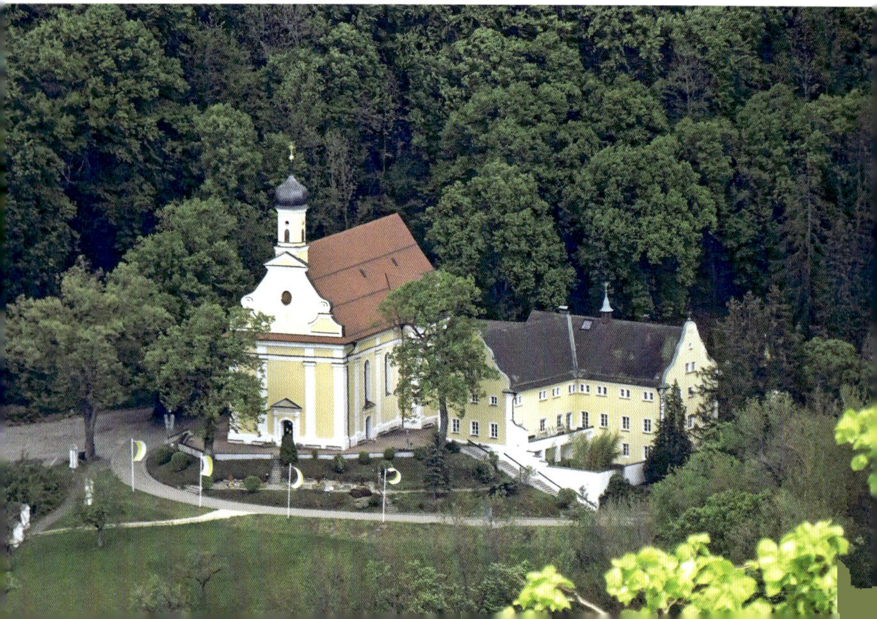

Kilianskreuz.

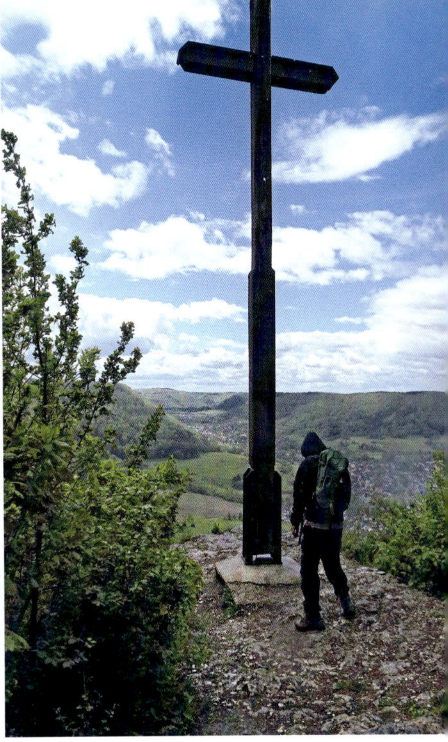

Oberhalb von Deggingen gehen wir vom **Ave-Maria-Parkplatz ❶**, hoch zum Gotteshaus Ave-Maria, einem beliebten Wallfahrtsort. Nachdem wir die Kirche halb umrundet haben, folgen wir dem Waldpfad hinauf zur Lourdesgrotte und Kapelle **Alt-Ave ❷**. Links führt ein schmaler Waldpfad weiter am Hang hinauf, tief unter uns erkennen wir die Ave-Maria-Kirche. Wir traversieren einen baumbewachsenen Steilhang und wandern in Kehren an Felsen vorbei zum Abzweig Kilianskreuz (737 m). Mit nur noch mäßiger Steigung geht's rechts, an der Gabelung nochmals rechts, zum **Kilianskreuz ❸**. Der Blick ins Filstal und auf Deggingen beeindruckt tief. Wir folgen dem schmalen Ave-Weg entlang des Albtraufs und wenn sich der Wald links öffnet, blicken wir über Wiesen und Felder. Pures Genusswandern ist jetzt angesagt. Am Wegweiser Harloch/Duchstetten behalten wir die Richtung auf nahezu gleichbleibender Höhe bei. Alte Grenzsteine weisen den Weg und plötzlich gibt es einen Ausblick auf Deggingen. Kurz danach lohnt sich der Abstecher zur Freifläche links, um das weite Hochland zu genießen. Wir jedoch bleiben weiter auf dem schmalen Waldpfad entlang der schroff abfallenden Traufkante. Vorbei an den Häusern von **Berneck ❹** können wir im Gasthaus Burgruine einkehren. Wir folgen der Markierung durch die Gräben der früheren Burg Berneck zur weiß getünchten **Buschelkapelle ❺**. Der Ausblick überrascht. Wir gehen links auf dem steinigen Pfad zum Abzweig Buschelkapelle und

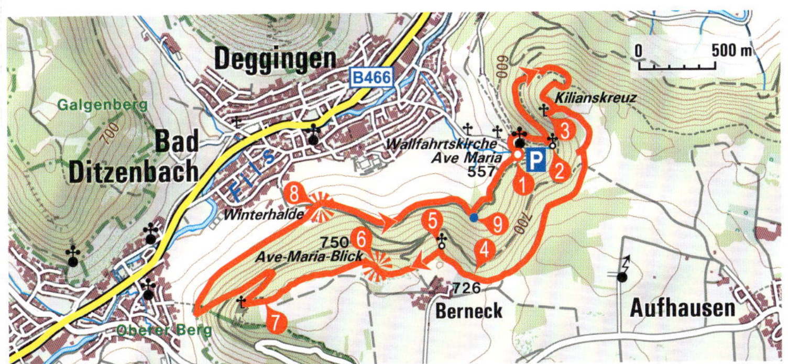

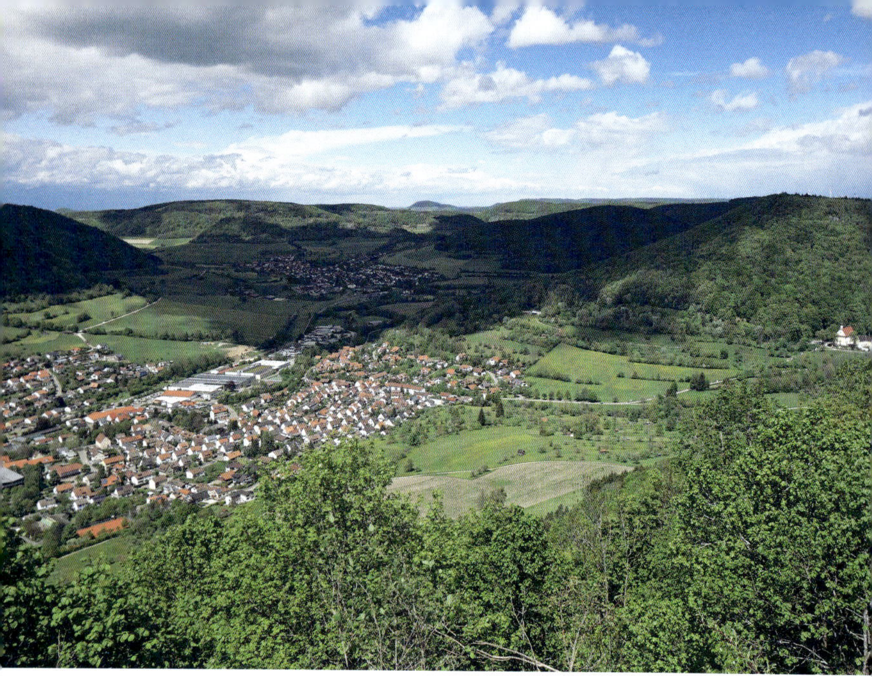

Ave-Maria-Blick.

wandern links versetzt weiter. Zwischen Wald und Heide geht's zum **Ave-Maria-Blick ❻**. Tief unten im Filstal erkennen wir wieder Deggingen und rechts davon im Wald das Gotteshaus Ave-Maria. Dann nimmt uns der Wald wieder auf und am Wegweiser **Eckfelsen ❼** biegen wir rechts ab. Der Eckfelsen baut sich mächtig über uns auf. Rasch verlieren wir an Höhe und halten uns beim breiten Weg links.

Nach 200 m achten wir auf den Abzweig halb rechts in den Wald. Achtsames Gehen ist bei Nässe ratsam. Am Naturschutzgebiet Oberer Berg biegen wir rechts zum breiten Weg ab. Wandertechnisch liegt das Schwerste jetzt hinter uns. In Richtung Nordosten gehen wir zur **Winterhalde ❽**. Wunderschön ist der Blick ins Filstal.

Dann geht es rechts hinauf, am Kreuz vorbei und in den Wald. Der breite Schütteweg führt links zur **Ave-Quelle ❾**. Nach 300 m zweigt halb rechts ein Pfad ab, der geradewegs zum Parkplatz führt. Hoch über uns sehen wir das Kilianskreuz aus dem Wald aufragen.

Wissenswertes

Die Wallfahrtskirche Ave-Maria mit ihrem erhabenen Rokokohochaltar und Fresken wurde 1716–1718 erbaut und ist ein wahres Kleinod süddeutscher Barockkunst. Sie ist ein beliebter Ort, um weitab vom Großstadtbetrieb zu beten. Die Buschelkapelle ist noch einsamer, denn sie befindet sich hoch auf dem Berg, wo einst die Burg Berneck stand, jedoch zeugen lediglich die Gräben von der Festung. Der Kapellenname »Burschel« lässt sich aus Burgstall ableiten.

Berta-Hörnle-Tour

Hinauf zur ehemaligen Bertaburg

4.45 Std. | 14,9 km | ↗ 480 m | ↘ 480 m

Weitblick von der Hörnle-Hütte

Die Berta-Hörnle-Tour bietet gleich zu Beginn eine abenteuerliche Schluchtenwanderung. Dann leiten Waldpfade zur Boller Heide. Ein steiler Serpentinenpfad führt hinauf zu den Gräben der ehemaligen Bertaburg. Auf der Hochfläche bietet das Kornberghaus eine gemütliche Wanderrast an. Die nächsten Highlights sind die Aussicht von der Hörnle-Hütte und das Tempele. Der SinnesWandel bei Bad Boll soll als Pfad die Sinne schärfen und krönt zum Abschluss die Tour gekonnt.

Ausgangspunkt: Bad Boll, Parkplatz Pappelweg, 416 m, im Ort Busanschluss. Navi: Bad Boll, Pappelweg.
Anfahrt: A8 Abfahrt nach Bad Boll, über Badstraße zum Pappelweg. Dort (gegenüber der Feuerwehr) gleich nach 50 m rechts zum Parkplatz.
Anforderung: Trittsicherheit und Schwindelfreiheit erforderlich, vor allem bei Nässe. Die Schlucht ist geländergesichert.
Einkehr: Kornberghütte (am Wochenende) und Gasthaus Brender´s (Schützenhaus).
Karte: LGL BW Wanderkarte W 238, 1:25.000.

Die aussichtsreiche Hörnle-Hütte.

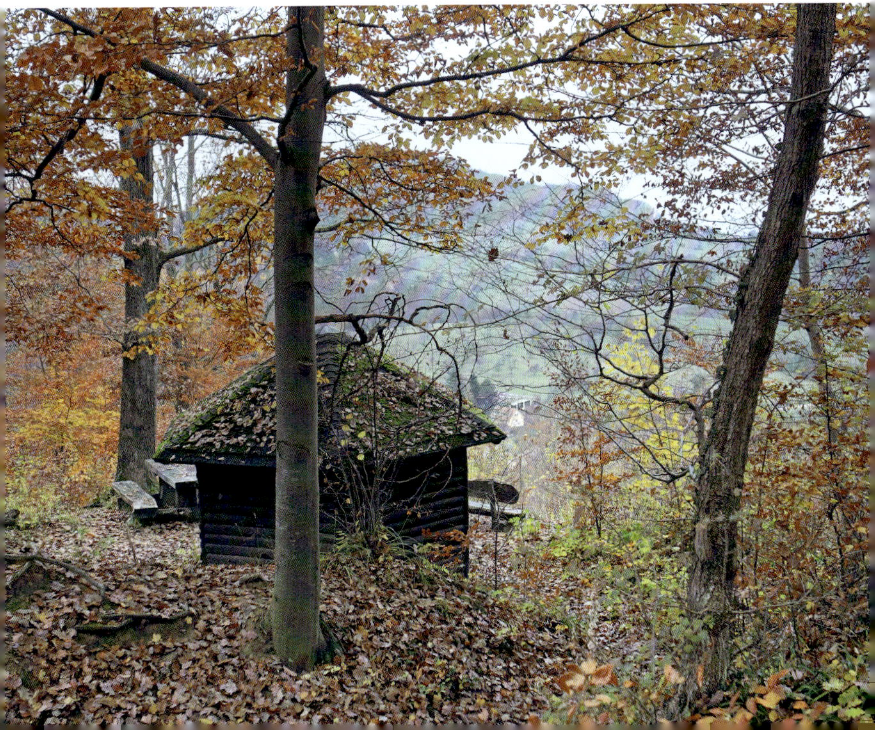

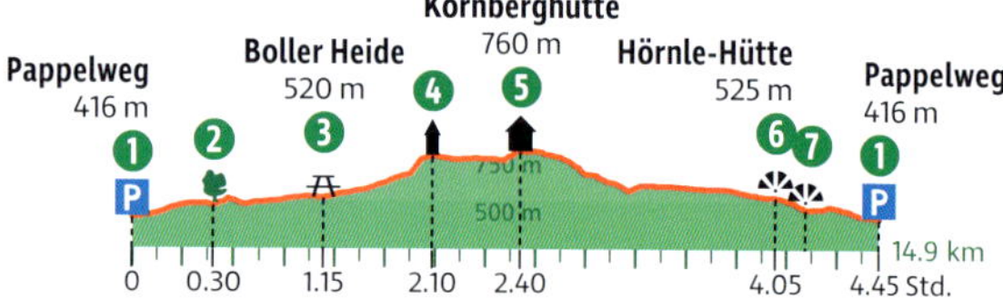

Vom Parkplatz **Pappelweg 1** wandern wir dem Wald entgegen und gehen beim letzten Haus halb rechts zum Pfad, der zum Spielplatz Badwäldle führt. Wir gehen am Sinnes-Wandel vorbei und biegen halb links ab zu einem Pfad neben dem Bach. Nun wandern wir in die Schlucht und folgen fortan dem Abenteuerweg. Nach Regen kann dieser allerdings etwas rutschig sein. Holzdielen führen zu einer Brücke und wir folgen auf Waldwegen den Markierungen zur beeindruckenden **Silberpappel 2**. Am Bad Boller Ortsrand überqueren wir eine Straße und gehen die Hohackersteige neben einer Wiese hinauf zum Wald. Dort wenden wir uns links und kreuzen bald beim Riesbach einen Forstweg. Wenig später wandern wir über eine Brücke mit Blick aufs Umland, dann führt ein romantischer Pfad an einer Wildobstfläche vorbei und bringt uns zur **Boller Heide 3**. Ein schöner Wiesenweg leitet hinauf zu einem Grillplatz mit Hütte. Oben angekommen, behalten wir die Richtung bei, folgen dem Traumpfad und gehen beim Forstweg rechts hinauf. Linker Hand entdecken wir eine Mountainbike-Downhill-Strecke. Wir gehen den Oberen Riesweg und biegen auf der Kuppe Stubenhau links zum Schlamperweg ab. Der Anstieg bringt den Kreislauf mächtig in Schwung und auf dem anschließenden schmalen Serpentinenpfad erklimmen wir die ehemalige **Bertaburg 4**. Wir gehen durch Gräben zur Schutzhütte und wandern entlang des steilen Abhangs.

Auf der Hochfläche biegen wir am Senfrain scharf rechts ab, gehen gleich wieder links und wenden uns bald nach rechts. Wir schreiten dem Nadelwald entgegen. Danach umgeben uns Wiesen und Hecken, wenn wir zum Rechtsabzweig über das Heideland gehen. Oben nimmt uns wieder der Wald auf und wir gelangen zur **Kornberghütte 5**.

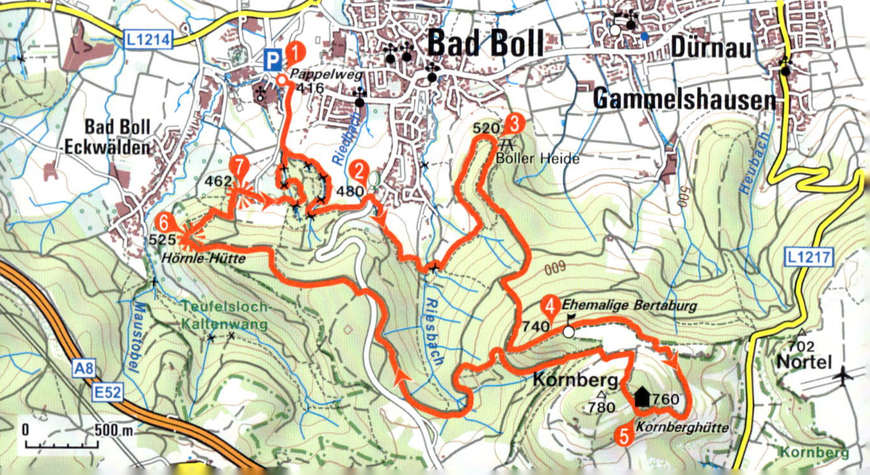

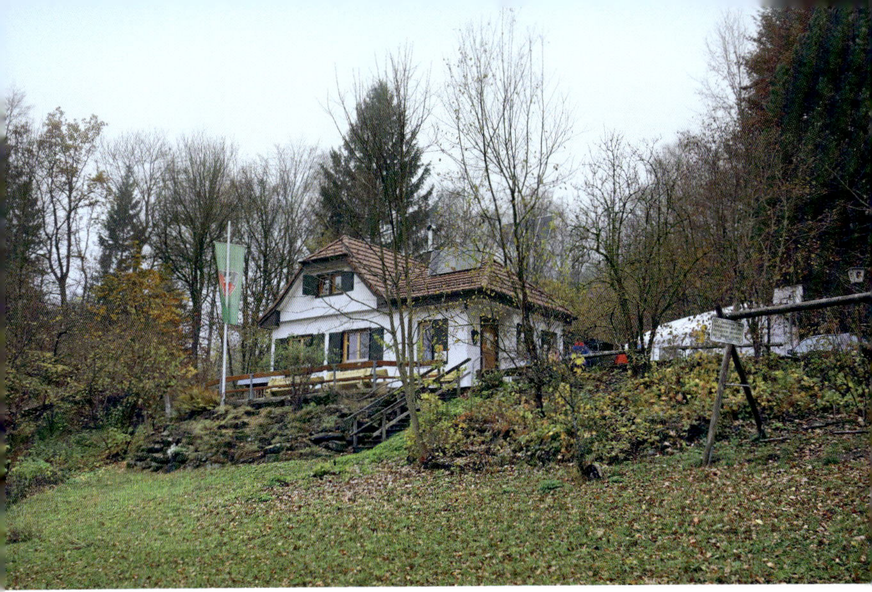

Die Kornberghütte lädt zur Einkehr ein.

Nach der zünftigen Wandervesper gehen wir zur Birkenallee und über die Waldkuppe ins Wiesental auf dem nördlichen Kornberg. Hier zweigen wir links ab und verschwinden rechts versetzt in der Waldschlucht Landöhr. Unten angekommen folgen wir dem Oberen Hangweg und achten beim Grenzstein auf den Linksabzweig. Über Treppen geht es hinab und auf dem Bergkamm behalten wir die Markierungen stets im Auge. Der Abstieg führt zu einem Forstweg, bei dem wir weiter talwärts gehen. Wir queren den Riesbach und passieren eine alte Forsthütte. Nach 400 m zweigt rechts der Obere Hohackerweg ab. Dieser schlängelt sich munter zu einer Landstraße, die wir überschreiten. Dahinter folgen wir dem Buchweg nach rechts, dann nimmt uns der Hörnleweg auf und kurz darauf zweigt rechter Hand ein uriger Pfad ab. Wir passieren zwei mächtige Eichen und gehen in der Eichhalde in Richtung Nordwesten aufs Hörnle. Bald erreichen wir die aussichtsreiche **Hörnle-Hütte** ❻ mit Sitzbänken für eine Rast. Nun folgen wir dem Pfad ins Tal und biegen an der Verzweigung rechts ab. Kurz darauf leitet ein Wirtschaftsweg steil hinab zum **Tempele** ❼, neben einem Portal der Sechs-Tages-Tour »Albtraufgänger«.

Wir gehen rechts hinüber zum Gasthaus Brender's, dem Schützenhaus Bad Boll. Nach der finalen Einkehr passieren wir die Schießanlage und gelangen zum SinnesWandel. In dem Waldpark geht es über eine Baumbrücke zum Hutteeiche-Steinkreis-Labyrinth, dann durch die wilde Schlucht. Bald erreichen wir den Spielplatz Badwäldle und können an der Schuhwaschanlage unsere Stiefel vom Schmutz befreien. Ab hier ist der Rückweg zum Parkplatz bekannt.

Wissenswertes

Auf der Bertaburg sind Vertiefungen im Gelände erkennbar, man vermutet, dass es sich hier um ehemalige Wehrgräben handelt.

3 Felsenrunde

Grandiose Filstalblicke

TOP 4.30 Std. 14,9 km ↗470 m ↘470 m

  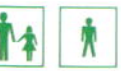

Auf den Michelsberg

Bereits 2018 war die sportliche Felsenrunde als Deutschlands schönster Wanderweg nominiert und das zu Recht! Nach dem Steilaufstieg von Bad Überkingen werden wir mit löwenstarken Ausblicken vom Jungfraufels und dem Hausener Felsen ins Filstal belohnt. Auf dem Michelsberg gibt es an klaren Tagen sogar noch einen Alpenblick gratis obendrauf. Nach dem beschaulichen Höhendorf Oberböhringen wartet bereits das nächste Highlight, der Ramsfels. Er beschert Tiefblicke auf Kuchen und Weitblicke zu den mächtigen Drei Kaiserbergen. Vom Dreimännersitz gilt es die Fünftälerstadt Geislingen an der Steige zu entdecken und am Schillertempel Deutsche Kultur zu erfahren. Die Felsenrunde ist überaus abwechslungsreich, aber auch sehr sportlich.

Ausgangspunkt: Bad Überkingen, Sportplatz, 442 m, Parkplatz, Busanschluss. Navi: Bad Überkingen, Filsstraße.
Anfahrt: A8, Mühlhausen im Täle, B 466 nach Bad Überkingen.
Anforderung: Sportlicher Anstieg auf schmalen Pfaden. Traumhaft schöner Rundwanderung mit hervorragenden Aussichten.
Einkehr: Oberböhringen Zum Hirsch (Sonntag bis Donnerstag), Bad Überkingen.
Karte: LGL BW Wanderkarte W230, 1:25.000.

Schillertempel.

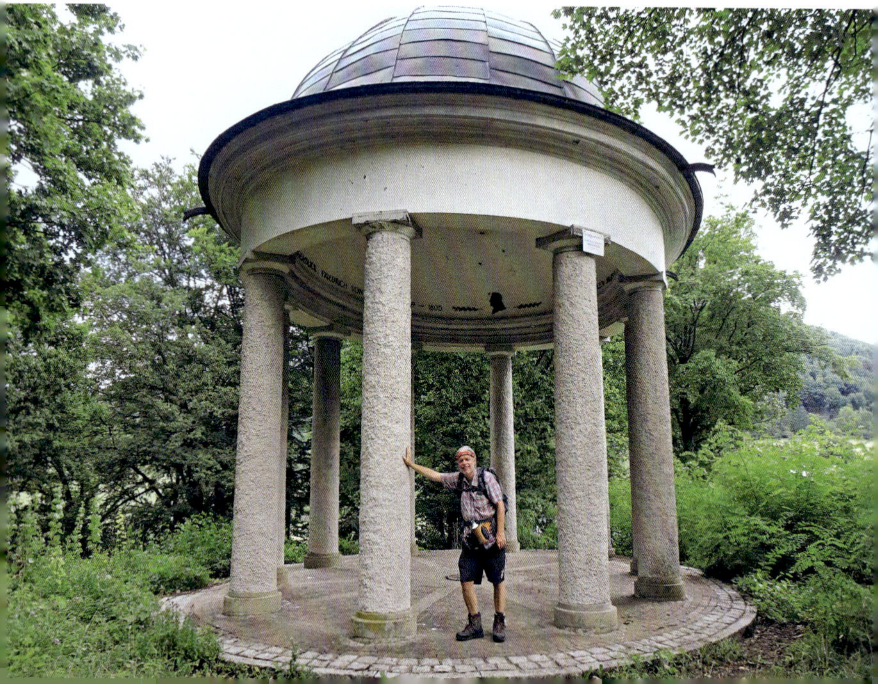

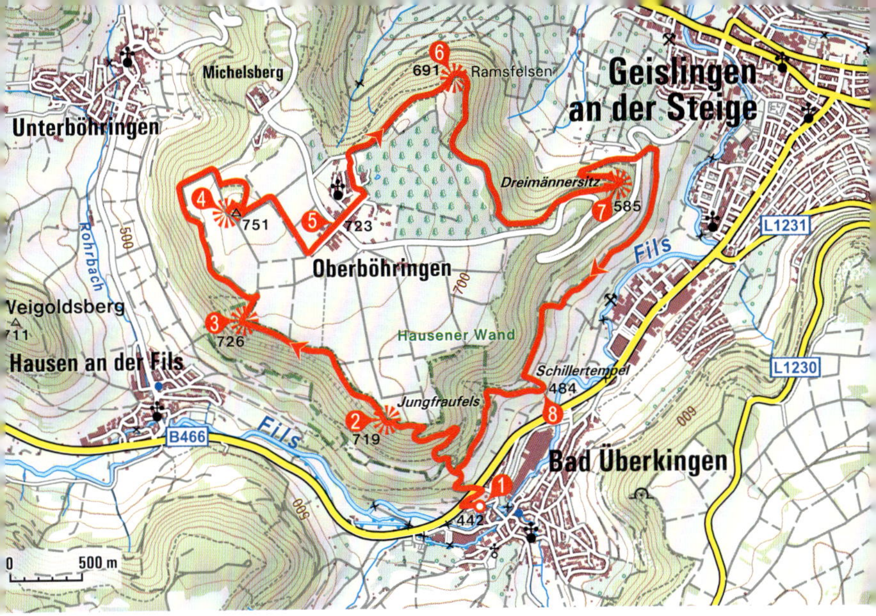

Der relativ lange Zuweg zur Felsenrunde beginnt in **Bad Überkingen** am Thermalbad und leitet durch den Kurpark, bevor er den **Sportplatz ❶** passiert. Da hier die besseren Parkmöglichkeiten sind, starten wir die Tour und folgen dem Radweg nach links zur Unterführung unter der B 466. Direkt danach wenden wir uns nach rechts. Nach 250 m führt ein Teerweg scharf links hinauf und nach zwei Wendungen gelangen wir zum offiziellen Startpunkt der Felsenrunde.

Wir wandern geradeaus in den Wald zum Bergpfad und queren im Anstieg einen Forstweg. Bald wird unser Weg kurzfristig etwas breiter und wir achten auf den Rechtsabzweig, der sich in mehreren Serpentinen zu einer großen Wiesenfreifläche windet. Hier biegen wir links ab und gehen zwischen Wald und Wiesen zum **Jungfraufels ❷**. Ausgesprochen spektakulär fällt der Blick in die Tiefen des Filstals. Auf der Rastbank können wir uns von der Anstrengung des Aufstiegs erholen.

Hoch über der steilen Abbruchkante der Hausener Wand führt die Felsenrunde sicher weiter, mal im Wald und teils entlang an Feldern. Immer wieder leiten kurze Stichwege zu Aussichtsfelsen. Wir achten auf den Linksabzweig ins Naturschutzgebiet und folgen dort dem teils verwunschen wirkenden Pfad zum Rastplatz auf dem **Hausener Felsen ❸**. Hausen an der Fils liegt uns zu Füßen.

Beflügelt wandern wir auf dem

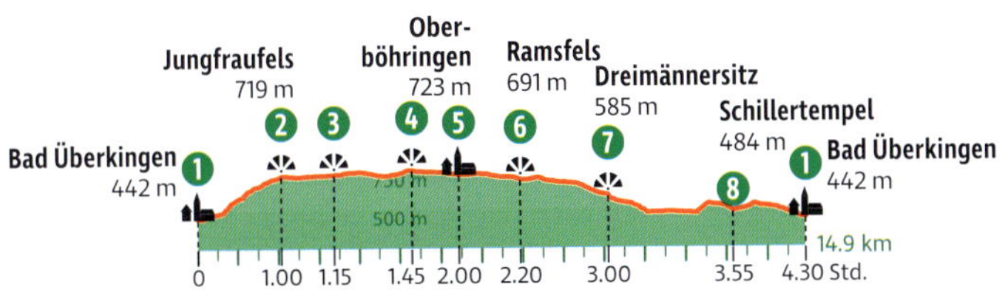

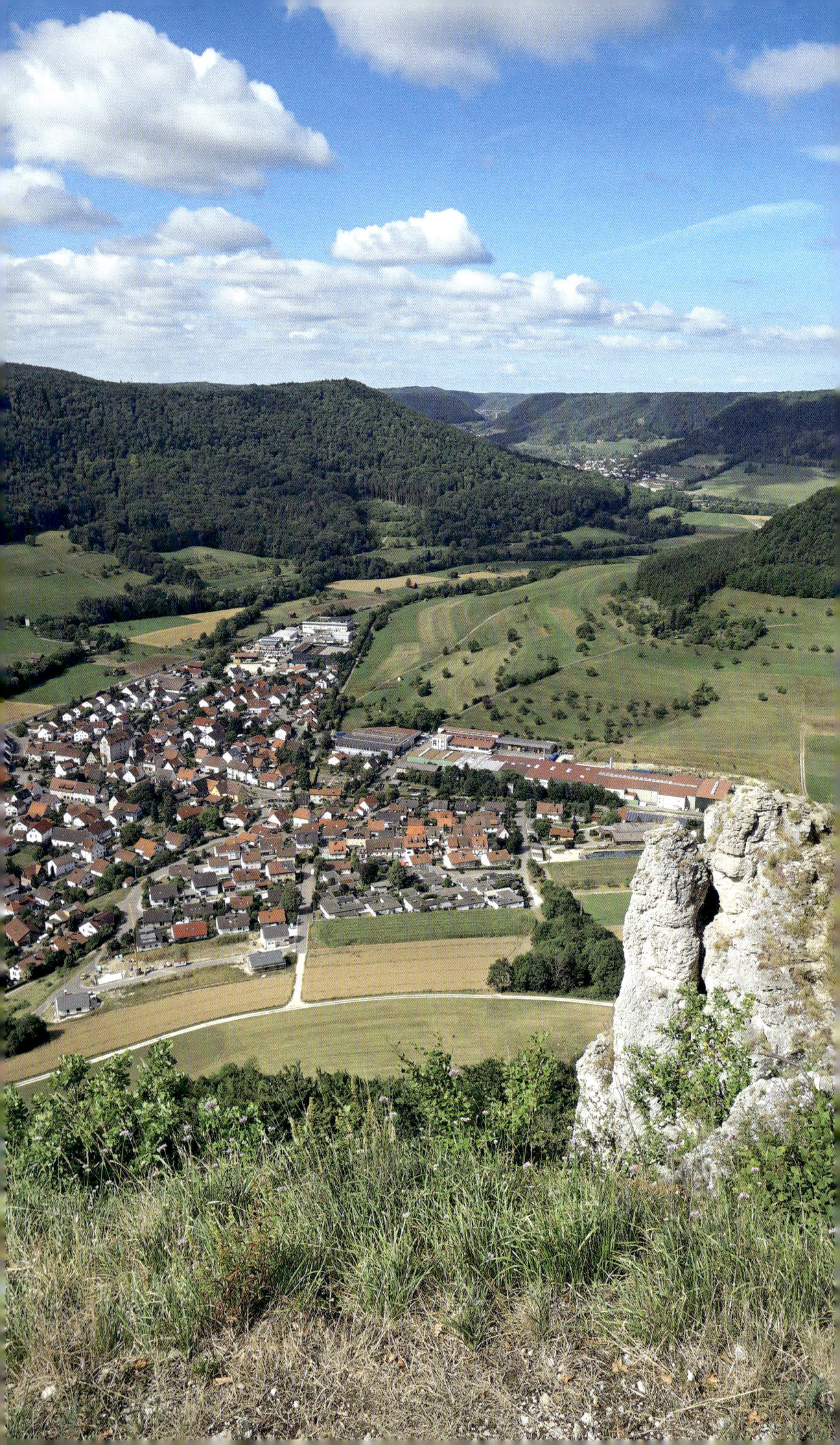

Aussicht vom Hausener Felsen.

breiten Feldweg weiter und biegen an der Weggabel nach links ab. Anschließend gehen wir am Albtrauf entlang und zweigen in einer kleinen Mulde rechts ab. Am Wegweiser-Pfosten Westlich Schieber geht es erneut rechts weg und wir folgen dem Teerweg, an dessen Ende wir nach links in den Wald einbiegen. Oben auf dem Michelsberg genießt man vom Aussichtspunkt **Sandgrube ❹** an besonders klaren Tagen den Blick bis zu den Alpen.

Wir gehen am Funkmasten vorbei und wenden uns beim Feldweg nach links. Jetzt bereits erblicken wir die Häuser von Oberböhringen und wandern in einer Rechts-Links-Kombination über freies Feld. In **Oberböhringen ❺** folgen wir der Michael-Knoll-Straße und weiter der Von-Krafft-Straße zum Dorfbrunnen, der an die Wiedervereinigung Deutschlands erinnert.

Am Geißbühl verlassen wir den Ort mit dem ländlichen Charakter und wenden uns hinter einer Schranke nach links. Am Golfplatz entlang, überqueren wir dessen Parkplatz und folgen dem Sträßchen in Richtung Norden. Vor dem Wald gehen wir rechts und bald nimmt uns ein Waldpfad auf. Dieser führt zum großartigen **Ramsfels ❻**, von dem der Blick auf Kuchen und die Drei Kaiserberge besonders schön ist.

Wir folgen der Pfadspur weiter durch den Forst und passieren nochmals kurz den Golfplatz. Vor einer Landstraße biegen wir am Altenstädter Berg zu einem Waldpfad ab und wandern hinab zu einem Forstweg, der uns zur Aussicht **Dreimännersitz ❼** bringt. Tief unter uns liegt die Fünftälerstadt Geislingen an der Steige. Direkt unter der Aussichtskanzel befindet sich eine Schutzhütte. Der Löwenpfad leitet weiter talwärts und bringt uns nach einer Haarnadelkurve zum Friedhof. Hinter einer Straße steigen wir ab zum Wasserhochbehälter (479 m) und biegen dort rechts ab. Neben Gärten und Obstbäumen schreiten wir durch den Aurain und blicken im Filstal bereits wieder auf Bad Überkingen. Der Wiesenpfad führt zu einem querenden Weg, bei dem wir rechts gehen. Oben im Wald biegen wir nach links und steigen danach an der Wacholderheide ab zum achtsäuligen **Schillertempel ❽**.

Ein Wiesenweglein führt scharf nach rechts, dem wir in den Wald folgen. Dort queren wir einen urwüchsigen Tobel und gehen anschließend auf dem Panoramaweg zurück zum offiziellen Startpunkt der Felsenrunde. Weiter talwärts erreichen wir auf bekanntem Weg wieder den Parkplatz.

Wer mag, kann nach der Wanderung im Bad Überkinger Thermalbad ein vitalisierendes Badeerlebnis genießen. Das mineralhaltige Thermalwasser mit einer Wärme von 35–36 °C wird zweimal täglich erneuert, denn pro Stunde entspringen aus den Quellen 19.000 Liter Frischwasser.

Wissenswertes

Der große deutsche Dichter Friedrich von Schiller (1759–1805) hat zwar in Bad Überkingen weder gelebt noch gewirkt, aber dennoch ließ der Eigentümer des Überkinger Brunnen- und Badebetriebes, der Geheime Kommerzienrat Carl Haegele, zu Schillers Ehren den **Schillertempel** in Stuttgart von Überkinger Zimmerleuten abbauen und am jetzigen Platz errichten.

4 Filstalgucker
Zum Ostlandkreuz

TOP 3.45 Std. | 13,5 km | ↗150 m | ↘150 m

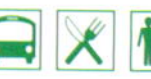

Hoch über dem Filstal

Der Filstalgucker ist wie eine harmonische Komposition, die immer noch spannender und schöner wird, je länger man sie genießt.
Anfangs erlebt man ein weites Land auf Feldern und Wiesen. Nach einem Waldabschnitt geht man hoch über der Kante des Albtraufs und erlebt einen Rundwanderweg der Extraklasse. Hier wird man nicht nur zum Traufgänger, sondern auch zugleich zum Filstalgucker. Der Tiroler Felsen, das Ostlandkreuz, der Bodenfels, der Kahlenstein und der Burgstall sind die Aussichtspunkte, die dabei ein Erlebnis bescheren, das man so schnell nicht mehr vergisst.

Ausgangspunkt: Türkheim, Kirchgasse, 674 m, Parkplatz, Busanschluss. Navi: Türkheim, Kirchgasse.
Anfahrt: B10 nach Geislingen an der Steige und hoch nach Türkheim. Der Ausgangspunkt liegt neben der Türkheimer Kirche.

Anforderung: Herrliche Wandertour, meist abseits der Hauptwanderwege. Etwas Trittsicherheit ist von Vorteil.
Einkehr: Geiselsteinhaus und Türkheim.
Karte: LGL BW Wanderkarte W230, 1:25.000.

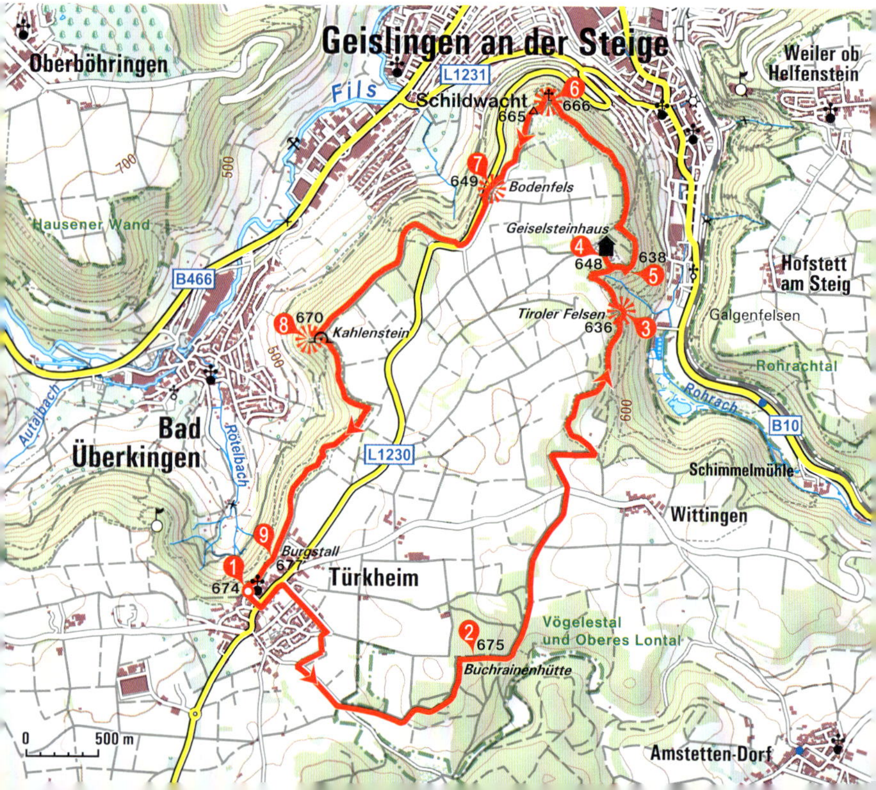

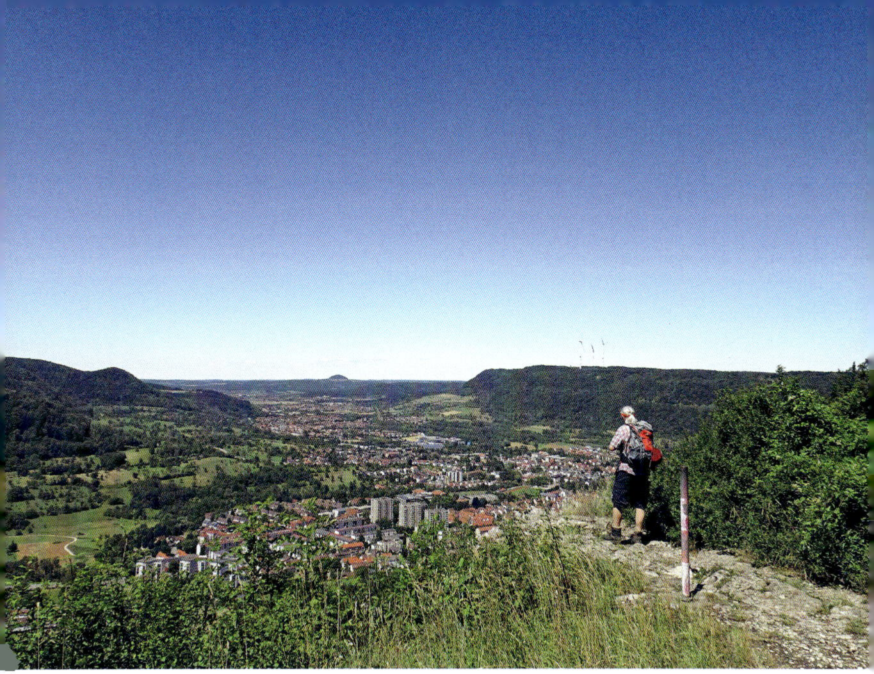

Auf dem Bodenfels.

In **Türkheim** 1 starten wir in der Kirchgasse zum Löwenpfad Filstalgucker. Mit dem Albtrauf im Rücken gehen wir an der Kirche vorbei und schlendern durch die Kirchgasse. Die Geislinger Straße führt uns links, bis der Brühlwiesenweg rechts abzweigt. Geradewegs wandern wir aus dem Ort und gehen beim Feldweg rechts versetzt zum Wiesenpfad. Dieser leitet zu einem asphaltierten Weg, bei dem wir links gehen und eine Stromleitung unterqueren. Felder und Ackerland umgeben uns. An der Kreuzung halten wir uns halb links, wandern ins Naturschutzgebiet und folgen dem Schotterweg leicht steigend in Richtung des Waldes. Kurz davor wenden wir uns links und schreiten in den Forst. Beim Querweg gehen wir rechts zur **Buchrainenhütte** 2. Links geht's an der Holzhütte vorbei und an der Weggabel danach wiederholt links. Wir passen auf, um den Abzweig in der Waldöffnung rechtsseitig nicht zu verpassen. Zwischen Wald und Wiese behalten wir die Richtung bei und erkennen halb rechts vor uns den Ort Wittingen. Ein Schotterweg bringt uns durch einen kleinen Wald, dann unterschreiten wir bei den Feldern wieder Stromleitungen und gehen geradeaus zum Wiesenpfad, der neben einer Hecke zu einer Landstraße führt. Hinter dieser lei-

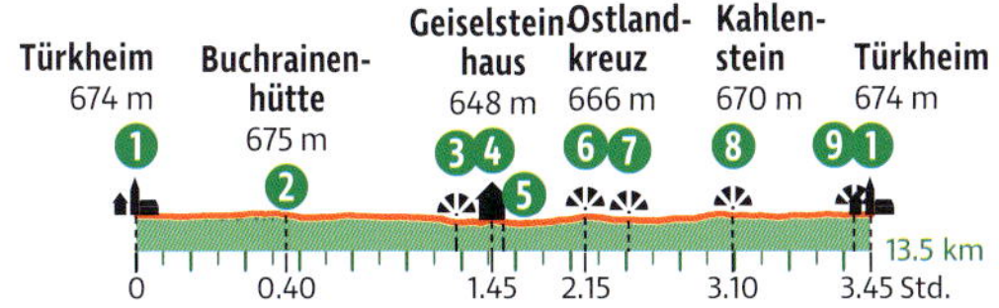

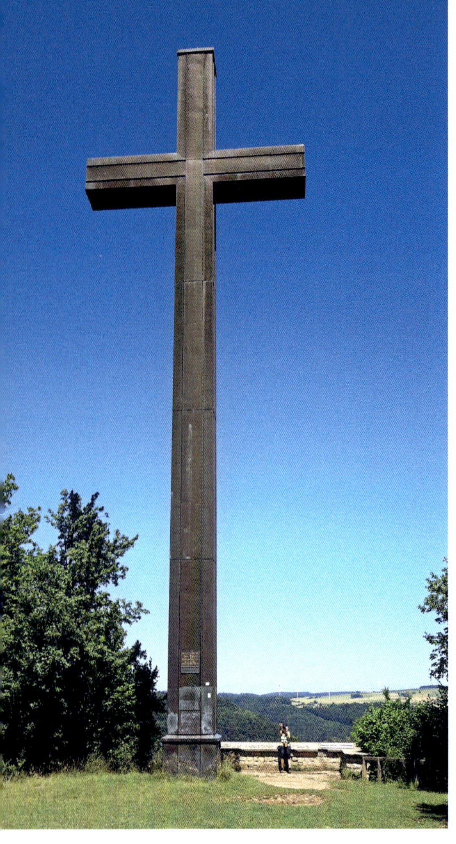

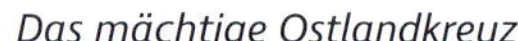

Das mächtige Ostlandkreuz.

tet ein Pfad zwischen Wald und Flur weiter. Vor dem Menhölzle biegen wir scharf links auf den Waldpfad ab, der uns zum **Tiroler Felsen** ❸ bringt. Tief blicken wir ins Rohrachtal hinab. Dann folgen wir weiter dem schmalen Bergpfad und wandern relativ eben, oberhalb des Traufs durch eine kleine Furche zum Spielplatz beim **Geiselsteinhaus** ❹ und dem **Geiselstein** ❺, den wir auf einem kurzen Stichweg hinter der Schutzhütte erreichen.
Weiter über den bewaldeten Albtrauf geht es zur Alten Türkheimer Steige, wo wir auf fast gleichbleibender Höhe rechts gehen. Das Waldweglein bringt uns zum mächtigen **Ostlandkreuz** ❻. Von der Kanzel schauen wir tief hinab zur Fünftälerstadt Geislingen an der Steige. Mehrere Sitzmöglichkeiten bieten sich uns an.
Wir setzen unsere Wanderung fort und schlendern über die waldeingesäumte Wiesenhochfläche, dann nimmt uns ein Schotterweg auf und leitet rechts in den Forst. Bald passieren wir den Parkplatz Ostlandkreuz samt Grillhütte. Wir gehen rechts weiter und achten auf die schmale Pfadspur, die rechts zum **Bodenfels** ❼ führt. Der Blick schweift über das Filstal und bis zum Hohenstaufen. Wunderschön! Über den Fahrweg gelangen wir zur Straße, die nach Geislingen führt. Jenseits der Fahrbahn führt unser Weg im dichten Wald weiter. Noch einmal blicken wir zum Hohenstaufen hinüber und wandern dann der Mittagssonne entgegen zum **Kahlenstein** ❽. In der Tiefe des Filstales entdecken wir die Häuser von Bad Überkingen. Optional leitet ein Pfad zur Kahlensteinhöhle hinab, die sich direkt unter dem Wegweiser-Pfosten befindet. Wir gehen weiter in Richtung Südosten kurz aus dem Wald, dann nimmt uns wieder ein schmales Weglein auf. Die Löwenpfade-Markierung leitet zielsicher und abenteuerlich durch den Wald. Von einem Felsen in der Pfaffenhalde blicken wir nochmals auf Bad Überkingen hinab. Wir schreiten aus dem Wald und folgen dem Feldweg zur Rampe des Drachenfliegerstartplatzes. Die ersten Häuser Türkheims tauchen jetzt bereits wieder auf und wir erreichen den **Burgstall** ❾, wo sich uns eine letzte Sicht ins Filstal erschließt, das liebevoll auch Goisatäle genannt wird. Die Kirchturmspitze dient als Wegweiser und wir finden mühelos zum **Ausgangspunkt** ❶ zurück.

Filsursprung-Runde

Zur Ruine Reußenstein

5

4.00 Std. | 14,9 km | ↗ 290 m | ↘ 290m

Entlang der jungen Fils

Auf der Filsursprung-Runde ist pure Abwechslung absolut angesagt. Mehrere Bauernhöfe säumen den Weg, bevor man den aussichtsreichen Knaupenfels und die Ruine Reußenstein erwandert. Im Hasental leitet die Traumtour zum namensgebenden Filsursprung und führt durch die lauschige Flussaue wieder zurück. Im Anschluss an die Tour ist eine Besichtigung des fachwerkerbauten Dorfes Wiesensteig wärmstens empfohlen.

Ausgangspunkt: Wiesensteig, Wanderparkplatz Papiermühle, 626 m, Busanschluss im Ort. Navi: Wiesensteig, Helfensteinstraße.

Anfahrt: A8 Abfahrt Mühlhausen im Täle, unter Eisenbahnbrücke nach Wiesensteig, dort die Hauptstraße und Helfensteinstraße am Freibad vorbei zur Papiermühle.

Anforderung: Abwechslungsreiche Wandertour mit mehreren tollen Aussichten.

Einkehr: Gaststätte Hofgut Reußenstein in Wiesensteig, Höhlenrasthaus Schertelshöhle (Abstecher 400 Meter von Wegpunkt 7).

Karte: LGL BW Wanderkarte W 238, 1:25.000.

Ruine Reußenstein.

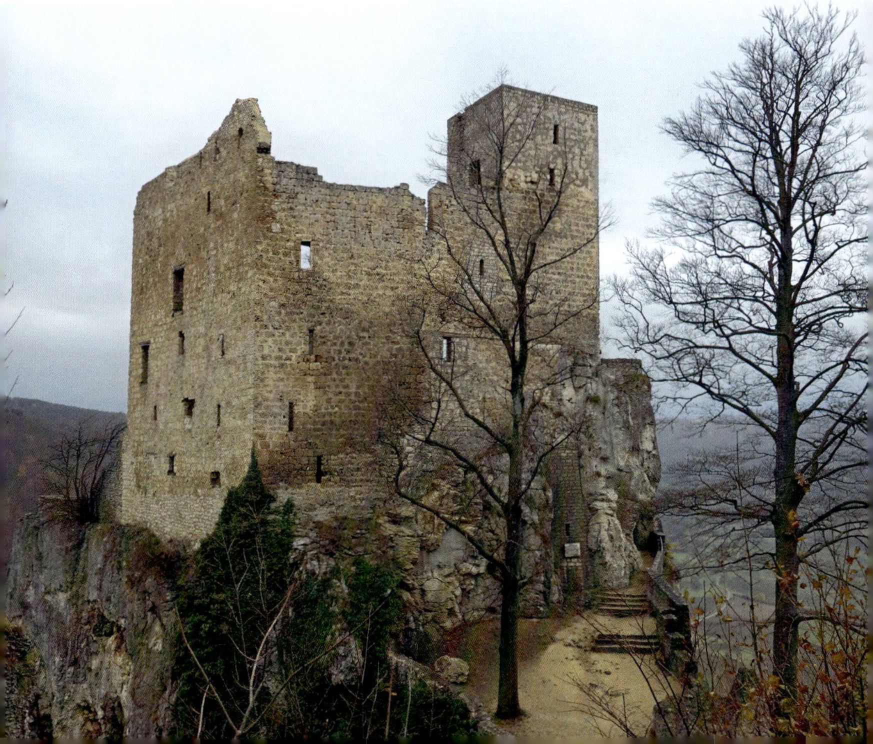

Im Westen des Ortes Wiesensteig starten wir vom Wanderparkplatz **Papiermühle ❶** zur Filsursprung-Runde. Direkt neben der lauschigen Fils wandern wir zunächst für ein paar Meter auf dem Anfahrtsweg zurück und biegen dann links hinein ins idyllische grüne Autal.

Auf der rechten Talseite steigen wir hinauf, gehen durch einen ausgewaschenen Hohlweg und an Felsen vorbei zu der Anhöhe beim **Ziegelhof ❷**. Hier biegen wir rechts ab und folgen mit etwas Abstand parallel dem Verlauf einer Landstraße in Richtung Osten und wenden uns am Abzweig nach 250 m scharf nach links. Vorsichtig überqueren wir die Straße und folgen dahinter dem Wiesenweg, der uns zu den Eckhöfen auf dem **Bläsiberg ❸** bringt. Vor der dortigen Landstraße wenden wir uns dem links abzweigenden Feldweg zu. Weite Wiesenflächen umgeben uns und wir erfreuen uns an einem ungehinderten Landblick.

Auf dem Höhenweg biegen wir halb rechts zum Wiesenpfad ab und wandern bald entlang des Albtraufs zum **Knaupenfels ❹**. Von der exponierten Kanzel bietet sich ein herrlicher Tiefblick nach Neidlingen.

Nach dem Aussichtsbalkon geht es neben dem Waldrand zu einem Wiesenpfad, der uns wieder zum Feldweg zurückbringt. Dort biegen wir rechts ab und wandern dem Reußenstein-Hof entgegen. Rechts versetzt folgen wir im Sandteich dem anfangs breiten Fußweg zur **Ruine Reußenstein ❺**. Mächtig baut sich die massive Festungsanlage vor uns auf.

Nachdem wir die alte Burg ausgiebig erkundet haben, leitet uns ein Wegweiser rechts zu den Steinstufen hinauf. Bald verlassen wir das felsige Gelände und wandern zwischen Wald und Wiese weiter. Der Pfad führt in den Forst und eine Straße begleitet uns in unregelmäßigem Abstand zur Linken. Noch einmal

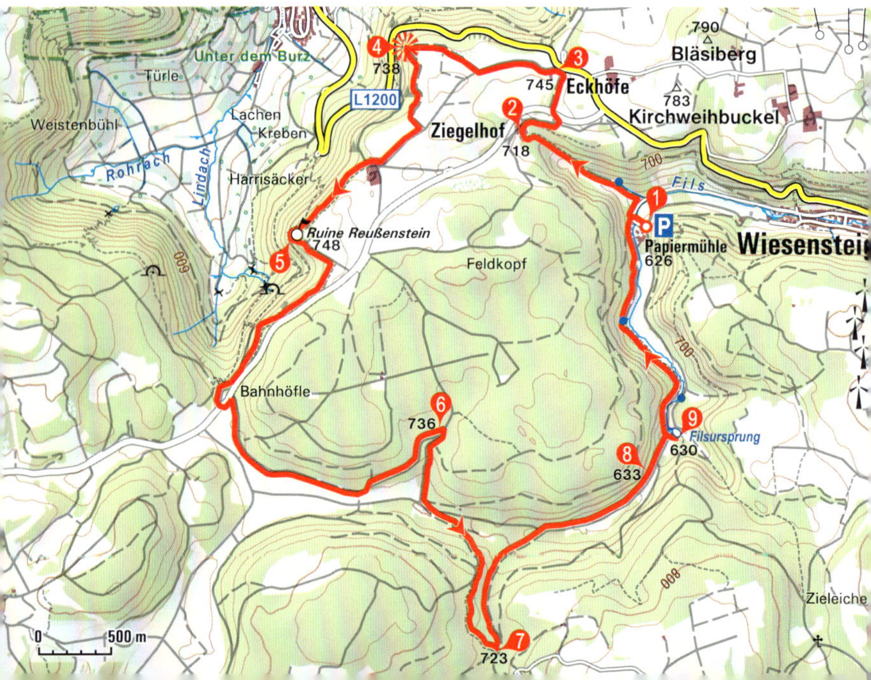

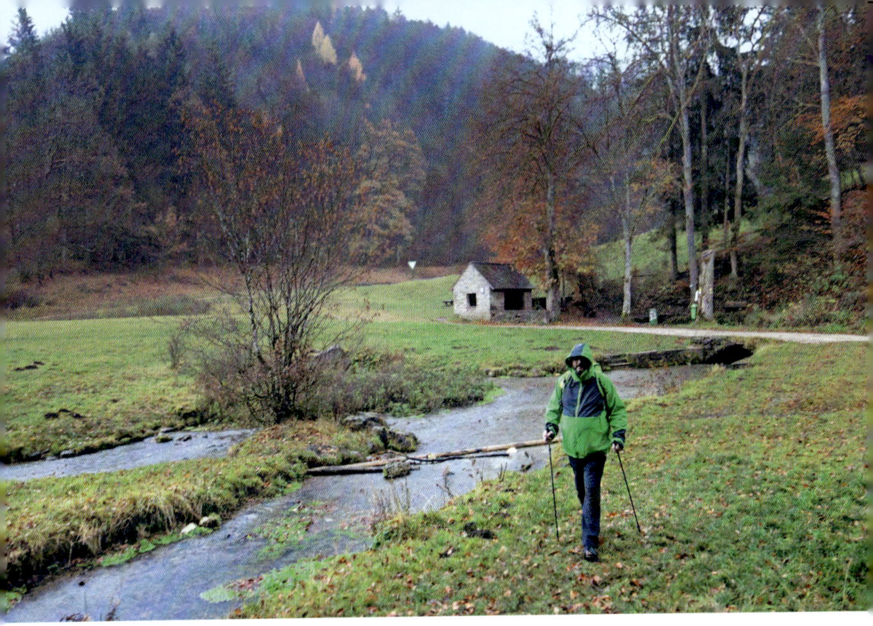

Am Filsursprung.

blicken wir zur Ruine Reußenstein hinüber, dann verlieren wir auf dem schmalen Bergpfad etwas an Höhe und erreichen wieder die Straße. Kurz geht es auf dem Gehsteig weiter, am Abzweig Bahnhöfle vorbei und am Waldende überqueren wir die Fahrbahn. Der Steigleshauweg nimmt uns auf und wir wandern in ein breites Wiesenhochtal, an dessen linkem Rand wir allmählich in den Wald eintreten. An der **Großen Weite ❻** biegen wir scharf rechts ab zum Rudertälesweg. Wir passieren bald eine Forsthütte und gelangen in den Talgrund zum Grauen Stein, wo wir zum dritten Weg nach links gehen und dem Nadelwald entgegen wandern. Am Verzweig halten wir uns rechts und erreichen eine Kreuzung, wo wir uns halb links halten. Durch eine abenteuerliche Waldgrabenschlucht geht es hinunter ins **Schertelstal ❼**. Ein Abstecher zur 400 m entfernten Schertelshöhle ist optional, dort gibt es auch die Möglichkeit zur Einkehr. Wir gehen links und der Abstieg bringt uns ins **Hasental ❽**. Bald erreichen wir die Karstquelle des **Filsursprungs ❾**. Vor der Schutzhütte bei der Quelle wandern wir links und neben der jungen Fils durch die lauschige Flussaue. Ein verwunschener Pfad führt durch das romantische Filstal und wir beobachten fasziniert das Wasser neben uns, wie es in ungezählten kleinen Kaskaden zu Tale fließt. Der Pfad bringt uns auf direktem Wege wieder zum Wanderparkplatz **Papiermühle ❶** zurück.

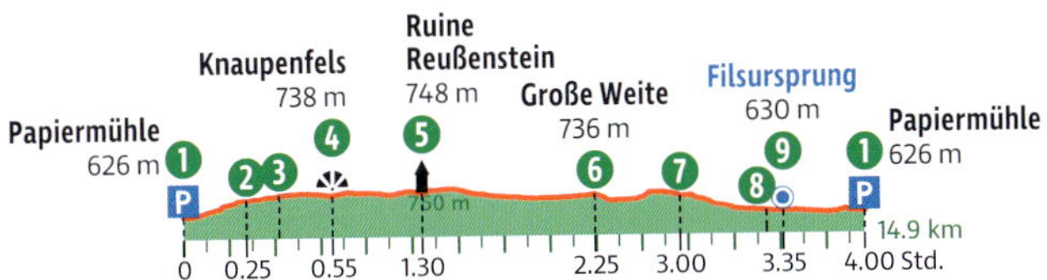

6 Felsen-Tour
On The Rocks

3.45 Std. | 10,8 km | ↗430 m | ↘430 m

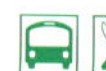  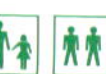

Durch das Felsental

»Wanderer bleib stehen und sprich ein süßes Gebet«, steht geschrieben am Bildstock im Felsental. Die Geislinger Felsen-Tour fordert immer mal wieder ein kurzes Anhalten und Verschnaufen, denn sie ist nichts für schwache Beine. Gleich zu Beginn leitet ein strammer Anstieg hinauf zum Anwandfelsen und dem Himmelsfelsen. Tiefblicke garantiert. Ein Zwischenabstieg führt ins romantische Eybach an der Eyb. Ein zweiter Anstieg leitet durch das herrliche Felsental hinauf zur landwirtschaftlich genutzten Albhochfläche und dem Himmelreich.

Vom Bismarckfelsen blickt man, wie aus einem Adlerhorst, direkt auf die 5-Täler-Stadt Geislingen an der Steige hinab. Die Felsen-Tour ist eine absolut lohnenswerte Rundwanderung mit gigantischen Ausblicken.

Ausgangspunkt: Geislingen an der Steige, 453 m, Parkplatz SC Geislingen, Bus- und Bahnanschluss. Navi: Geislingen an der Steige, Im Schieber.

Anfahrt: B10 oder B466 nach Geislingen an der Steige, dort zur Heidenheimer Straße und rechts ab beim Stromwerk zur Straße Im Schieber.

Anforderung: Zwei kräftige Anstiege verlangen gute Kondition. Die Stahltreppen im Felsental sind vorbildlich gesichert und problemlos.

Einkehr: Landgasthof Ochsen Eybach und Geislingen.

Karte: LGL BW Wanderkarte W230, 1:25.000.

Bismarckfelsenblick.

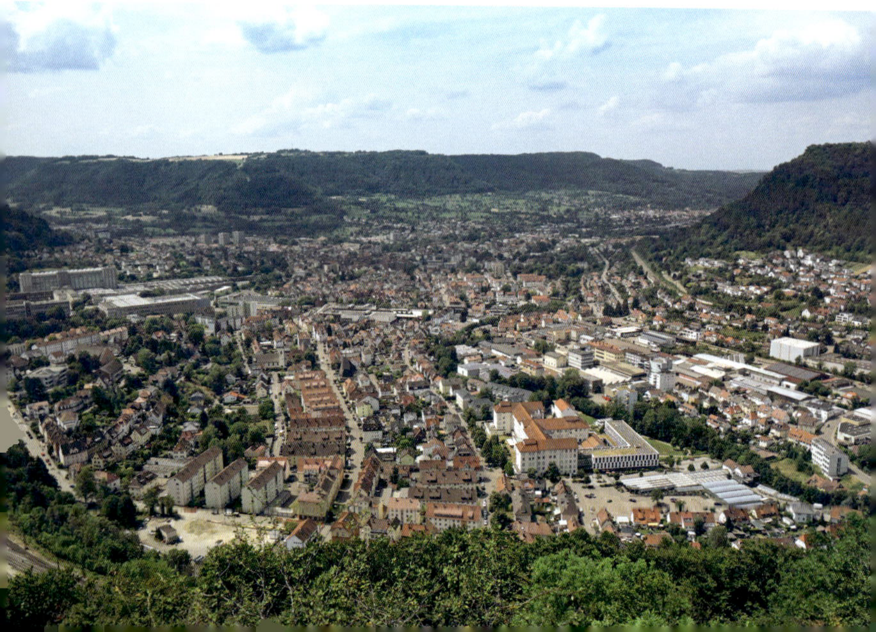

Vom **Wanderparkplatz des SC Geislingen ❶** gehen wir im Durchlass unter der Heidenheimer Straße zum Alternativ-Parkplatz, den wir nach links überqueren. Ein kurzes Stück schreiten wir bei der Leitplanke rechts die Straße hinauf, dann zweigt links ein Bergpfad ab. Dieser führt steil bergwärts und im Anstieg biegen wir rechts ab. Bald setzen wir über eine Straße, dahinter steigt der schmale Waldpfad weiter sehr steil und in engen Serpentinen an. Weiter oben taucht der mächtige **Anwandfelsen ❷** auf, der einen gigantischen Tiefblick auf Geislingen beschert.

Kurz darauf treffen wir auf einen Forstweg, folgen diesem nach rechts und die Steigung lässt nach. Jetzt können wir erst einmal kräftig durchatmen. Auf dem Düttenloh und in der Drehhalde halten wir uns jeweils leicht rechts und passen auf, um den Rechtsabzweig zum Waldpfad nicht zu verpassen. Im leichten Bergab erreichen wir den Felsen bei der ehemaligen Ruine Hoheneybach und blicken tief zum Ort Eybach hinab. Nur wenige Meter danach empfängt uns der mächtige **Himmelsfelsen ❸**, der mit seiner 65 m hohen Steilwand das Wahrzeichen Eybachs ist. Sanfter Kirchenglockenklang dringt bis zu uns herauf.

Links des Gipfelstichwegs führt uns die Felsen-Tour steil talwärts und wir entdecken linksseitig ein Loch im Fels. Wir folgen der Markierung ganz bis ins Tal hinab und passieren dort den großzügigen Park des Eybacher

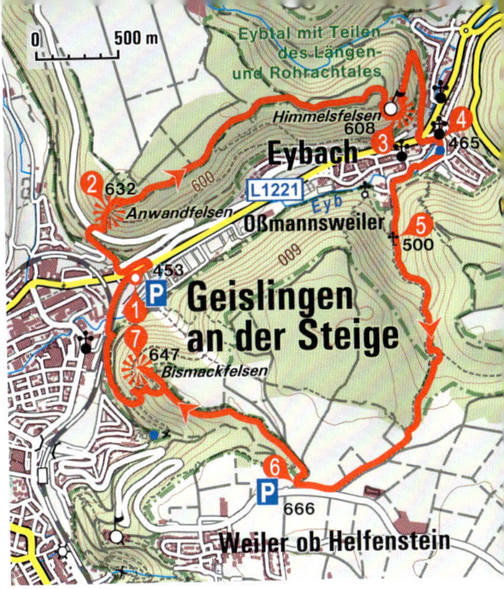

Schlosses. Rückblickend schauen wir hinauf zum Himmelsfelsen, dem Wahrzeichen von Eybach.

Die Von-Degenfeld-Straße leitet kurz links und dann rechts zur lauschig plätschernden Eyb und dem Marienplatz bei der aus dem 15. Jahrhundert stammenden katholischen Kirche Mariä Himmelfahrt. Im malerischen Ortskern von **Eybach ❹** entdecken wir die Mühlbachquelle, die eine Schüttung von 200 Litern in Trockenzeiten und bis zu 1500 Liter pro Sekunde nach starken Regenfällen aufweist.

Die Mühlbachstraße führt nach rechts und ein Fußweg leitet wieder über die Eyb. Die Felsenstraße bringt uns links weiter zur ehemaligen Ölmühle und wir wandern dem grünen Taleinschnitt des **Felsentals ❺** entgegen. Im Naturschutzgebiet umgibt uns eine tiefe Stille. Wenn

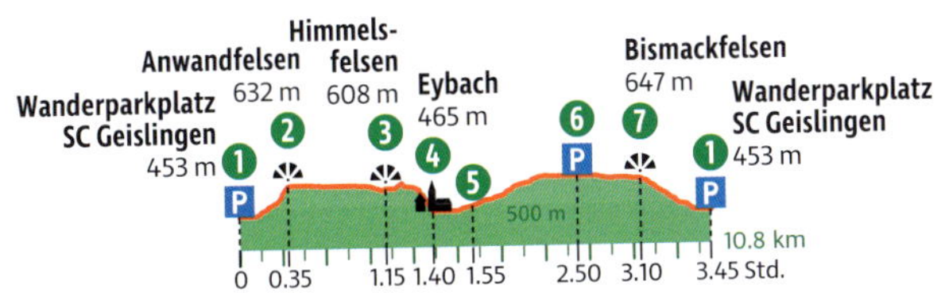

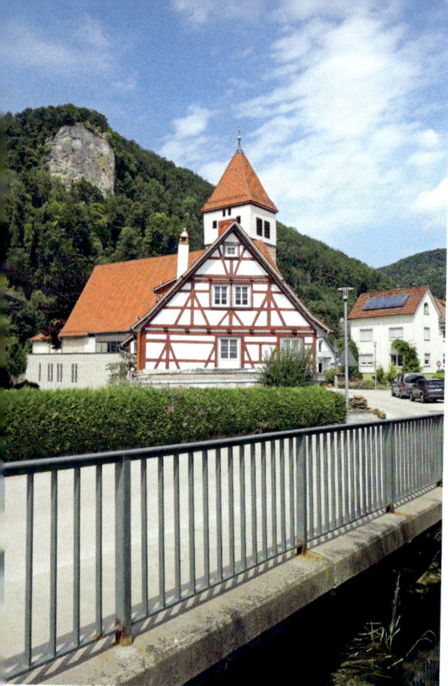

Oben: Kirche und Himmelsfelsen in Eybach.
Unten: Stahltreppen im Felsental.

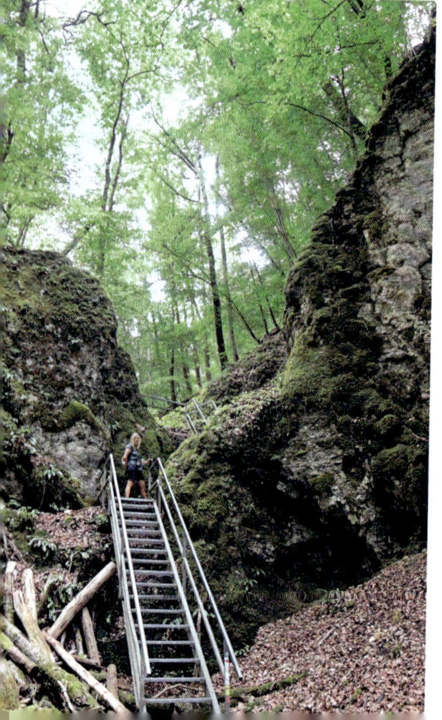

wir an einem Bildstock vorbeigehen, dann hat unser zweiter Tagesanstieg bereits längst begonnen. Wir entdecken immer mehr Felsen, die sich am Wegrand hoch neben uns auftürmen. Das Felsental wird immer ursprünglicher und sehr gut gesichert steigen wir über zwei Stahltreppen hinauf. Kurz danach gabelt sich der wildromantische Pfad, wir gehen rechts. Der Bergweg leitet aus dem Tal und bringt uns zur Albhochfläche. Weit blicken wir über Wiesen und Felder und zu den Häusern des Ortes Weiler ob Helfenstein.

Wir biegen rechts ab und gehen bei der Landstraße unter den Stromleitungen nochmals rechts zum etwa 250 m entfernten **Parkplatz Himmelreich 6**. Scharf rechts geht es weiter auf Betonplatten und wir bleiben stets links der Stromleitungen. Ein Pfad leitet links in den Wald und kurz nach einem Forstweg führt ein Weglein zum **Bismarckfelsen 7**, der mit unglaublichem Tiefblick auf Geislingen fasziniert. Der Fels ist benannt nach Fürst Otto von Bismarck (1815–1898).

Nach den windumbrausten Felsen wenden wir uns scharf links dem Abstiegsweg zu und steigen in mehreren Kehren talwärts. Schnell verlieren wir an Höhe und kommen im Bergwald tiefer bis zur Frauenhalde und der Eisenbahn. Neben den Schienen wandern wir rechts zum nahe gelegenen **Parkplatz 1** zurück.

Wissenswertes

Das Eybacher Schloss entstand von 1540 bis 1546 und befindet sich direkt unter dem Himmelsfelsen. Es zählt zu den schönsten Schlössern Baden-Württembergs und wird bis heute von der Familie Von Degenfeld bewohnt.

Höhenrunde

Traumhafte Ausblicke ins Obere Filstal

7

3.45 Std. | 12,3 km | ↗ 370 m | ↘ 370 m

TOP

Höhenrausch und Albtrauf pur

Nach der Ortsdurchquerung von Bad Ditzenbach leitet die Höhenrunde steil hinauf zum Eckfelsen und Oberbergfels. Wow, ist das schön hier oben! Jetzt ist auch die größte körperliche Anstrengung geschafft und Wellness-Wandern mit Höhenrausch steht auf dem Programm.

Entlang des himmlischen Albtraufs geht es zum Mega-Aussichtspunkt, dem Tierstein. Ein Abstecher zur Ruine Hiltenburg ist optional, aber sehr lohnend. Die Höhenrunde ist eine Traumtour, die bestimmt für sehr lange in Erinnerung bleiben wird.

Ausgangspunkt: Bad Ditzenbach, 515 m, Parkplatz gegenüber dem Haus des Gastes, Busanschluss. Navi: Bad Ditzenbach, Burgsteige.
Anfahrt: A8 bis Mühlhausen im Täle, B466 nach Bad Ditzenbach.
Anforderung: Steiler Anstieg, dann unschwierige Tour auf schmalen Naturpfaden.
Einkehr: Unterwegs keine, Restaurants am Start- und Zielpunkt in Bad Ditzenbach.
Karte: LGL BW Wanderkarte W238, 1:25.000.

In **Bad Ditzenbach** ❶ starten wir zur Höhenrunde vom Wanderparkplatz schräg gegenüber dem Haus des Gastes. Entlang der Helfensteinstraße passieren wir das Feuerwehrhaus und biegen links in die Hauptstraße ab. Es geht an der Kirche vorbei zur Ortsmitte. Am Ende der Straße leitet die Gartenstraße halb rechts hinauf zu einer Kuppe, hier wenden wir uns nach links. Bei einem Reitstall lassen wir die Zivilisation hinter uns und wandern dem vor uns aufragenden Bergwald entgegen. Im Naturschutzgebiet Oberer Berg nimmt uns ein schmaler Bergpfad auf. Das Waldweglein ist recht steil, dann gehen wir beim Schotterweg links, was kurzfristig eine Verschnaufpause verspricht. Doch bald schon führt im spitzen Winkel ein Bergpfad weiter steil hinauf. Oben passie-

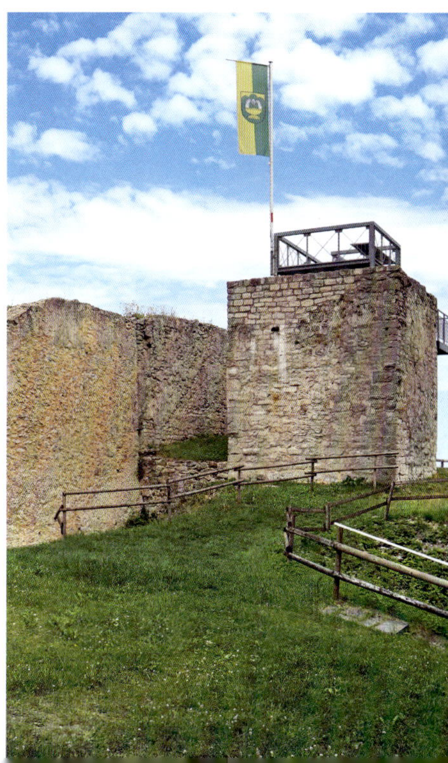

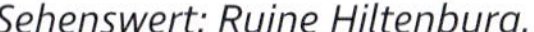

Sehenswert: Ruine Hiltenburg.

Wissenswertes

Hoch über Bad Ditzenbach erhebt sich auf dem Schlossberg stolz die Ruine Hiltenburg. 1289 wird sie erstmals urkundlich erwähnt, damals war der Berg noch nicht bewaldet und der Schutz der Burg noch besser einsehbar. Ende 1516 endete das Burgleben, als Herzog Ulrich von Württemberg sie in Schutt und Asche legen ließ.

ren wir den Fuß des Eckfelsens und schwenken rechts zum Höhenweg ein, der uns zum aussichtsreichen **Eckfelsen ❷** bringt. Voller Genuss blicken wir tief ins Filstal hinab und folgen dann dem Traumpfad weiter zum nahen Oberbergfels, 752 m. Hier erwartet uns bereits das nächste Weitblick-Highlight. Neben der steil abfallenden Traufkante wandern wir weiter und eine Aussicht nach der anderen bietet sich uns zur Schau. Die Höhenrunde entwickelt sich zu einem paradiesischen Höhenwanderweg. Links blicken wir zum Ackerhochland, verlassen den Wald und folgen dem Wiesenpfad zum landwirtschaftlichen Anwesen **Schonderhöhe ❸** (auf dem Ortsschild steht Schonderhöhe, obwohl in den Landkarten Schonterhöhe steht). Ein paar Windräder drehen sich gleichmäßig am Horizont und links entdecken wir das Bergdorf Berneck. Wir queren eine Landstraße und ein Teerweg leitet rechts zu den zwei Parkplätzen der Schonterhöhe. Achtung, am Waldeck geht es zum schmalen Waldpfad nach rechts. Beinahe mühelos entwickeln wir uns zum Albtraufgänger, denn wir wandeln auf der Höhenrunde gleichzeitig auch auf den Spuren des Mehrtageswegs »Albtraufgänger«. Wir streifen mehrere Aussichtspunkte, die aber oft natürlich verwachsen sind. Alte Grenzsteine zieren unseren Weg zur Aussicht **Badfelsen ❹**. Der weite Blick schweift durch das grüne Tal und hinüber zur Ruine Hiltenburg. Danach durchstreifen wir weiter den Hochwald und gelangen nach einer Wiesenlichtung zur Badhalde. Dort gehen wir geradeaus zum romantischen Waldpfad und an der folgenden Weggabelung links. Bei der Waldöffnung halten wir uns rechts und achten bald auf den links

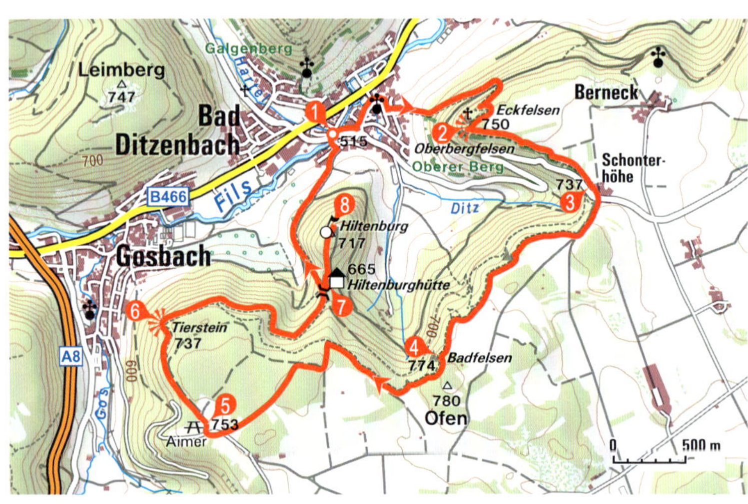

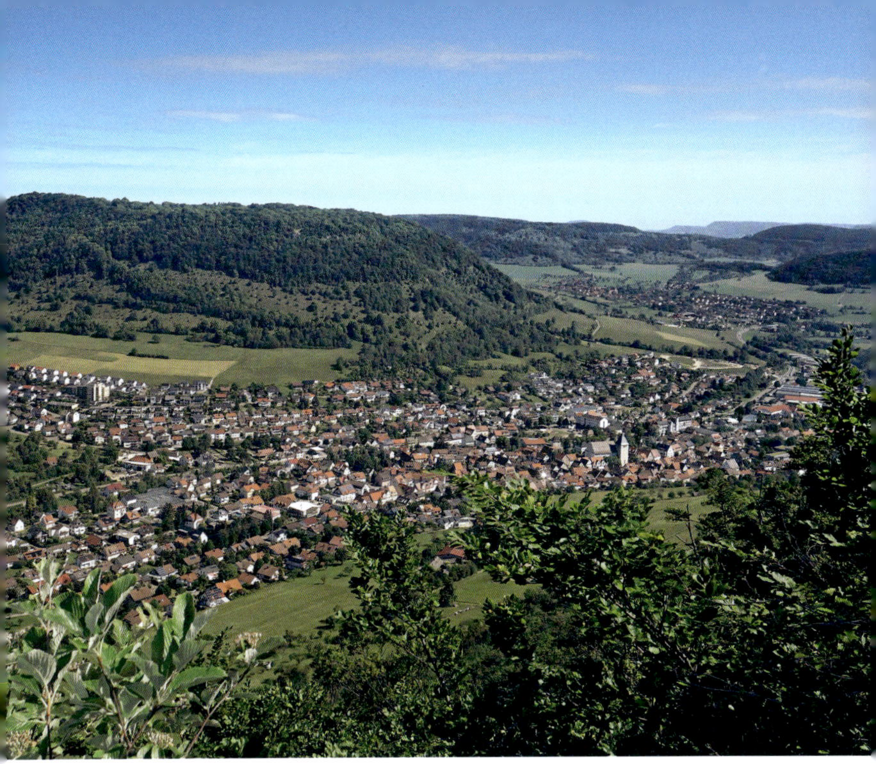

Traumblick vom Eckfelsen ins Filstal.

abzweigenden Waldweg. Wenig später nimmt uns ein Wiesenpfad auf und wir gelangen zum Park-, Rast- und Spielplatz **Aimer** 5. Wir wenden uns nach rechts und gehen an der Weggabel links wieder in den Wald. Die Markierung führt zur sagenhaft schönen Aussichtskanzel **Tierstein** 6. Ganz tief blicken wir hinab nach Gosbach und zum Drackensteiner Hang, dort wo sich die Autobahn A8 zum Albaufstieg teilt.

Im weiteren Verlauf der Höhenrunde verlieren wir jetzt ständig an Höhe und gelangen zur **Hiltenburghütte** 7. Der Abstecher zur **Ruine Hiltenburg** 8 lohnt sich, zwei Wege führen zum Schlossberg hinauf, ein Forstweg sowie ein alpiner Steig. Wir erklimmen und erkunden den Bergfried. Für den Rückweg nach **Bad Ditzenbach** gehen wir ab der **Hiltenburghütte** 7 nur noch am Schlossberg talwärts und gelangen rasch zum **Ausgangspunkt** 1 und ins Filsental zurück.

Ein Besuch der Vinzenz Therme ist nach der Tour empfehlenswert, denn das 35 °C warme Wasser wirkt entspannend für den Körper.

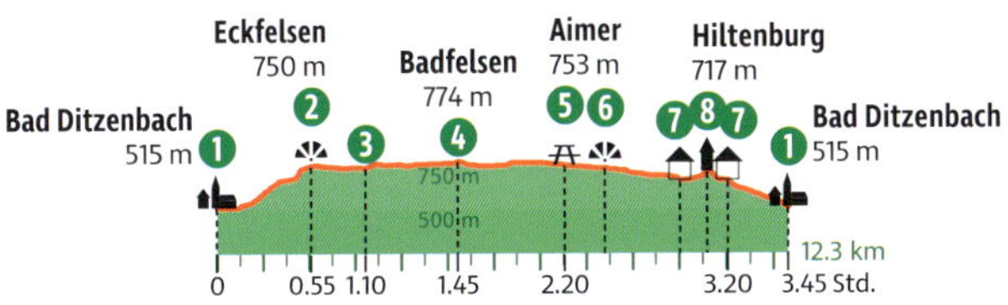

8 Messelberg-Tour

Weitblicke vom Rötelstein und Messelstein

2.30 Std. | 8,0 km | ↗ 310 m | ↘ 310 m

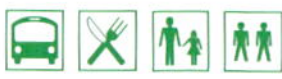
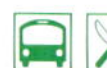

Wandern im Landpark Albtrauf

Die grandiose Messelberg-Tour beginnt hoch über Donzdorf beim Segelflugplatz auf dem Messelberg. Anfangs entzückt die Tour am Drachenfliegerstartplatz und vom Rötelstein gleich mit zwei Aussichten. Aber eines ist natürlich klar, wenn man eine Rundwanderung auf dem Berg beginnt und ein langer Abstieg folgt, dann steht ein großer Finalanstieg bevor. Jedoch werden wir am Messelstein mit einem Mega-Prachtblick für die Mühen des Aufstiegs belohnt.

Ausgangspunkt: Donzdorf, 682 m, Parkplatz Messelberg (Busanschluss in Donzdorf). Navi: Donzdorf, Messelbergsteige.
Anfahrt: Der Ausgangspunkt liegt oberhalb von Donzdorf, Messelbergsteige in Richtung Schnittlingen hochfahren. Großer Parkplatz mit über 100 Stellplätzen.
Anforderung: Traumwandertour mit tollen Ausblicken mit langem Anstieg auf schmalem Pfad.
Einkehr: Fliegerhütte Messelberg (Mo., Di., Mi. Ruhetage).
Karte: LGL BW Wanderkarte W230, 1:25.000.

Zur Messelberg-Tour starten wir am **Parkplatz Messelberg ❶** direkt am Flugplatz. Ein Zubringerweg führt bei der Parkplatzeinfahrt zur Wanderrunde. Von hier steigen wir links den Wiesenpfad hinauf zur kleinen Kapelle beim Drachenfliegerstartplatz, 698 m. Eine Sitzbank mit geschnitztem Löwenkopf lädt sogleich zur Aussichtsrast ein. Der Blick schweift tief nach Donzdorf hinab. Neben dem Flugplatz nimmt uns ein Waldpfad auf, dem wir in Richtung Südwesten folgen. Bald erwartet uns der nächste Höhepunkt, der **Rötelstein ❷**. Der Blick ins Tal ist ähnlich dem des Drachenfliegerstartplatzes, wirkt aber doch noch etwas spektakulärer.

Anschließend verlieren wir auf dem Waldpfad an Höhe. Lustiger Vogelgesang erfüllt die Luft. Dann stoßen wir auf einen asphaltierten Weg und biegen rechts ab. Nach 300 m gehen wir vor der **Grillhütte Oberweckerstell ❸** wieder rechts und passieren eine weitere Kapelle. Knorrige Bäume wachsen neben dem Weg.
Im Rechtsbogen verlieren wir weiter an Höhe und setzen unsere Route an der Weggabel links fort. Der Abstieg über den Kupfersteig leitet hinab ins **Seizenbachtal ❹**. Hier biegen wir rechts zum breiten Schotterweg ab und wandern den wiesengesäumten Hang hinauf zum Haus der Schützengesellschaft Donzdorf e.V. 1560. Wir erfreuen uns an dem Prachtblick

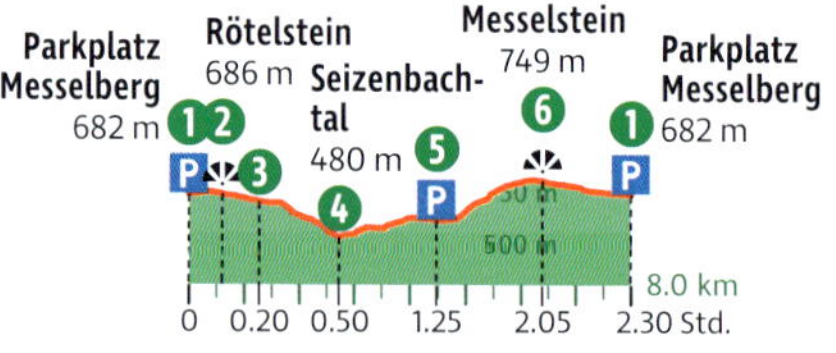

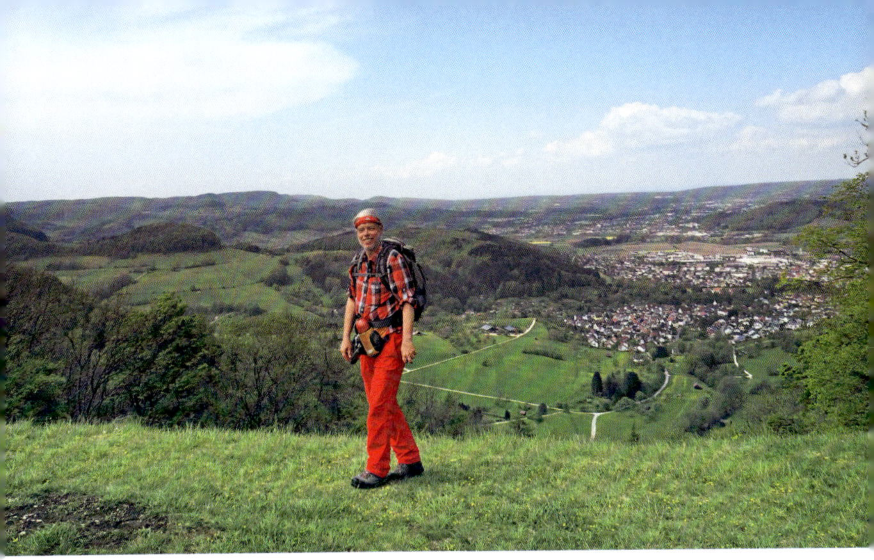

Hoch über Donzdorf am Drachenfliegerstartplatz.

ins Ländle und folgen dem Teerweg wieder talwärts. An der Kehre der Messelbergsteige queren wir die Straße, gehen rechts und setzen wenig später an der Galgenhäule erneut über die Fahrbahn. Der Anstieg leitet in den Wald, wo wir scharf links gehen, dabei können wir uns auf dem Walderlebnispfad über den Wald und seine Pflanzen und Tiere informieren.

Zum **Wanderparkplatz Schillerhöhe** ❺ queren wir wieder die Straße und folgen dem Fußweg zum Messelberg. In der Lichtung gehen wir zunächst gemütlich geradeaus weiter und zweigen erst kurz vor ihrem Ende rechts zum Waldpfad ab. Mit jedem neuen Schritt gewinnen wir an Höhe und wandern oberhalb eines Skilifts vorbei. Der Steig traversiert einen bewaldeten Steilhang, der oben neben dem Weg etwas felsig wird. Dann erreichen wir den Standort Bauholz (707 m), gehen kurz rechts über einen Forstweg und folgen dann wiederholt rechts einem schmalen Pfad im Wald weiter. Dieser bringt uns zum 600 m entfernten **Messelstein** ❻. Von dem grandiosen Aussichtsbalkon blicken wir wieder nach Donzdorf und ins Lautertal hinab. Mehrere Sitzbänke laden zur Gipfelrast ein. Am steinernen Kreuz neben einem Sendemast folgen wir weiter dem schmalen Pfad, der oberhalb des Albtraufs sanft und ohne Umschweife direkt zum **Ausgangspunkt** ❶ zurückführt. Allerdings müssen wir davor bei der Akademie-Natur-und-Umwelt-Hütte sehr umsichtig die Straße queren.

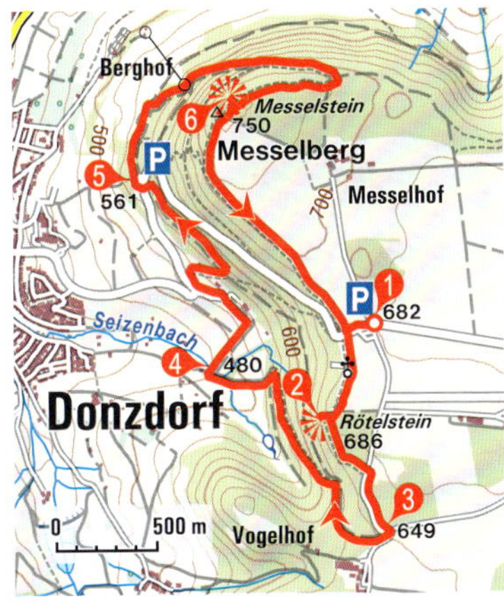

9 Orchideenpfad
Albparadies Wasserberg-Haarberg

TOP | 2.45 Std. | 9,5 km | ↗ 220 m | ↘ 220 m

Schöne Heimat – Wandern wie aus dem Bilderbuch

Schon bei der Auffahrt zum Hexensattel überblickt man weite Teile des Naturschutzgebiets Wasserberg-Haarberg, das man im Verlauf der heutigen Tour durchwandern wird. Ein knackiger Anstieg führt zu Beginn zum Gipfelkreuz des Haarbergs hinauf und belohnt mit einer traumhaft schönen Panoramaaussicht. Im Wasserberghaus kann man sich anschließend mit deftig schwäbischer Wanderkost kulinarisch verwöhnen lassen. Die zweite Tourenhälfte präsentiert sich als sanft und lieblich, sie ist geprägt von herrlichen Ausblicken und der Wacholderheide. Besonders erwähnenswert ist die mannigfaltige Pflanzenwelt, auch seltene Orchideen gilt es zu entdecken. Weil der Orchideenpfad so einzigartig ist, wird man an manchen Tagen die Bergeinsamkeit wohl eher vermissen, das soll der Tour aber keinen Abbruch tun.

Ausgangspunkt: Reichenbach im Täle, Hexensattel, 586 m, Parkplatz, Busanschluss. Navi: Reichenbach im Täle, Böhringer Straße aus dem Ort und hoch zum Sattel, Parkplatz ist rechts.
Anfahrt: A8 bis Mühlhausen im Täle, dann nach Deggingen und links nach Reichenbach.
Anforderung: Mittelschwere herrliche Wandertour, aber stark frequentiert.
Einkehr: Wanderheim Wasserberghaus (Di. und Mi. Ruhetage).
Karte: LGL BW Wanderkarte W238, 1:25.000.

Ideal für eine Einkehr: das Wasserberghaus.

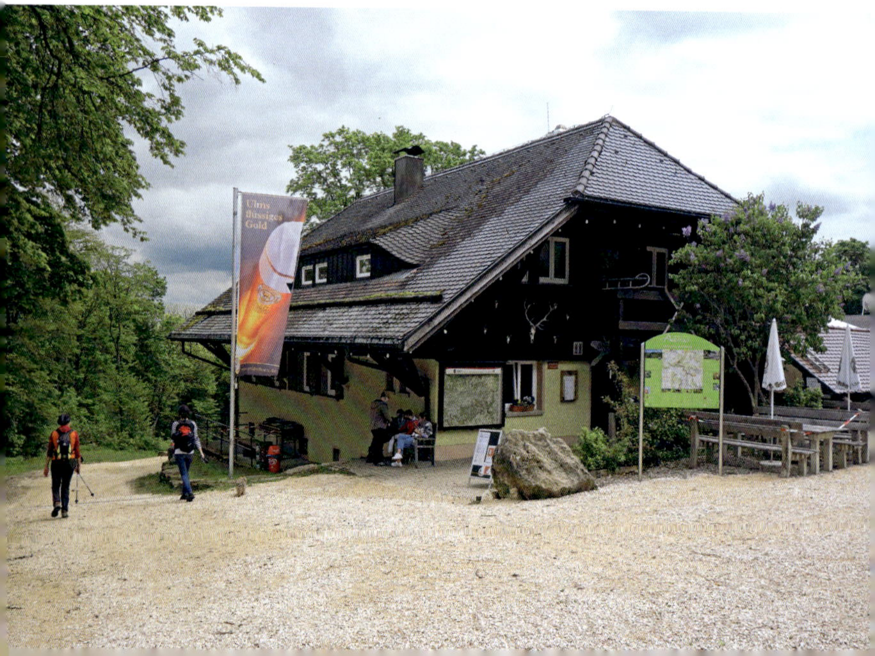

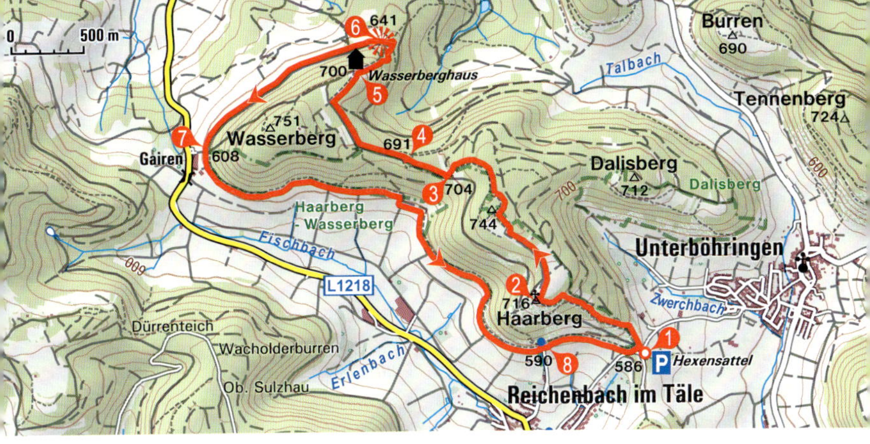

Zwischen Reichenbach im Täle und Unterböhringen starten wir am **Hexensattel** ❶ zum Orchideenpfad. Nachdem wir die Passstraße überquert haben, nimmt uns ein steiniger, bergwärts führender Pfad auf. Bald belohnt eine erste Aussicht aufs Tal. Aber auch besonders sehenswert ist die bunt blühende Blumenpracht – vor allem Wiesensalbei und Saat-Esparsette – am Wegrand. Der schmale Wanderpfad leitet permanent in die Höhe und über Stock und Stein zu einem weiteren, großartigen Aussichtsplateau (651 m). Waldabschnitte wechseln sich mit Hochwiesenlichtungen ab. Der Klang von zirpenden Grillen begleitet uns. Dann durchwandern wir eine herrliche Wacholderheide und steigen auf dem Pfad hinauf zum Gipfelkreuz des **Haarberg** ❷.

Nachdem wir die großartige Aussicht genossen haben, folgen wir dem Rechtsknick und gehen an der Kreuzung halb links. Der nun breite Weg flacht ab und führt in den Wald. Wir lauschen dem Gesang der Waldvögel. Purer Wandergenuss erwartet uns, allerdings kann nach länger anhaltenden Regenfällen der Boden etwas matschig sein. Ein kurzer Steilabstieg leitet zum Standort **Dalisberg/Haarberg** ❸. Wir gehen links und gleich wieder scharf rechts. Der Weg führt in Richtung Nordwesten zur **Lindhalde** ❹, wo der Albsteig (HW1) dazu stößt und uns bis zum Wasserberghaus begleiten wird. Über den Bergrücken wandern wir im Naturschutzgebiet durch die

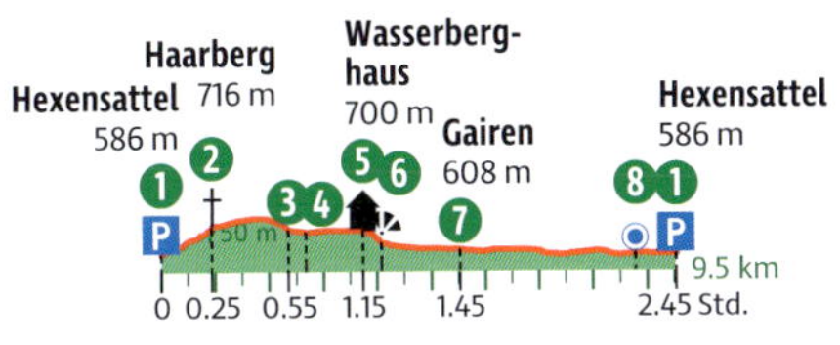

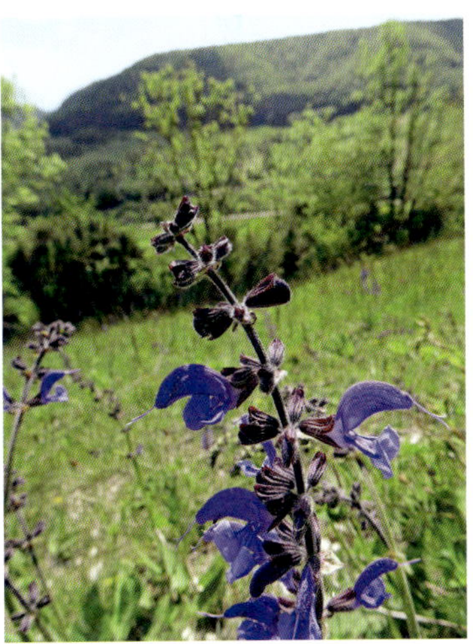

Wiesensalbei.

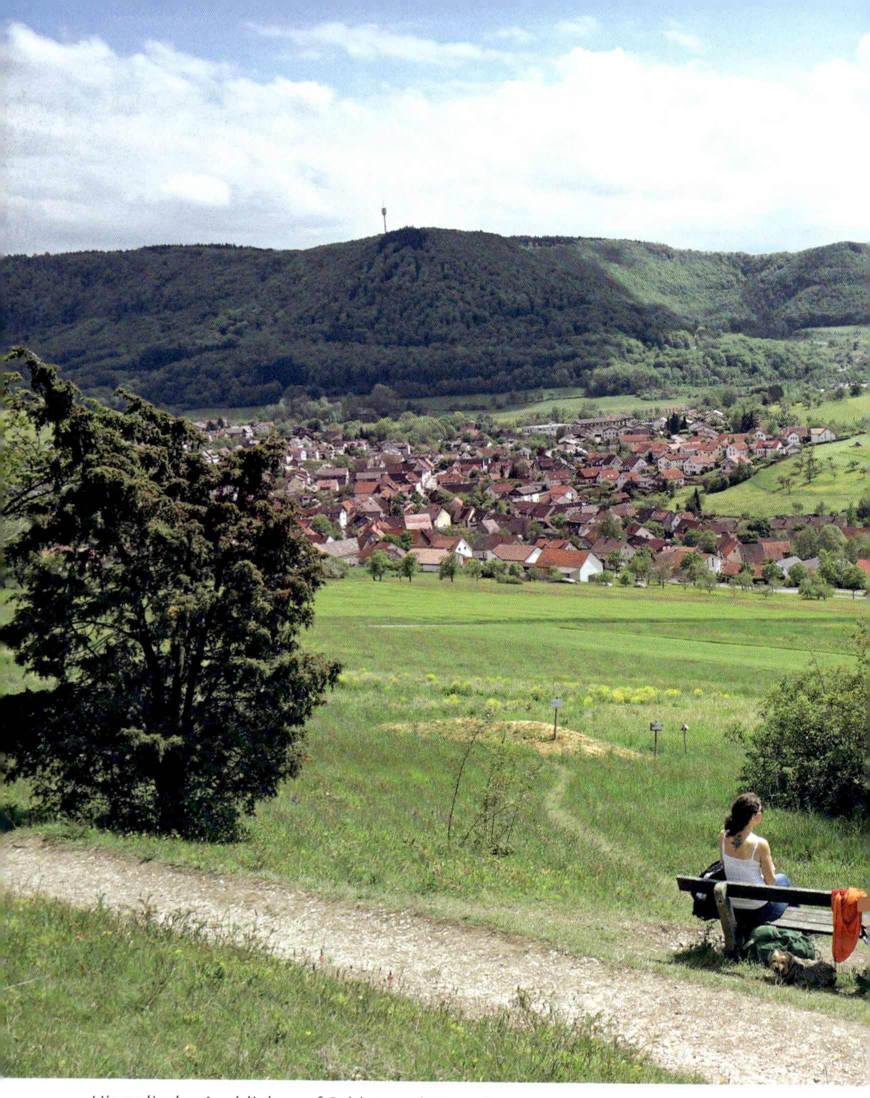

Himmlische Ausblicke auf Schlat und Umgebung.

Lichtung und biegen, kurz bevor der Wald sich öffnet, halb rechts zum Waldpfad ab. Kurz nach einem Waldgrillplatz erreichen wir das schön gelegene **Wasserberghaus** ❺. Nach der zünftigen Einkehr im 1926 erbauten Wanderheim gehen wir zum Wiesenweg hinab in den Wald, wo der Weg zum **Hörnle** ❻ kurz etwas knorriger wird. Der weite Landblick ins Unterland und zu den Drei Kaiserbergen begeistert.

Wir halten uns links und folgen dem Pfad in aussichtsreicher Hanglage unterhalb der Waldgrenze. Der nun folgende Wegabschnitt kann wirklich als himmlisch schön bezeichnet werden. Kein Wunder, dass Sitzbänke am Wegrand aufgestellt sind. Im Tal erkennen wir den Ort Schlat – welch

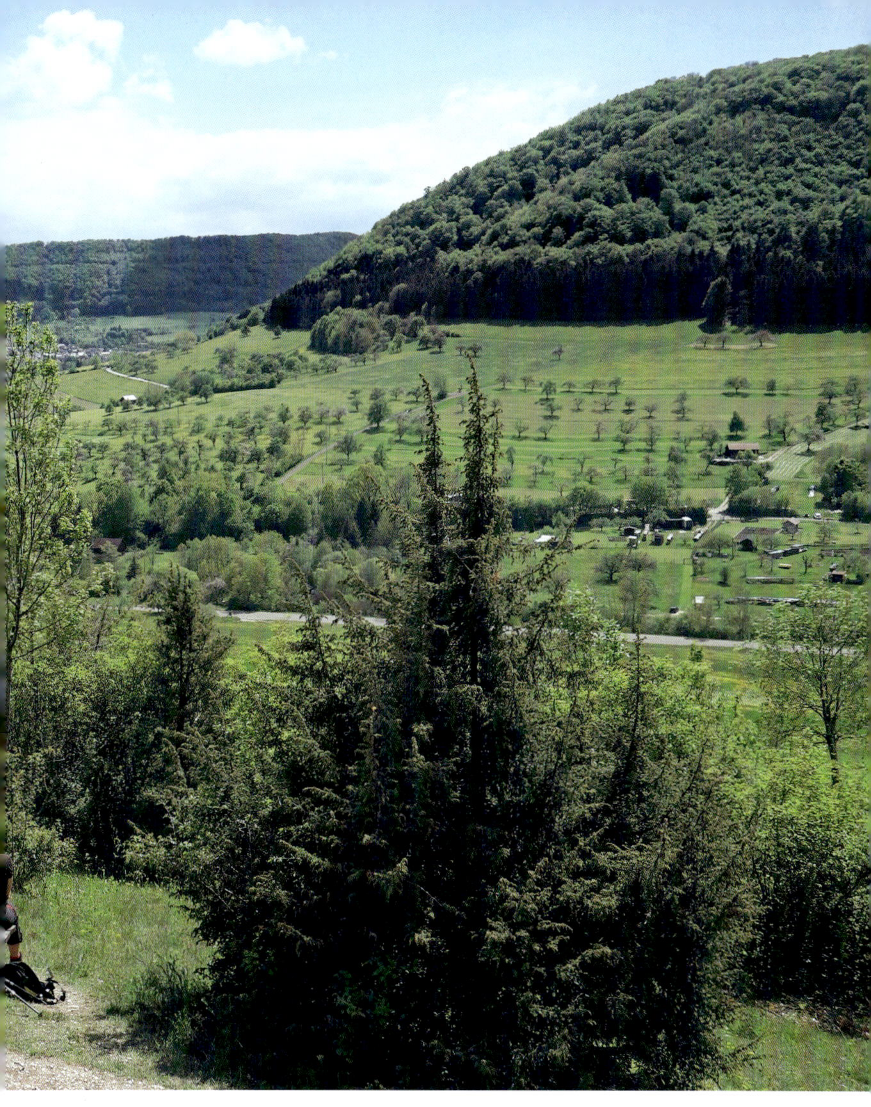

ein Ausblick! Am Haldenberg geht's in einen mächtigen Buchenwald zum Gehöft **Gairen 7**. Wir wandern links versetzt ins Naturschutzgebiet. Der Wald öffnet sich und wiederholt steht uns genussvolles Premiumwandern bevor.

Wir folgen der Markierung und wandeln auf dem Traumpfad, dabei schweift der Blick durch das breite Hochtal. Mit nur geringer Höhendifferenz wechseln sich Wiesenpfade, Heideland und kleine Waldabschnitte ab. Der Ort Reichenbach im Täle rückt langsam näher. Beim Quellbach am **Kühtrieb 8** gehen wir links hinauf. Nach 700 m und einer vorsichtigen Straßenüberquerung gelangen wir zum **Hexensattel 1** zurück.

10 Schloss-Filseck-Runde

Zum Charlottensee

1.15 Std. | 4,2 km | ↗ 50 m | ↘ 50 m

  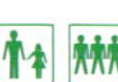

Schloss über dem Filstal

Das Besondere an dieser Tour sind nicht nur die kurze Wegstrecke und die geringe Höhendifferenz, sondern auch, dass sie barrierearm ist und von sportlichen Rollstuhlfahrern oder auch problemlos mit dem Kinderwagen bewältigt werden kann. Herrliche Ausblicke ins Filstal, entspannte Ruhe am Charlottensee und ein hübsches, sehr gepflegtes Schloss gibt es hierbei zu entdecken.

Ausgangspunkt: Schloss Filseck, 364 m, Parkplatz, Busanschluss. Navi: Uhingen, Auf der Schraie (Filseckstraße).
Anfahrt: B10 bis Uhingen und Ausschilderung Schloss Filseck folgen.

Anforderung: Sehr einfache Wanderung auf bequemen Wegen.
Einkehr: Schloss Filseck.
Karte: LGL BW Wanderkarte W229, 1:25.000.

Oberhalb von Uhingen und dem Filstal starten wir direkt vor dem imposanten **Schloss Filseck ①**, zu dem relativ kurzen Löwenpfad. Wir folgen dem asphaltierten Weg zwischen dem Schloss und Parkplatz in Richtung Westen. Am Waldeck bei der hölzernen Alfons-Waggershauser-Statue (Waggershauser war lange Jahre Pächter des Schlosses) gehen wir geradeaus und wandern entlang des Waldrands mit einem wunderschönen Ausblick hinab ins Filstal. Kurz vor der Unterquerung einer Stromleitung können wir an der **Uhinger Aussicht ②** auf der Sitzbank eine kleine Pause einlegen und den Ausblick genießen. Schrebergärten, Wiesen und Felder bestimmen das abwechslungsreiche Landschaftsbild.

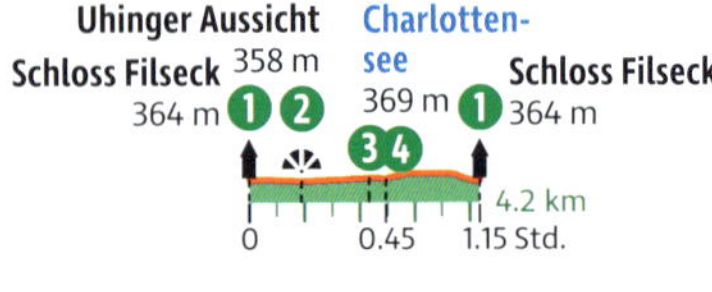

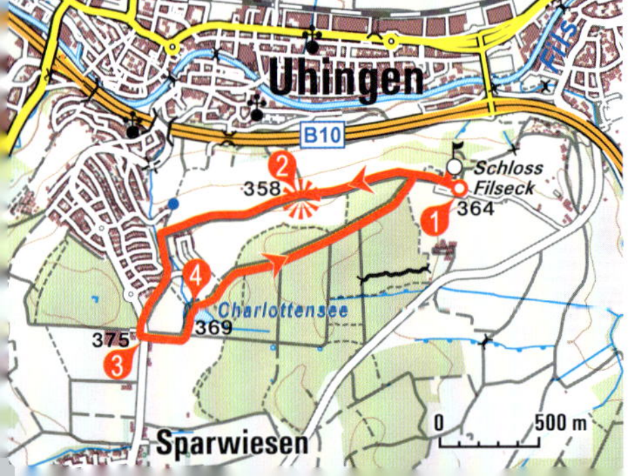

Ohne Steigung wandern wir auf dem Panoramaweg weiter und der Klang von Kirchenglocken dringt zu uns aus dem Tal herauf. Bald erreichen wir ein Neubaugebiet, gehen zunächst geradeaus weiter und wenden uns beim Grüngürtel aus Kastanienbäumen links. Hinter einer Straße schreiten wir halb rechts hinauf zum Feldweg, der uns mühelos zum **Charlottenhof ③** bringt. Vor dem Pferdehof biegen wir links ab und bleiben jetzt beständig auf dem festen Weg, der zum Naturdenkmal **Charlottensee ④** leitet. Mehrere Sitzbänke bieten sich für eine kleine Auszeit an.

Wir lassen das Gewässer hinter uns und folgen dem breiten Weg zum Wald. Am Waldanfang befindet sich

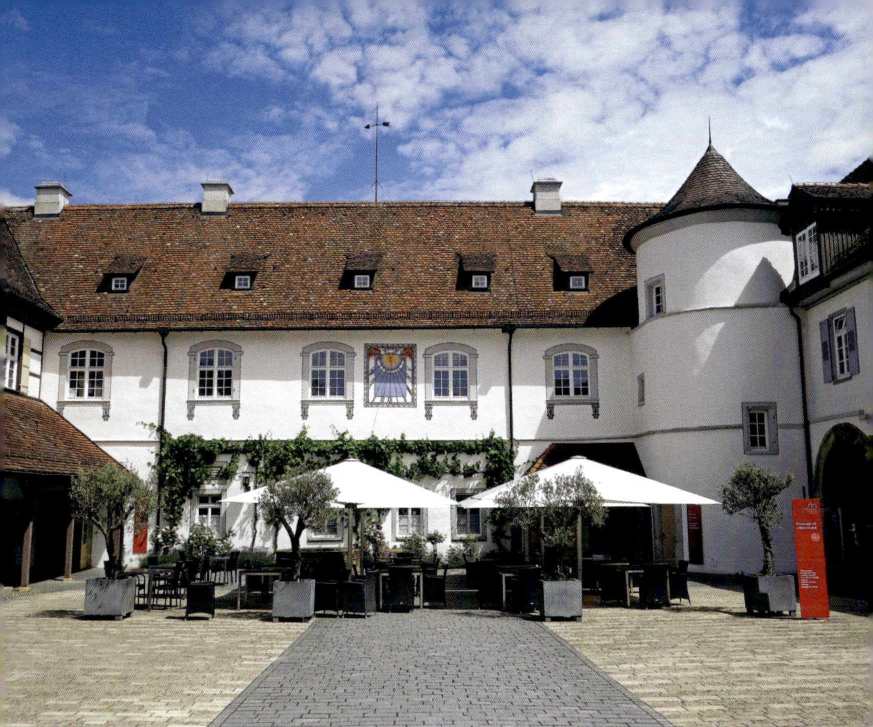

Abb. oben: Schloss Filseck.

ein hübscher Picknickplatz, eine Oase der Ruhe.
Geradewegs durchqueren wir den Forst und erreichen an dessen Ende wieder die Alfons-Waggershauser-Statue. Wir gehen nun rechts und gelangen kurz darauf wieder zum **Schloss Filseck** ❶, das wir jetzt besichtigen.
Ein kleiner Tipp: Gegenüber dem Parkplatz befindet sich am Feldrand der sagenhaft schöne Panoramablick, mit Aussicht auf die mächtig wirkenden drei Kaiserberge.

Wissenswertes

Charlottensee
Der Charlottensee wurde im 15. Jahrhundert künstlich angelegt und diente vermutlich der Fischzucht und als Viehtränke. Gelbe Seerosen schwimmen heute auf seiner Wasseroberfläche und verleihen ihm einen ganz besonderen Reiz. Der See wurde 1984 zum Naturdenkmal erklärt und zählt im Landkreis Göppingen mit zu den wertvollsten Feuchtlebensräumen der Flora und Fauna.

Schloss Filseck
Das Schloss Filseck ist ein geschlossener Vierflügelbau im Stil der Renaissance. Im historischen Schloss gibt es heute eine Gastronomie, Konzerte, Bildung und Kultur. Auch werden dort gerne Hochzeiten gefeiert. Das Schloss Filseck ist ein kultureller Mittelpunkt im Landkreis Göppingen.

11 Spielburg-Runde
Rund um den Hohenstaufen

1.10 Std. | 3,5 km | ↗100 m | ↘100 m

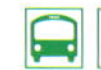

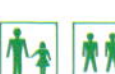

Wandern im Drei-Kaiserberge-Land

In traumhafter Panoramalage verläuft die Spielburg-Runde im großen Bogen um den Dreikaiserberg Hohenstaufen und verbindet gekonnt die Felsformation Spielburg mit dem Göppinger Hausberg. Die kurze Wanderung eignet sich besonders für Familien, aber auch für Senioren. Übrigens ist diese Tour der kürzeste aller Löwenpfade.

Ausgangspunkt: Hohenstaufen, Dorfplatz, 565 m, Parkplatz, Busanschluss. Navi: Hohenstaufen, Grabengasse.
Anfahrt: Über Göppingen nach Hohenstaufen.
Anforderung: Unkomplizierte Rundwanderung mit hervorragenden Ausblicken.
Einkehr: SB-Kühlschrank Ailwiesenhof (am Dorfplatz).
Karte: LGL BW Wanderkarte W229, 1:25.000.

In dem Ort **Hohenstaufen** beginnen wir am Fuße des gleichnamigen Dreikaiserbergs am **Dorfplatz ①** diese herrliche und kurze Wanderrunde. An der Fußgängerampel setzen wir sicher über die Reichsdorfstraße und gehen am Dorfbrunnen vorbei in die Ailstraße. Im Wohngebiet wandern wir leicht bergab und vor einem Fachwerkhaus nimmt uns der Spielburgweg halb rechts auf. Bald verlassen wir den Ort und gelangen hinter einer Schranke in das Naturschutzgebiet Spielburg. Talseitig präsentiert sich ein Panorama, das wahrlich unbeschreiblich ist. Sehr weit blicken wir über den Landkreis Göppingen und hinüber zu den Hügeln der Schwäbischen Alb. Rechts oben sehen wir den Spielburg-Felsen aufragen. Der Panoramaweg lässt absolut keine Wanderwünsche offen. Ein paar alte, teils knorrige Obstbäume und Wacholderbüsche stehen am Wegrand und mehrere Sitzbänke laden zum Verweilen ein.

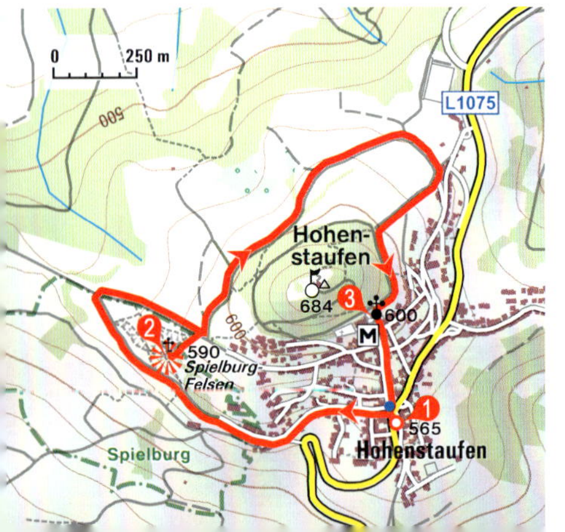

Beim querenden Weg wenden wir uns rechts und wandern dem Hohenstaufen entgegen. Wir gehen entlang einer Hecke und unternehmen gegenüber einer Scheune einen kleinen Abstecher zum Gipfelkreuz und dem **Spielburg-Felsen ②**. Die traumhafte Aussicht ist postkartenverdächtig.
Wieder am Hauptweg biegen wir wenig später links zum Teerweg ab. Entlang der Flanke des Hohenstaufens schauen wir über Wiesen und landwirtschaftlich genutzte Flächen bis zu den Wäldern am fernen Horizont. Wir bleiben auf dem breiten Weg und kurz spenden ein paar Bäume etwas Schatten. Dann eröffnet

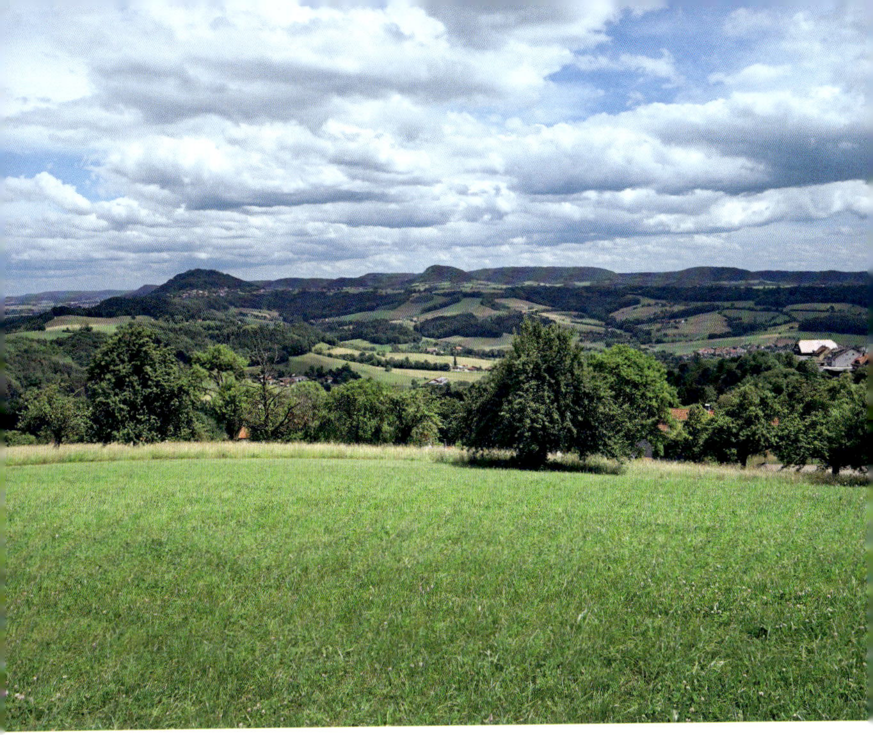

Aussicht bei Hohenstaufen.

sich uns wieder ein Pracht-Panoramafenster und mit geschultem Auge entdecken wir sogar das Wäscherschloss. Vor uns tauchen die beiden anderen Kaiserberge Rechberg und Stuifen auf. Es geht leicht hinab. Am Ortsrand von Hohenstaufen gehen wir rechts hinauf zum Wald und wenden uns dort links. Vom Wald eingesäumt wandern wir zur **Barbarossakirche ❸**. Die Treppen leiten ins Dorf und zum sehr sehenswerten Staufer-Museum. Die Kaiserbergsteige bringt uns direkt zum Dorfplatz zurück. Im Selbstbedienungskühlschrank des Ailwiesenhofs (Grabengasse 3) gibt es Erfrischungen und Bio-Ziegenmilchprodukte aus eigener Herstellung.

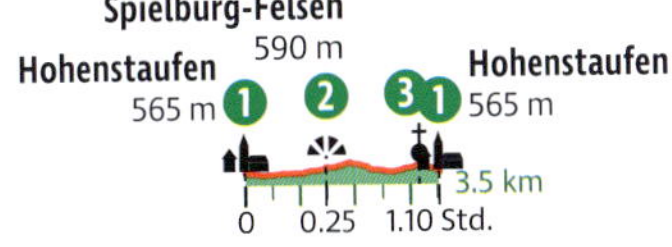

Wissenswertes

Vor etwa 2½ Millionen Jahren hat sich der markante Spielburg-Felsen vom Hohenstaufen abgetrennt. Der Fels besteht aus Oberjuragesteinen, die auf Mitteljura liegen. Wegen dieser geologischen Besonderheit konnte sich im Albvorland auch eine kleine Heidelandschaft mit Kalkfelsen bilden. Das Naturschutzgebiet ist 31 Hektar groß und die Heimat zahlreicher Tiere und Pflanzen.
Hohenstaufen, Stuifen und Rechberg, das sind die drei Kaiserberge, Zeugenberge der Schwäbischen Alb. Unter Zeugenbergen versteht man in der Geologie durch Erosion abgetrennte Teile eines Gebirges.

12 Staufer-Runde

Historischer Weg in Traumkulisse

TOP | 3.45 Std. | 11,5 km | ↗ 360 m | ↘ 360 m

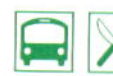  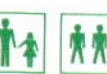

Auf den Spuren der Staufer

Der Hohenstaufen, ein Berg, eine Burg, ein Ort, eine Dynastie, ein Zeitalter, ein Mythos. Der markante Gipfel des Hohenstaufen zieht seit jeher die Menschen an, denn reizvolle Landschaftspanoramen gibt es hier wahrlich zuhauf. Das top erhaltene Wäscherschloss wurde 1220–1250 erbaut und ist die eigentliche Wurzel der Staufer-Dynastie.

Der Hohenstaufen bildet mit dem Rechberg und dem Stuifen die Dreikaiserberge. Sie sind zwischen Göppingen und Schwäbisch Gmünd Zeitzeugen der Schwäbischen Alb und außerdem der absolute Hingucker, denn schließlich sind sie auch größer und älter als beispielsweise die Pyramiden in Ägypten …

Der gesamte Wanderweg ist eine absolute Top-Tour mit Wandergenüssen jeglicher Art.

Ausgangspunkt: Wäschenbeuren-Wäscherhof, 424 m, Wanderparkplatz Wäscherschloss, Busanschluss. Navi: Wäschenbeuren, Wäscherschloss.

Anfahrt: Ausgangspunkt ist zwischen Göppingen, Schorndorf und Schwäbisch Gmünd; B 297 nach Wäschenbeuren und weiter nach Wäscherhof.

Anforderung: Trittsicherheit am Spielburg-Felsen, sonst problemlos.

Einkehr: Hohenstaufen und Wäscherhof.

Karte: LGL BW Wanderkarte W229, 1:25.000.

Brautpaar auf dem Spielburg-Felsen.

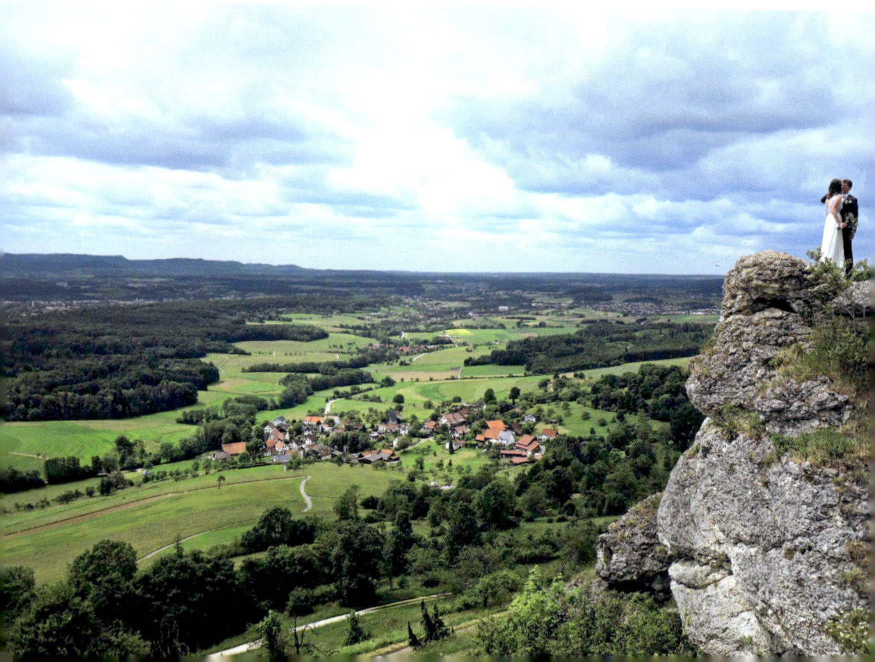

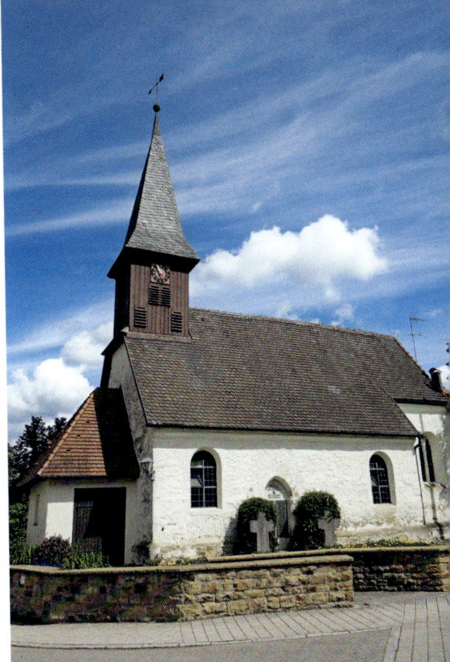

Kirche in Maitis.

Vom Wanderparkplatz unterhalb des **Wäscherschlosses 1** starten wir zur sagenhaft schönen Staufer-Runde. In Richtung Südosten wandern wir in den Wald und ein schmaler Pfad leitet sogleich ins romantische Beutenbachtal (350 m) hinab. Danach steigen wir aus dem bewaldeten Taleinschnitt und durchstreifen den Rand eines hübschen Wiesenhochtals. Rückblickend erkennen wir jetzt das Wäscherschloss.

Ohne nennenswerte Mühe gelangen wir zur Ortschaft **Maitis 2**. Bei der Kirche biegen wir rechts in die Gmünder Straße ab und queren bald darauf die nach Göppingen führende Landstraße. Dieser folgen wir nun auf dem Gehsteig aus dem Ort und biegen beim Wanderparkplatz halb links ab. Ein landwirtschaftlicher Weg führt neben Wiesen und Obstbäumen hinauf in den nahen Wald. Dort steigt unser Weg weiter an zu einer Kuppe, wo wir uns rechts halten. Bald verlassen wir den Wald und folgen bequem weiter dem Wiesenpfad. Erneut blicken wir zum Schloss hinüber. Bei der Sitzbank, oberhalb der Kerchhöfe, biegen wir in wunderschöner Aussichtslage links ab. Völlig entspannt saugen wir die Kraft der Natur in uns auf. Weiter oben schwenkt unser Weg nach links in den Forst hinein. Vogelgesang erfüllt die Luft und Waldkräuterduft durchdringt unsere Nase.

Nach dem Waldanstieg erreichen wir eine landwirtschaftlich genutzte Wiesenhochfläche und wandern dem mächtig vor uns aufragenden Hohenstaufen entgegen. Je höher wir steigen, desto prächtiger wird die Aussicht. Oben bei der Steinmauer gehen wir kurz rechts und biegen wenig später im spitzen Winkel links zum schmalen Pfad ab. Über einen Wurzelpfad gelangen wir zu einer Unterstandhütte und folgen dem breiten Weg nach links. Wenn der Wald sich öffnet, gibt es wiederholt schöne Ausblicke und wir achten auf den Rechtsabzweig, der im Waldschutzgebiet mittels Serpentinen auf die große Bergeskuppe des aussichtsreichen **Hohenstaufen 3** leitet. Mehrere Sitzmöglichkeiten,

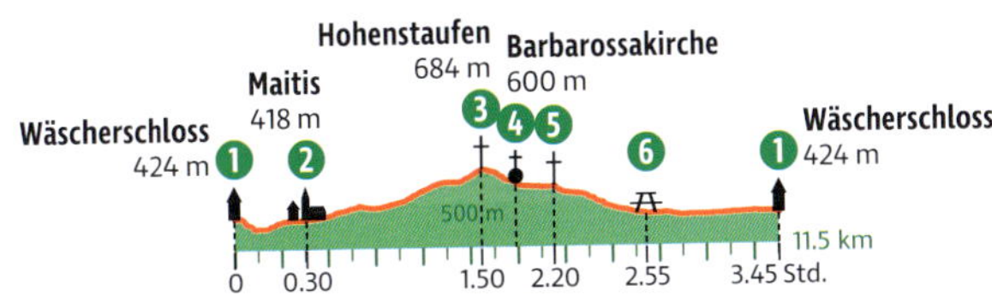

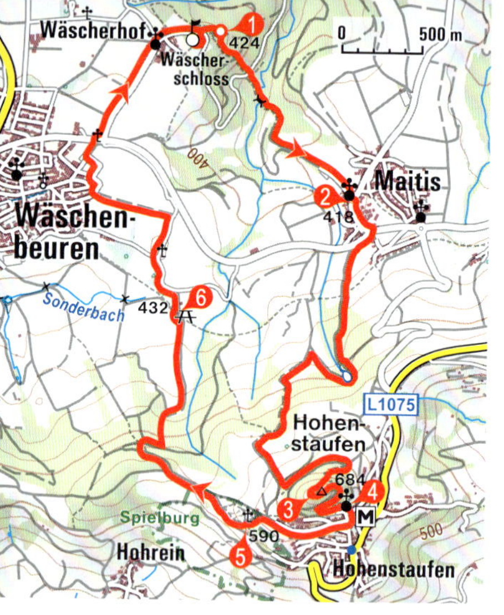

Blick vom Spielburg-Felsen.

eine Grillstelle, alte Ruinenmauern und die Berggaststätte »himmel & erde« gibt es hier oben. Über den breiten Weg machen wir uns zum Abstieg auf und biegen beim Geländer scharf links ab. Treppen bringen uns zur **Barbarossakirche ❹**. Kurz danach können wir die Ausstellung im Staufer-Museum besuchen. Im Ort Hohenstaufen schreiten wir die gepflasterte Kaiserbergsteige hinab und biegen bald rechts zur Beurengasse ab.

Nach dem Wohngebiet wandern wir links hinüber zum Gipfelkreuz des **Spielburg-Felsens ❺**. Ein alpiner Steig führt über den Grat hinab, wunderschön, doch leider nimmt das felsige Gelände viel zu schnell ein Ende. Beim Teerweg gehen wir rechts und beim Wegedreieck zum Haidewald. Im Abstieg folgen wir dem schmalen Rechtsabzweig und halten uns am Querweg wieder rechts.

Bald geht's links durch dichtes Grün und auf der folgenden Freifläche über einen hübschen Wiesenpfad zum Rastplatz bei der ehemaligen **Bahnstraße ❻**.

Nach einem Heuschober wenden wir uns links und gelangen wenig später zum Bildstock Lindenkreuz. Rechts setzt sich unser Weg fort, wir gehen am Altenberg hinab und vor einer Straße zu einem Wiesenpfad, der zum Neubaugebiet von Wäschenbeuren leitet.

Wir folgen der Markierung zur Landstraße und überqueren diese, dann wandern wir geradewegs zu den ansehnlichen Fachwerkhäusern von Wäscherhof.

Am Ortsende entdecken wir das **Wäscherschloss ❶**, es ist einen Besuch wert. Stufen leiten danach zum nahen Parkplatz hinab.

Wissenswertes

Im 11. Jahrhundert ließ Friedrich, der erste Staufenherzog, auf dem Hohenstaufen seine Burg errichten. 1525 wurde diese von aufständischen Bauern zerstört. Vom Filstal und dem Remstal gesehen, ist der Berg Hohenstaufen eine unübersehbare Landschaftsmarke, aber nicht, wie viele vermuten, vulkanischer Herkunft, sondern aus hartem Gestein des Weißen Juras.

Mitte des 12. Jahrhunderts erklommen die Staufer die Machtspitze im damaligen Europa und stellten mehrere Kaiser. Aus der Stauferdynastie war der Kaiser Barbarossa, Friedrich I., der wichtigste Spross des mächtigen Adelsgeschlechts der Schwäbischen Alb. Die Staufer prägten ihre Zeit entscheidend mit, gründeten Universitäten und Städte, schufen ein neues Rechtssystem, aber sie trugen auch Kämpfe mit dem Papst aus.

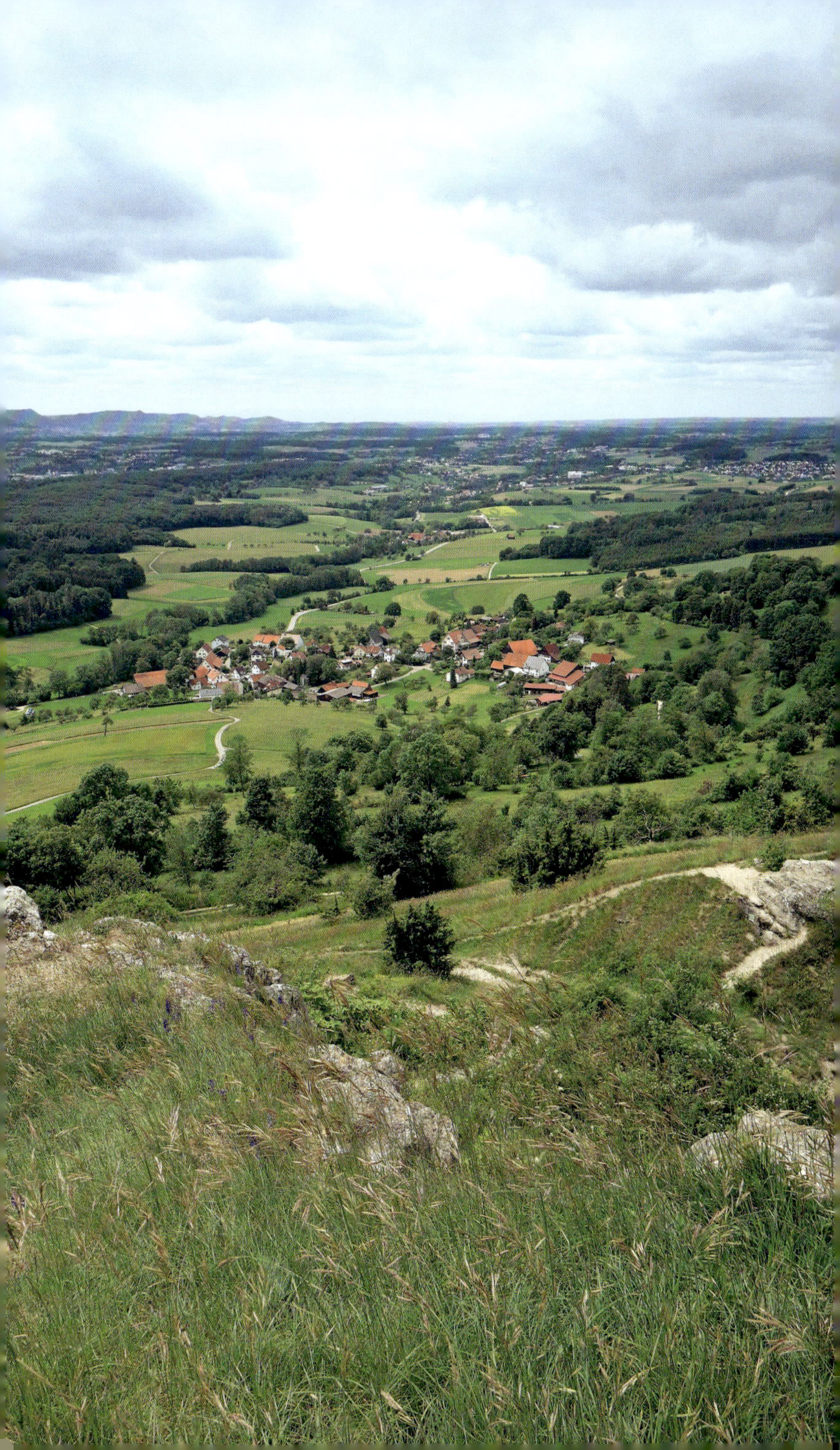

13 Steigen-Tour
Entlang der steilen Bahnstrecke

5.30 Std. | 17,7 km | ↗ 550 m | ↘ 550 m

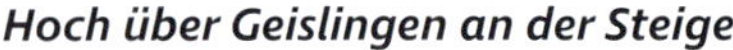

Hoch über Geislingen an der Steige

Die Geislinger Steigen-Tour hat es mit ihren beiden Steigen schon ganz schön in sich, nicht nur ihrer Länge und Höhenmeter wegen, sondern auch wenn man die architektonische Glanzleistung der Eisenbahn-Baukunst bedenkt. Die Wanderung glänzt immer wieder mit hervorragenden Aussichten, wie zum Beispiel von der Burgruine Helfenstein, dem Ödenturm und dem Mühltalfels. Auf der gegenüberliegenden Talseite besticht der Blick vom Wittinger Fels, dem Tirolerfelsen, dem Geiselstein und natürlich vom Ostlandkreuz, von dem man tief in die Hochschulstadt Geislingen hinunterblickt.

Ausgangspunkt: Geislingen an der Steige, 452 m, Parkplatz Jahnhalle, Bus- und Bahnanschluss. Navi: Geislingen an der Steige, Steingrubenstraße 23.

Anfahrt: B10 oder B466 nach Geislingen, die Jahnhalle ist neben dem Stadtpark in Bahnhofsnähe. Der Ausgangspunkt liegt neben der WMF und der Feuerwache.

Anforderung: Superschöne Wandertour, aber auf den teils schmalen Bergpfaden sind Trittsicherheit und etwas Schwindelfreiheit erforderlich, vor allem bei Nässe.

Einkehr: Geislingen, Ruine Helfenstein, Gasthaus Ziegelhütte (Montag Ruhetag), Straub-Mühle, Geiselsteinhaus.

Karte: LGL BW Wanderkarte W230, 1:25.000.

Blick vom Geiselstein.

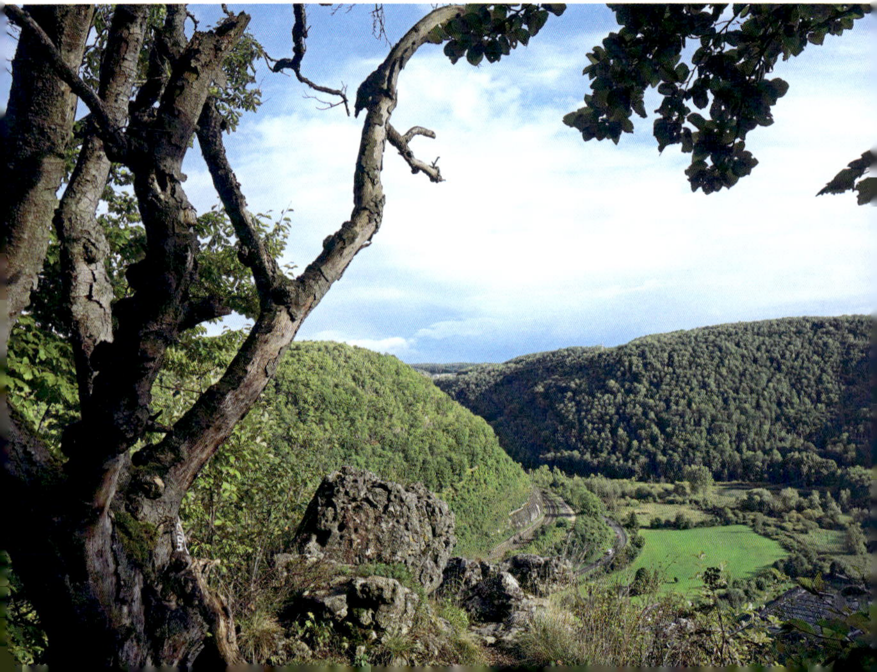

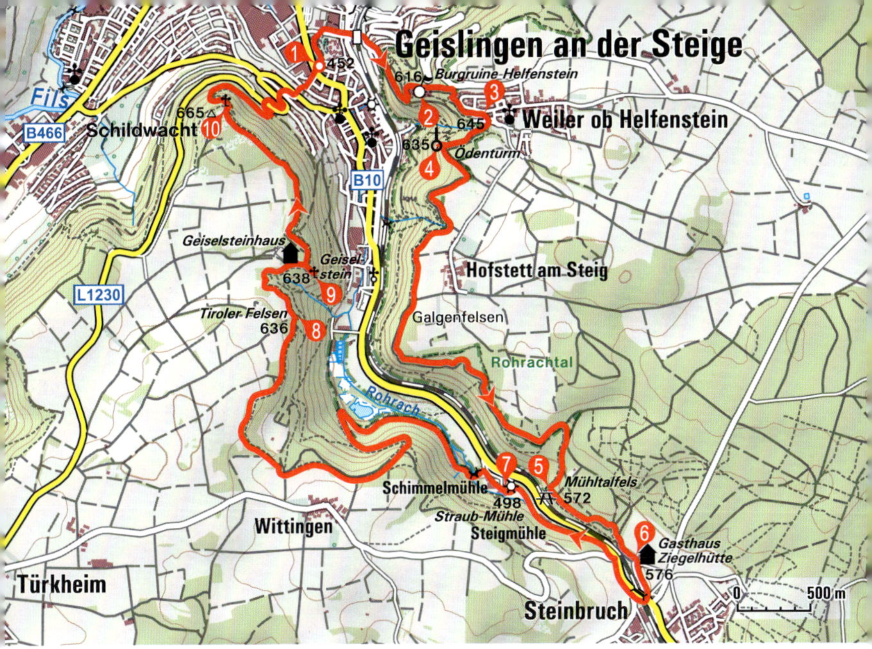

Wir starten am **Parkplatz der Jahnhalle** in **Geislingen** ❶, gegenüber der WMF, beim Feuerwehrturm. Oberhalb der Jahnhalle gehen wir in den Stadtpark und passieren dort einen großen Biergarten. Beim Brunnenbüble biegen wir rechts ab und folgen dem Verlauf der Parkstraße bis zur Bahnhofsunterführung. Danach gehen wir auf einer Brücke über die Schienen und halten uns rechts dem Treppenweg zu. Die Weilersteige leitet rechter Hand aus dem Wohngebiet und auf einem Schotterweg geht es bergwärts. Zahlreiche Schilder vermitteln Wissen über die Geologie. Kurz nach dem Lindele zweigt links ein Bergpfad ab, der in Kehren zur **Burgruine Helfenstein** ❷ hinaufleitet. Von dort überblicken wir die Stadt Geislingen und können uns in der Burgschänke für den Weiterweg stärken. Wir verlassen die Burg über eine Stahlbrücke in Richtung Osten und wandern den breiten Waldweg hinauf zum Burgparkplatz. Im spitzen Winkel biegen wir nun rechts ab und die Markierung leitet zielsicher nach **Weiler ob Helfenstein** ❸, wo wir erst links gehen und dann dem Ödenturmweg halb rechts folgen. Bald zweigt rechts ein felsdurchsetzter Pfad ab, wir durchqueren ein Felsental und erreichen den **Ödenturm** ❹. Der Turm ist sonntags von Mai bis Oktober (10 bis 17 Uhr) geöffnet. Aber auch von der Kanzel vor dem Turm ist der Geislingen-Blick erstklassig. Mit dem Turm im Rücken

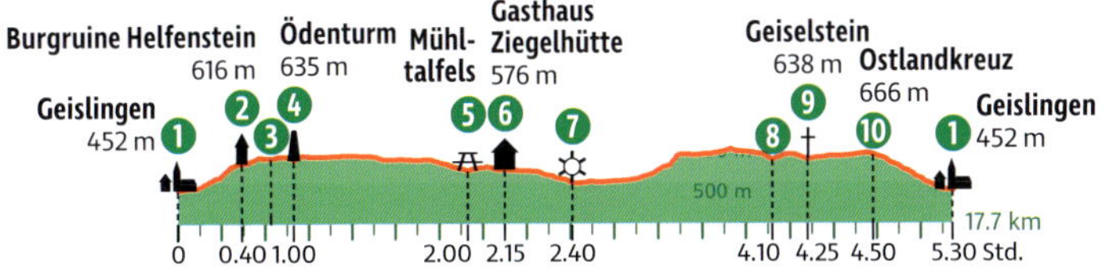

biegen wir rechts zum Forstweg ab und gehen ein paar Minuten später neben dem Agrarland Turmäcker rechts zu dem schmalen Waldpfad. Dieser passiert den Galgenbergfelsen, dann führt ein breiter Weg durch den Forst und wir wandern oberhalb am Knoll-Denkmal vorbei. Michael Knoll (1805–1852) war Oberbaurat und plante den schwierigen Steigen-Abschnitt der Bahnstrecke von Geislingen zur Albhochfläche.

Im Mühlentäle lichtet sich der Wald und wir gehen rechts zum 400 m entfernten **Mühltalfels 5**. Immer wieder fahren Züge die Steige rauf und runter, sehr interessant, nicht nur für Eisenbahnfreunde. Auch erkennen wir im Tal die Straub-Mühle, dort werden wir später vorbeiwandern. Am Rastplatz über dem Mühltalfels kann man sich kurz ausruhen, dann geht's auf einem Wurzelpfad weiter und ein Forstweg bringt uns neben dem Bahngleis zum **Gasthaus Ziegelhütte 6**. Ein asphaltierter Weg leitet halb rechts zur Bahnbrücke, die wir, wie anschließend auch die B 10 sowie die nach Türkheim führende Straße, zügig überqueren. Links neben einer Bundesstraßen-Stützmauer wandern wir talwärts zur **Straub-Mühle 7** mit ihrem Mühlencafé. An der Straßeneinfahrt biegen wir links ab ins Wasserschutzgebiet, wo wir die lauschige Rohrach überqueren und talwärts wandern. Das Tal weitet sich zum Rohrachtal-Weiher und wenig später zweigt links ein Pfad bergwärts ab zum Wittinger Fels.

Hier windet sich der Pfad nach rechts und bringt uns auf die Albhochfläche. Kurz erblicken wir die Häuser von Wittingen, dann queren wir eine Waldschneise und blicken tief zum Rohrachtal-Weiher hinab. Achtung, in dem Kahlschlag zweigt halb links ein romantischer Waldpfad ab. Dieser mündet bald wieder in einen breiten Weg, dann halten wir uns auf dem Ratzenberg (651 m) rechts und wandern an der folgenden Gabelung links. Bereits nach wenigen Metern gehen wir an der Wiese Menhölzle rechts in den Wald. Der Traumpfad bringt uns zum **Tiroler Felsen 8**.

Oberhalb der Albtraufkante geht es weiter durch ein kleines Tälchen zu einer Sitzbank mit der Aufschrift »Setz Dich und genieß das Leben«. Drunten im Tal erkennen wir jetzt wieder die Straub-Mühle. Bald erreichen wir den Spielplatz beim Gasthaus am Geiselstein. Zum **Geiselstein 9** führt ein kurzer, sehr lohnender Stichweg. Der Ausblick ins Tal ist phänomenal, auch eine Schutzhütte gibt es.

Nach dem aussichtsreichen Abstecher gehen wir weiter auf der Steigen-Tour, wo uns als nächstes Highlight das **Ostlandkreuz 10** erwartet.

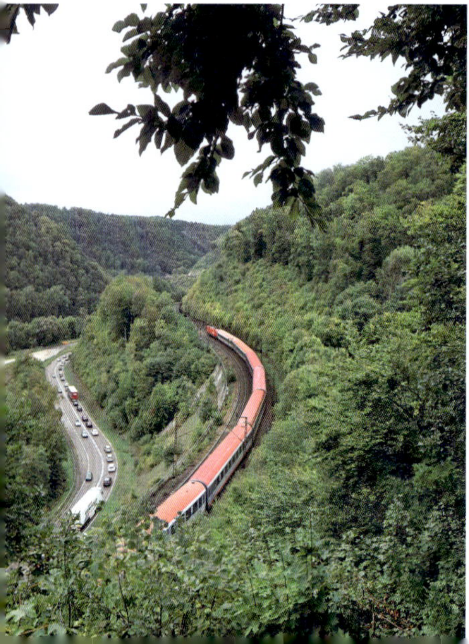

Ausblick zur Geislinger Steige am Mühltalfels.

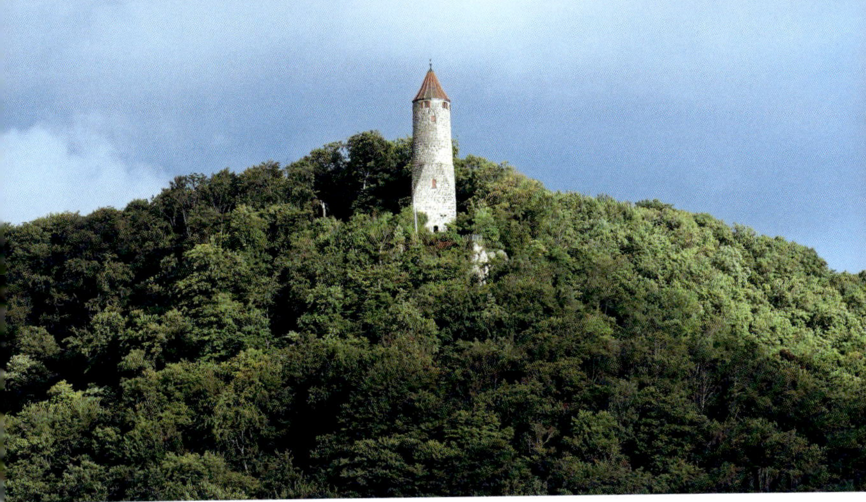

Der Ödenturm.

Das Kreuz ist den Toten Südmährens gewidmet. Rechts vom Kreuz beginnt der Abstieg. Auf schmalem Pfad verlieren wir im Zickzack-Kurs rasch an Höhe und passieren dabei anfangs ein paar mächtige Felsen. Weiter unten setzen wir über die Türkheimer Straße zum Gehsteig nach **Geislingen** hinab. Dort achten wir auf den Treppensteig hinunter zum Schildwachtweg, dem wir halb rechts folgen. Scharf rechts schwenken wir ein zur Karlstraße und gehen an der Fußgängerampel links zum Treppenpfad. Unten leitet die Knoll-Straße zur B 10, die wir jetzt nur noch hinüber bis zum **Parkplatz an der Jahnhalle** ❶ überqueren müssen.

Wissenswertes

Burgruine Helfenstein
Die Burgruine Helfenstein fasziniert durch ihre imposante Größe. Ihr Baubeginn war Anfang des 12. Jahrhunderts, Mitte des 16. Jahrhunderts wurde sie zerstört und teils abgebrochen. Erst 1932 erfolgten Restaurierungsarbeiten, auf die der aktuelle Zustand zurückgeht. Der Ödenturm wurde um 1400 als Vorwerk zum Schutz der Burg erbaut, allerdings brannte er, getroffen durch Blitzeinschläge, mehrmals aus.

Die Eisenbahnstrecke der Geislinger Steige
Die Eisenbahnstrecke der Geislinger Steige gilt (neben dem Großprojekt Stuttgart 21) als das Schwäbische Jahrhundertbauwerk. Ihre Steigung beträgt durchschnittlich 2,25 % und die Rampe überwindet auf 5,6 Kilometern einen Höhenunterschied von stolzen 112 Metern. Der Ausbau begann 1847 und war zunächst eingleisig. Bereits nach drei Jahren fuhren schon die ersten Züge. Seit 1862 ist die Streckenführung doppelgleisig und ab 1933 sogar elektrifiziert. Extrem schwere Güterzüge bekommen bis heute extra eine Zusatzschublokomotive. Die Strecke ist stark frequentiert, sodass mehr als 90.000 Züge im Jahr die »Steige« rauf und runterfahren.

14 Wasserberg-Runde

Zum Haarberg, Dalisberg und Weigoldsberg

3.45 Std. | 11,9 km | ↗ 370 m | ↘ 370 m

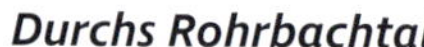

Durchs Rohrbachtal

Zwar führt die »Wasserberg-Runde« nicht direkt zum Wasserberg, respektive zum Wasserberghaus, ist aber trotzdem wunderschön. Der anspruchsvolle Rundkurs leitet vom Hexensattel auf schmalem Pfade hinauf zum aussichtsreichen Haarberg. Besonders eindrucksvoll ist hier die Aussicht ins Tal, aber auch die einzigartige Pflanzenwelt, an der sich nicht nur Botaniker erfreuen. Über den Dalisberg wandert man an der Neuen Wettereiche vorbei, dem Wappenbaum von Unterböhringen. Steil geht's dann hinunter in das Dorf Unterböhringen und durch das Rohrbachtal nach Hausen an der Fils. Um den Wagoldsberg herum führt die Wanderung hoch über Reichenbach im Täle zurück zum Hexensattel.

Ausgangspunkt: Reichenbach im Täle, Hexensattel, 586 m, Parkplatz, Busanschluss. Navi: Reichenbach im Täle, Böhringer Straße aus dem Ort und hoch zum Sattel, Parkplatz ist rechts.
Anfahrt: A8 bis Mühlhausen im Täle, dann nach Deggingen und links nach Reichenbach.
Anforderung: Abwechslungsreiche Wanderung mit steilen An- und Abstiegen.
Einkehr: Unterböhringen und Hausen.
Karte: LGL BW Wanderkarte W230, 1:25.000.

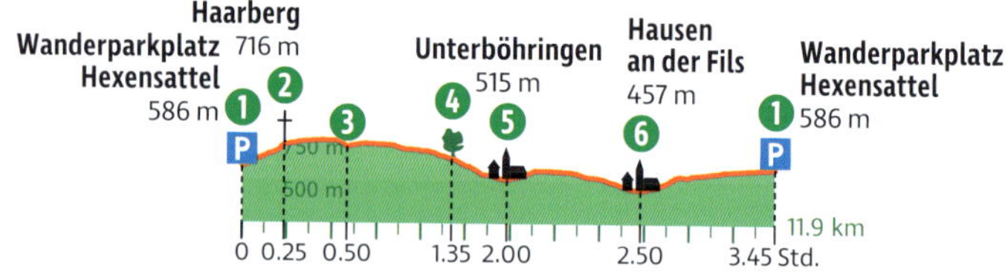

Panorama ins Rohrbachtal.

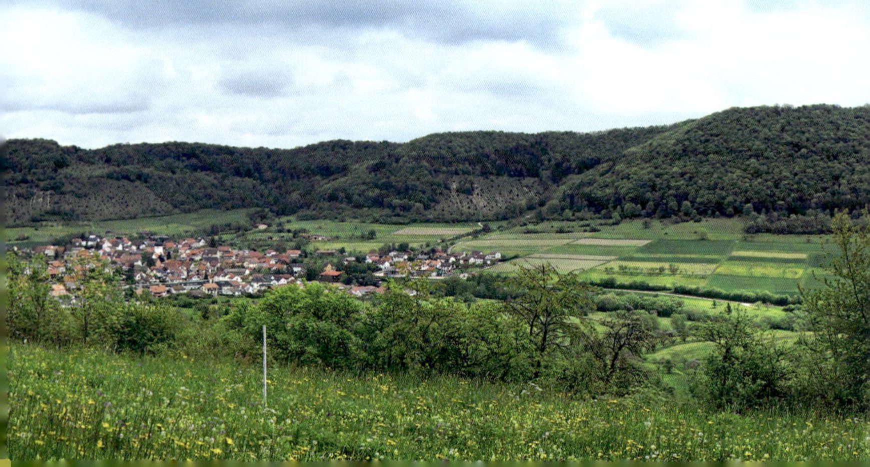

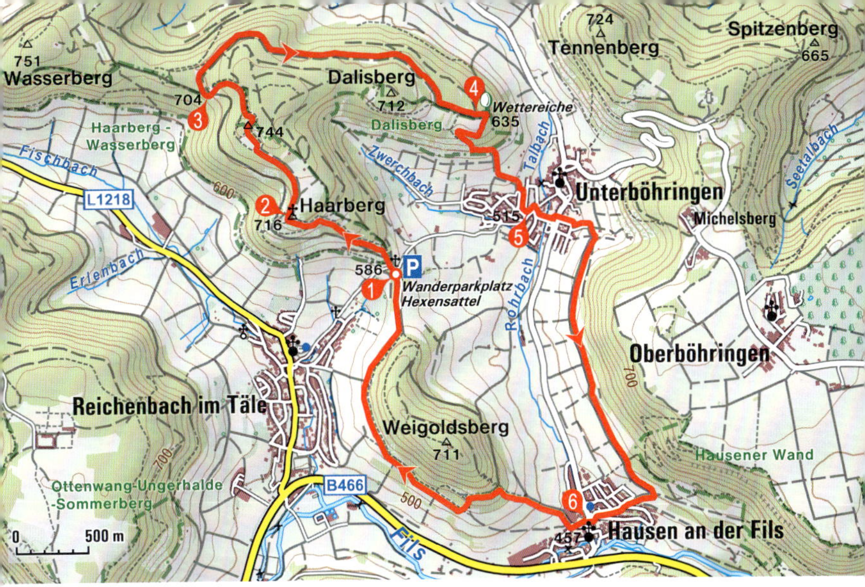

Zwischen Reichenbach im Täle und Unterböhringen beginnen wir am **Hexensattel 1** die Wasserberg-Runde. Nachdem wir die Passstraße vorsichtig überquert haben, folgen wir dem steinigen Pfad bergwärts. Bald belohnt uns eine erste Aussicht links ins Tal. Besonders sehen- und erwähnenswert ist die bunte, blühende Blumenpracht neben dem Wanderweg.

Der mitunter schmale Pfad leitet über Stock und Stein konstant in die Höhe und zu einem weiteren, großartigen Aussichtsplateau. Hochwiesenlichtungen wechseln sich mit Waldabschnitten ab und der Klang von zirpenden Grillen und Waldvögeln durchdringt die Stille. Nachdem wir eine herrliche Wacholderheide durchwandert haben, steigen wir auf dem Pfad hinauf zum Gipfelkreuz des **Haarberg 2**. Wir erfreuen uns an der großartigen Aussicht und folgen dem Rechtsknick. An der Kreuzung gehen wir halb links. Der nun

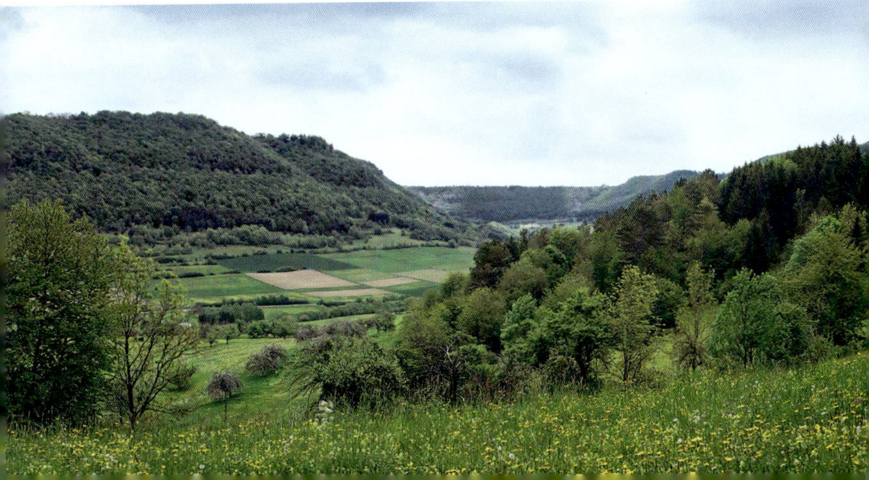

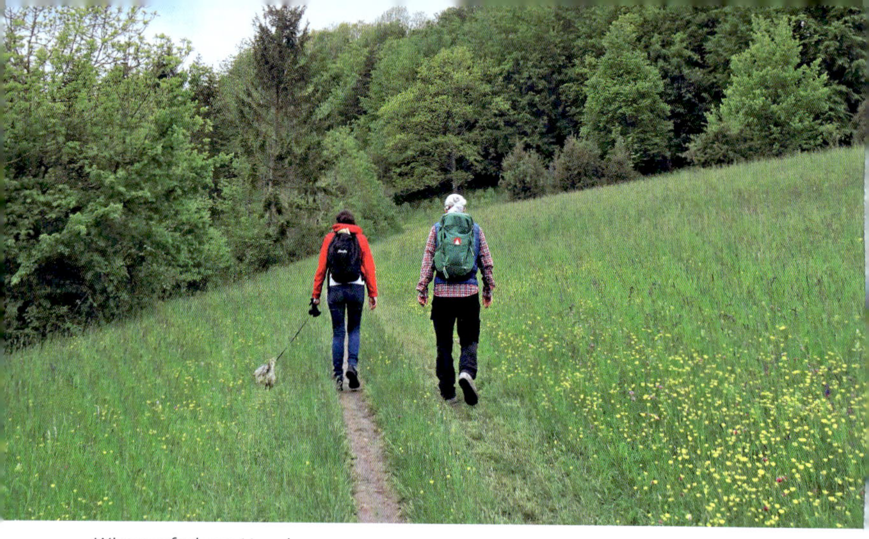

Wiesenpfad am Haarberg.

breite Weg flacht etwas ab und führt in den Wald. Ein toller Wandergenuss erwartet uns, allerdings kann nach länger anhaltenden Regenfällen der Boden durchaus auch etwas matschig sein. Ein kurzer Steilabstieg leitet hinab zum Standort **Dalisberg/ Haarberg ❸**. Nun wenden wir uns nach rechts und wandern im Mischwald zunächst in Richtung Nordosten weiter. Der Weg schlängelt sich durch den Wald und führt über den Dalisberg. Allmählich verlieren wir leicht an Höhe und der Wald um uns öffnet sich zusehends. Zwar haben wir links immer noch Bäume neben uns, aber rechts Heideland und Wiesen.

Wir erreichen die **Neue Wettereiche ❹**. Nachdem wir beim Picknick die Aussicht genossen haben, folgen wir den Markierungen über die Heide hinab nach **Unterböhringen ❺**. Ein Fußweg leitet zum Rosenweg, dann biegen wir halb links ab und erreichen die Reichenbacher Straße. Ein kurzes Stück gehen wir links und gleich wieder scharf rechts zur Ringstraße. Bald wenden wir uns links der Kreuzwiesenstraße zu und queren den Talbach. Links versetzt folgen wir der Bergstraße und verlassen bald den Ort. An den Gabelungen halten wir uns rechts und wandern in südlicher Richtung durch das Rohrbachtal, dabei passieren wir das Heiligenkreuz, die Sümpfe und das Böhringer Feld.

Heide und Wiesen, Hecken und Felder wechseln sich ab. Völlig entspannt wandern wir rechts hinab nach **Hausen an der Fils ❻**. Die Michelsbergstraße leitet zur Überkinger Straße. Rechts geht's zur Hauptstraße und vor dem Friedhof links auf dem Fußweg zum Ortsrand. Hier halten wir uns rechts und gehen dem Wald entgegen. Schon bald steigt die Wasserberg-Runde wieder an, doch vor dem Serpentinenpfad biegen wir nach links ab. Wir folgen der Löwenpfad-Markierung und wandern unterhalb des 711 m hohen Weigoldsbergs, dabei blicken wir nach Reichenbach im Täle und übers Filstal hinüber nach Deggingen.

Problemlos wandern wir zum **Hexensattel ❶** zurück und können dort am Grillplatz genüsslich unsere Mahlzeit verzehren.

Weitblick-Tour

Zur Maierhalde und auf den Hohenstein

15

3.30 Std. | 11,9 km | ↗ 320 m | ↘ 320 m

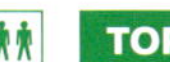

TOP

Auf dem Tegelberg

Um weit zu blicken, muss man hoch hinaufsteigen – und das lohnt sich bei der Weitblick-Tour überaus, denn weit blickt man von den Brunnenwiesen beim Höhendorf Kuchalb und der Maierhalde in das Drei-Kaiserberge-Land. Von Hohenstein fällt der Blick tief ins Filstal nach Gingen hinab. Auf dem Tegelberg wartet am Kuhfelsen erneut ein Weitblick, dieses Mal nach Geislingen und Kuchen. Die Weitblicktour ist eine Wanderung der Superlative, an die man sich lange Zeit zurückerinnert, oder sie bestenfalls nochmals erwandert, denn die Weitblicke sind oft beinahe grenzenlos weit.

Ausgangspunkt: Geislingen an der Steige, Schützenstraße, 452 m, Parkmöglichkeiten, Bus- und Bahnanschluss. Alternativ kann man auch beim Ausgangspunkt der »Felsen-Tour« parken. Navi: Geislingen an der Steige, Schützenstraße.

Anfahrt: B10 nach Geislingen an der Steige, zur Schützenstraße. Der Ausgangspunkt ist nach dem Eisenbahndurchlass.

Anforderung: Traumhaft schöne Wandertour, ab Kuchalb meist auf Saumpfaden.

Einkehr: Kuchalb und Geislingen an der Steige.

Karte: LGL BW Wanderkarte W230, 1:25.000.

Auf der Maierhalde.

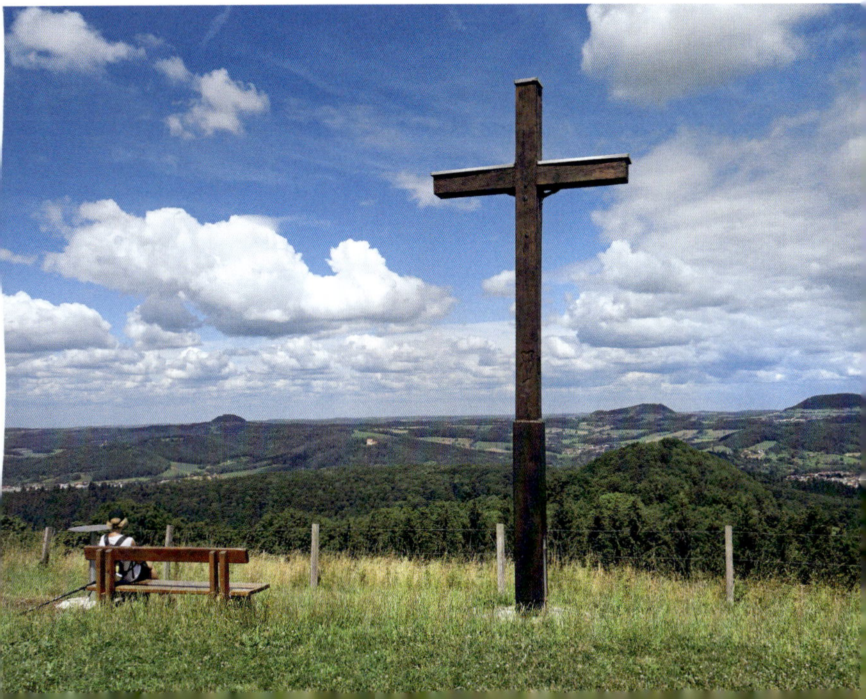

Die Weitblick-Tour beginnen wir in **Geislingen an der Steige** ❶, in der Schützenstraße, direkt nach dem Eisenbahn-Durchlass. Neben dem Talgraben folgen wir dem Löwenpfad entlang der Schützenstraße und gehen nach 400 m rechts am Campingplatz und dem Schießhaus vorbei. Im Wald danach steigen wir leicht an und wandern immer tiefer in das Längental hinein. Durch lichtes Blätterdach blicken wir runter in den Talgrund, hin zu gepflegten Kleingärten. Nach etwa zwei Kilometern Wegstrecke erreichen wir einen kleinen Tümpel und gehen dort links versetzt weiter. Achtung: Nach 200 Metern zweigt halb links ein schmales Waldweglein ab, das uns zügig an Höhe gewinnen lasst. Bald stoßen wir zu einem breiten Forstweg und folgen diesem auf grobem Schotter nach links. Der weitere Anstieg hält den Kreislauf mächtig in Schwung. Oben auf der Kuppe biegen wir links ab und kurz darauf stößt der Albsteig (HW 1) hinzu. Wenn der Wald sich öffnet, überblicken wir die landwirtschaftlich genutzte Hochfläche Birklache. Bequem wandern wir in das Höhendorf **Kuchalb** ❷. Der Wanderweg leitet durch den hübschen Ort mit seinem ländlichen Flair und seinen zwei Gasthäusern. Beim Dorfbrunnen angekommen, wenden wir uns rechts und gehen auf der Straße in Richtung Donzdorf aus dem Ort. Bereits wenig später biegen wir bei den Brunnenwiesen links ab und genießen den gewaltigen Blick nach Donzdorf hinab und auf das weite Umland. Ein schmaler Wanderweg bringt uns zum Aussichtspunkt mit Gipfelkreuz, der **Maierhalde** ❸. Weit, ganz weit blicken wir ins Unterland sowie zu den drei Kaiserbergen Hohenstaufen, Stuifen und Rechberg. Eine Tafel gibt uns Auskunft über Bergnamen samt deren Entfernungen. Ist das schön hier! Spätestens jetzt wissen wir, dass sich der Aufstieg absolut gelohnt hat.

Neben einem Zaun leitet eine Wiesenpfadspur weiter, die bald kurz in den Wald einschwenkt. Am Kretzen-

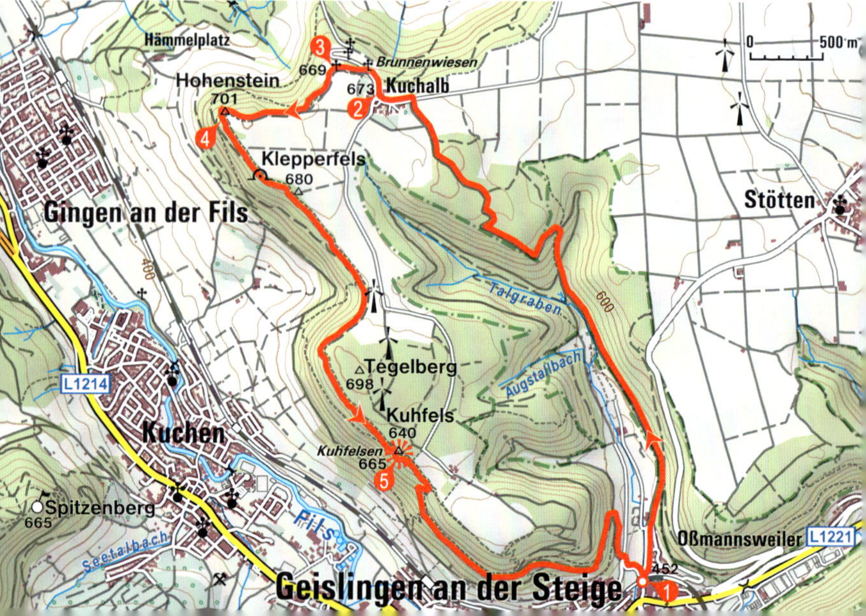

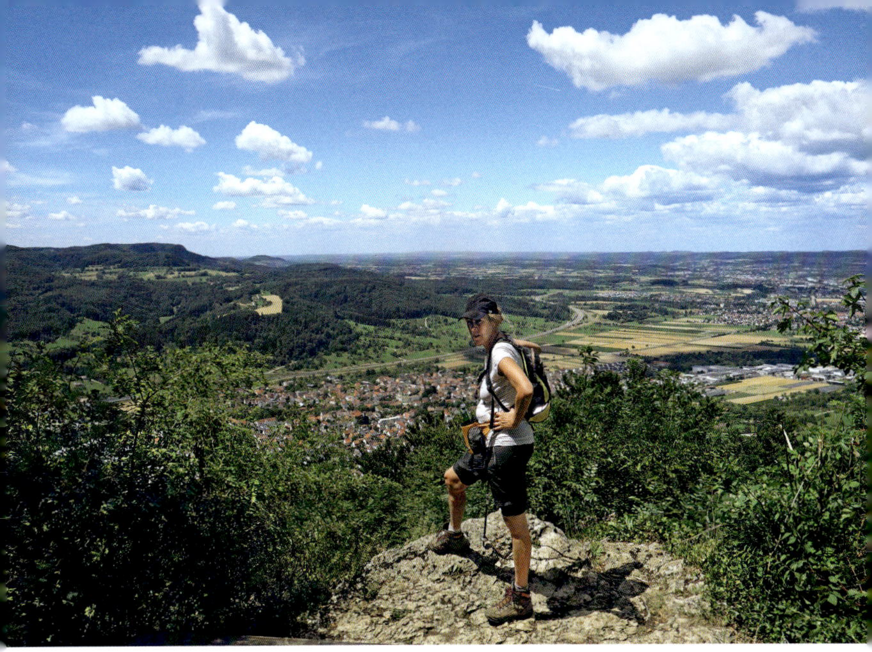

Weitblick vom Hohenstein.

bühl (674 m) folgen wir wieder dem hübschen Pfad entlang der Wiese zum nächsten Höhepunkt mit Aussicht, dem **Hohenstein ❹**. Die Stadt Gingen an der Fils, die Perle des Filstals, liegt uns quasi zu Füßen.

Mit dem Hohenstein im Rücken schreiten wir kurz zwischen Wiese und Wald weiter und verschwinden wenig später im Wald. Oberhalb des Albtraufs geht es über welliges Terrain zur Kucher Halde, wo wir mehrere Windkrafträder passieren. Ein Himbeerparadies breitet sich am Wegrand aus. Der Saumpfad bringt uns auf den **Kuhfelsen ❺**, von dem die Sicht auf Geislingen an der Steige und Kuchen völlig bezaubernd ist. Vorne am Aussichtspunkt führt der Löwenpfad weiter und am Tegelberg Nord biegen wir rechts ab. In mehreren Kehren wandern wir nun steil talwärts. In einer Rechtskehre schreiten wir geradeaus zu dem schmalen Pfad aus dem Wald.

Wiederholt blicken wir auf Geislingen hinunter, während wir den Steilhang durchqueren. Mehrere Sitzmöglichkeiten bieten sich auf diesem Traumpfad an. Ein kleiner Zwischenanstieg bringt uns an einen breiten Schotterweg, dem wir fortan talwärts folgen. Beim festen Weg angekommen, biegen wir im spitzen Winkel rechts ab und gehen danach neben einer Wasserkandel links versetzt weiter. Jetzt erreichen wir bald wieder den **Ausgangspunkt ❶**.

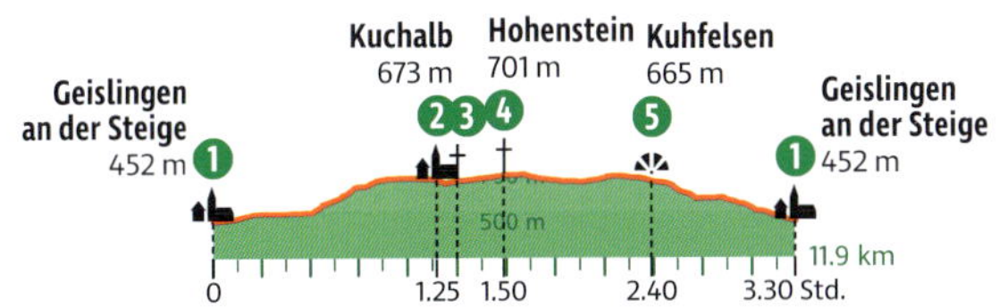

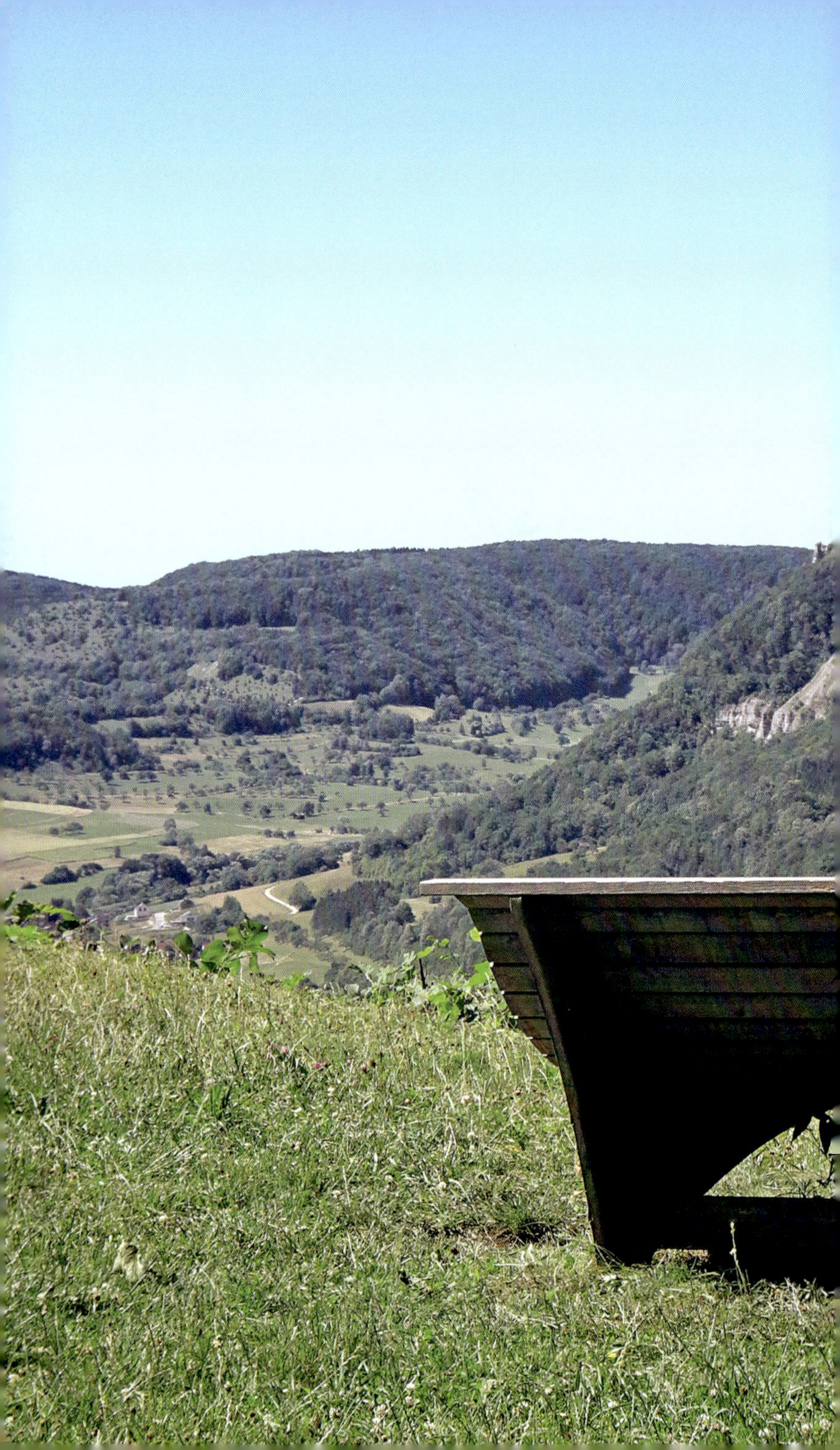

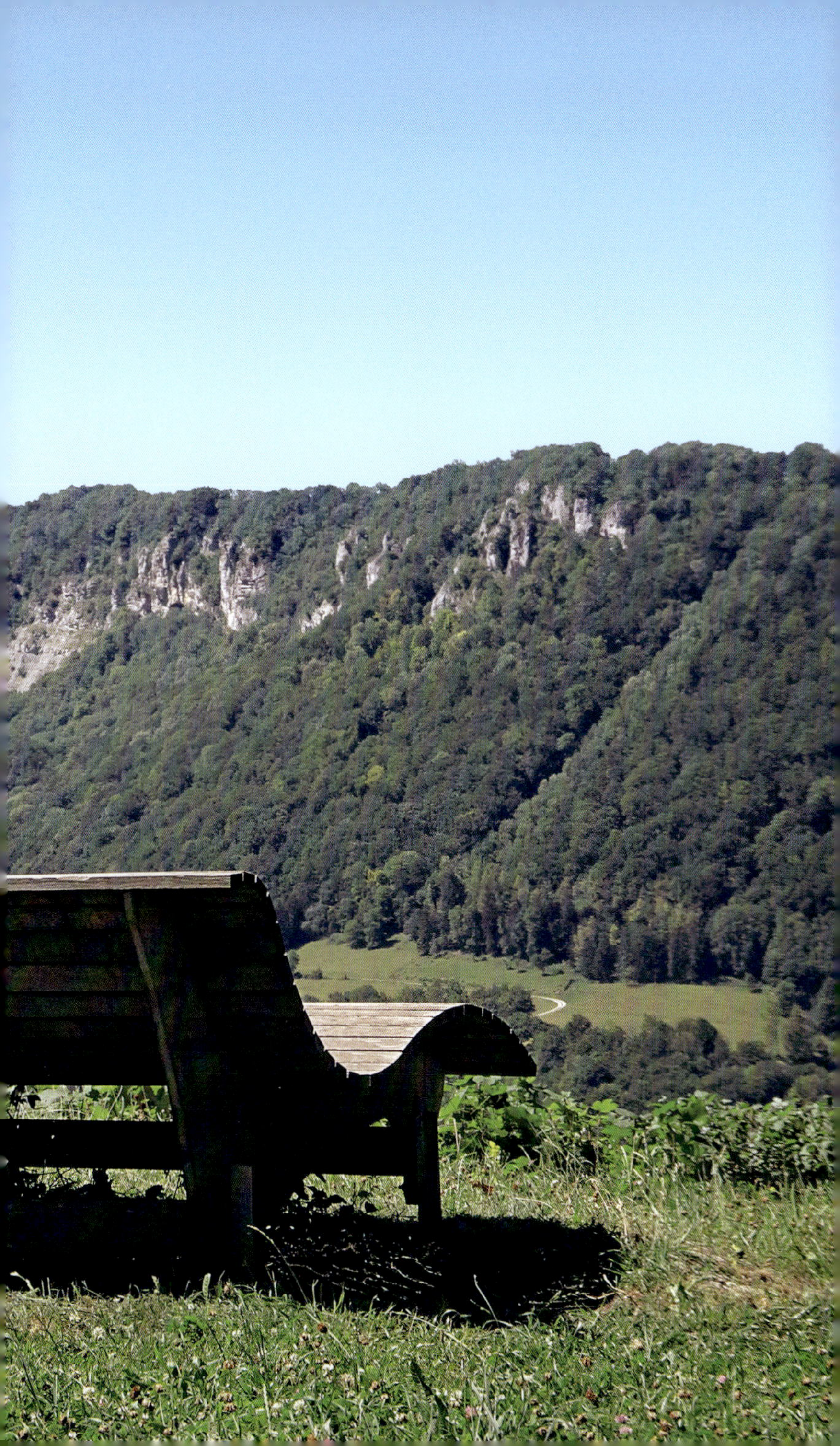

hochgehberge

hochgehberge – das sind ausgewählte Premiumwanderwege im und um das Biosphärengebiet Schwäbische Alb. »Hochgehen, um runterzukommen« ist der Slogan für diese Wanderungen. Die vom Deutschen Wanderinstitut und Deutschen Wanderverband zertifizierten Touren führen bergauf und bergab durch eine beeindruckende und schützenswerte Natur. Dabei gelangt man zu Burgen, Festungen und Schlössern, die Geschichten aus der Vergangenheit erzählen. Aber auch Schluchten und Täler gilt es zu durchwandern und manchmal kann sogar eine Höhle besichtigt werden. Besonders eindrucksvoll sind immer die Ausblicke vom Albtrauf hinab ins Tal. Wenn man durch die Alb-typischen Wacholderheiden wandert, kann man die Seele baumeln lassen und richtig »runterkommen«. Gastronomen und landwirtschaftliche Betriebe laden zudem zum Genuss ihrer regionalen Produkte ein.

Das Wandergebiet erstreckt sich von Nürtingen über Kirchheim unter Teck, Münsingen, Hayingen, Zwiefalten, Lichtenstein, Pfullingen bis Reutlingen.

Die hochgehberge liegen von den Löwenpfaden aus gesehen etwas südlicher, auch ist die Anzahl etwas höher. Diese Rundwanderwege sind ebenfalls prämiert und bestens ausgezeichnet. Manchmal wandert man über eine der Alb-typischen Wacholderheiden und trifft dabei auf einen Schäfer mit seinen vielen Hundert weidenden Tieren.

Die hochgehberge laden ein zu einem Tag Auszeit und sind stets geprägt von einer einmalig harmonischen Landschaft, die vor allem im Großen Lautertal besonders schön ist. Bei den hochgehbergen ist stets eine wunderschöne Aussicht eines der Tourenhighlights, wie beispielsweise vom Aussichtsturm »Onderhos« auf dem Schönberg bei Pfullingen. Das populäre

Burgruine Rauber (Tour 17).

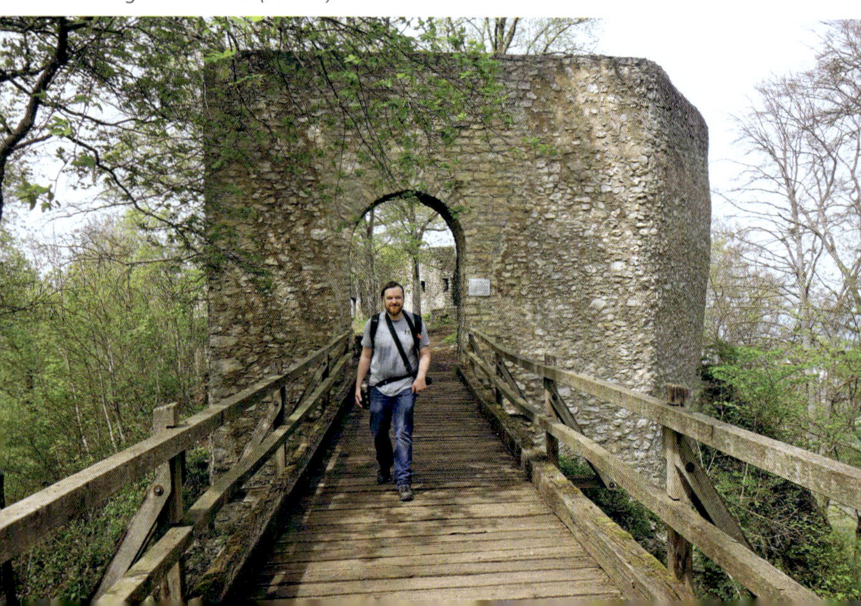

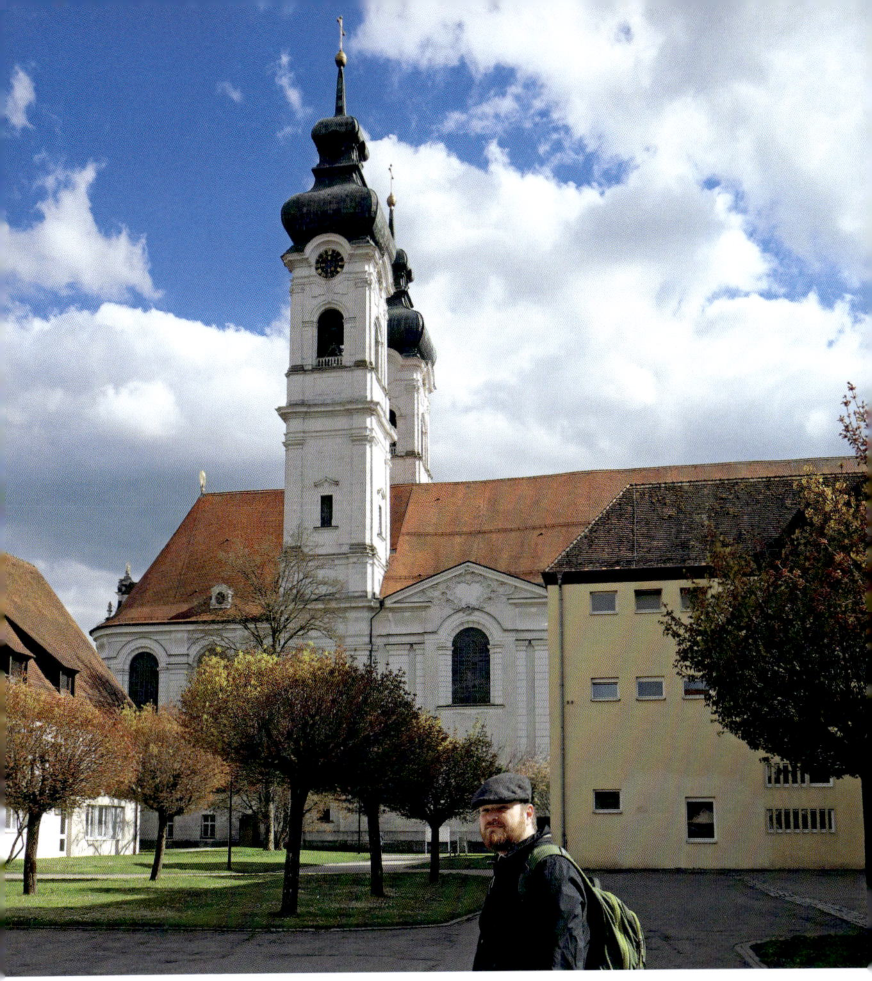

Der Doppelkirchturm des Zwiefalter Münsters (Tour 36).

Schloss Lichtenstein, welches schon so manches Kalenderblatt zierte, darf bei den hochgehbergen natürlich keinesfalls fehlen. Immer wieder wandert man bei dieser Toptour entlang des steil abfallenden Albtraufs. Das spätbarocke Münster mit seinem markanten Doppelkirchturm beherrscht bei Zwiefalten den Blick und bei dieser Tour streift man sogar die grandiose Wimsener Höhle, die als Deutschlands einzige Wasserhöhle nur mit dem Boot befahrbar ist. Aber auch Münsingen und Reutlingen sowie Nürtingen, um nur ein paar wenigen weitere Orte zu nennen, werden von den hochgehbergen berührt.

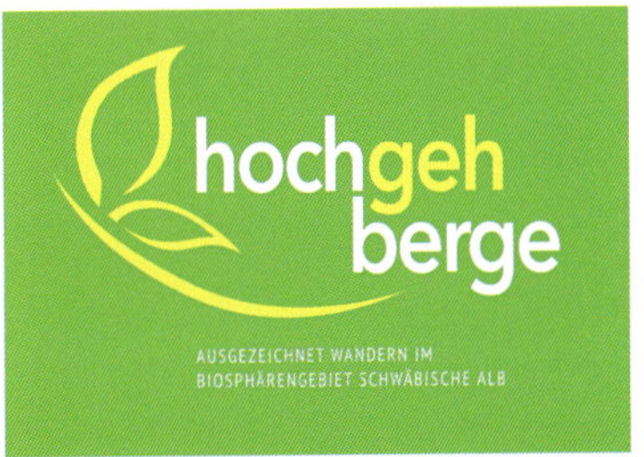

16 hochgehblickt
Rund um den Galgenberg

2.45 Std. | 10,7 km | ↗150 m | ↘150 m

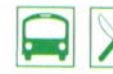  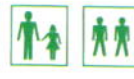

Alb-Blick überm Neckartal

Hoch über Nürtingen und dem Neckartal führt der hochgehblickt zu einer Alpakafarm. Viele interessante Entdeckungen, wie zum Beispiel einen 2000 Jahre alten römischen Gutshof und einen Rosenlehrpfad, gibt es auf dem Rundkurs, der immer wieder mit den sagenhaften Ausblicken zum Albtrauf fasziniert.

Ausgangspunkt: Nürtingen, 276 m, Hallenbad-Parkplatz, Busanschluss direkt (Neckarbrücke). Navi: Nürtingen, Galgenbergstraße.
Anfahrt: A8 Ausfahrt Nürtingen, B313 in die Stadt, Hallenbad ist rechts der Bundesstraße.

Anforderung: Traumhaft schöne Flachetappe mit weiten Ausblicken übers Neckartal.
Einkehr: Kiosk im Galgenbergpark und Nürtingen.
Karte: LGL BW Wanderkarte W238, 1:25.000.

Vom großen Parkplatz des **Nürtinger Hallenbads ❶** starten wir zum hochgehblickt und folgen der ausgeschilderten Wegführung an Sportanlagen vorbei und gehen neben der Galgenbergstraße hinauf.
Bald erreichen wir den eigentlichen Rundkurs des Wanderwegs und biegen am **Galgenbergpark ❷** rechts zum feinschottrigen Weg ab. Nun lassen wir erst einmal die Stadt hinter uns und wandern ohne große Anstrengung durch die gepflegte Grünanlage, dann gelangen wir wieder ins Wohngebiet. Die Friedrich-Glück-Straße leitet halb links und es dauert nicht lange, dann erreichen wir die **Villa Rustica ❸**, einen ehemaligen Römischen Gutshof, dessen Mauern nach Ausgrabungen gekonnt rekonstruiert wurden. An einem Brunnen können wir uns erfrischen.
Nach der denkmalgeschützten Anlage folgen wir dem Schotterpfad weiter zu einer Streuobstwiese. In der Aichhalde behalten wir die Richtung bei, danach wandern wir links hinauf in den Bauernwald. Dort folgen wir dem breiten Weg und biegen erst nach anderthalb Kilometern entspannten Waldmarsches scharf links aufwärts. Wilder Bärlauch wächst im Frühjahr neben dem Wegrand. Oben angekommen gehen wir geradewegs

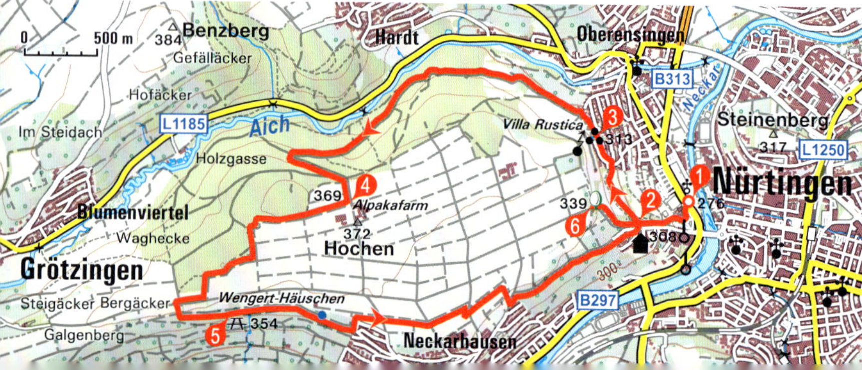

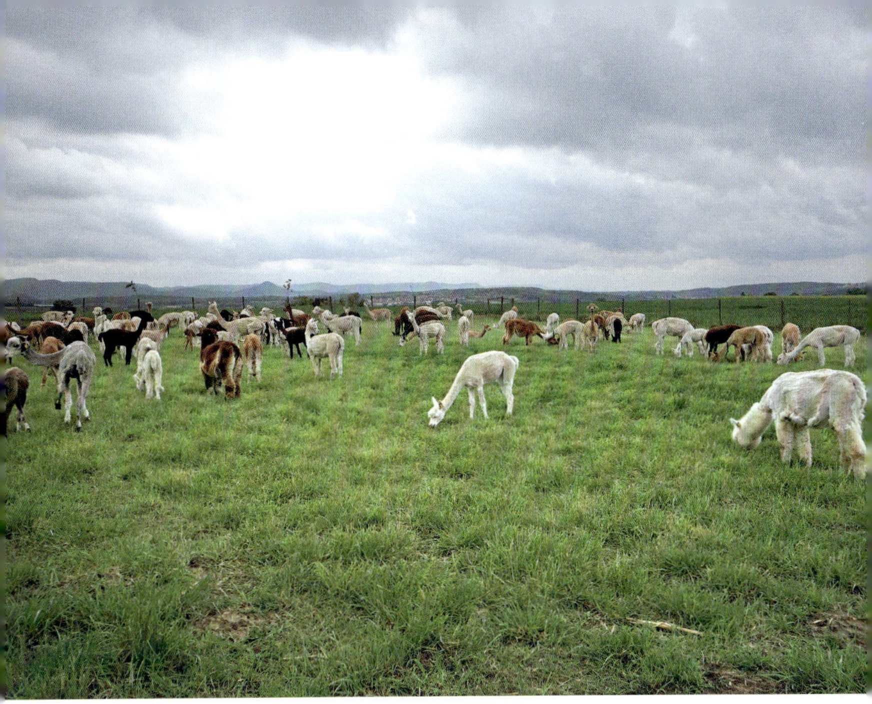

Alpakafarm.

zum Betonplattenweg aus dem Wald und gelangen auf der ländlichen Hochfläche zu einer **Alpakafarm ❹**. Ein Feldweg leitet rechts zu den Gehegen und aus nächster Nähe können wir die Tiere beobachten (bitte nicht füttern). Ein mit Gras bewachsener Pfad bringt uns zwischen Wald und Feld zum Hochen, wo wir den Forst endgültig hinter uns lassen.

Beim Gang über die Felder schauen wir weit zum Albtrauf hinüber und biegen auf der Kuppe rechts zum Grasweg ab. Spargel wird hier angebaut. Beim Querweg wenden wir uns rechts dem Rosenlehrpfad zu und biegen nach 200 Metern infolge zweimal links ab. Bald erreichen wir den überaus hübschen Rastplatz **Wengert-Häuschen ❺**. »Ruh dich aus, schau hinaus« steht auf einem Holzschild geschrieben – und es stimmt, denn der Blick hinüber zum Albtrauf, der sich jenseits des Neckartals aufbaut, ist absolut sehenswert.

Von Feldern und Kleingärten umgeben folgen wir dem Höhen-Panorama-Weg und erreichen bereits nach wenigen Schritten den Hirschbrunnen. Der Pfad bringt uns entlang einer Steinmauer an einem weiteren Brunnen vorbei und zum Ortsrand von Neckarhausen. Wir umwandern

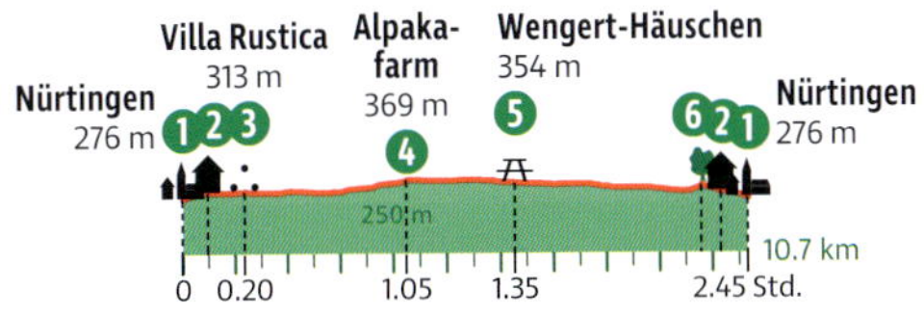

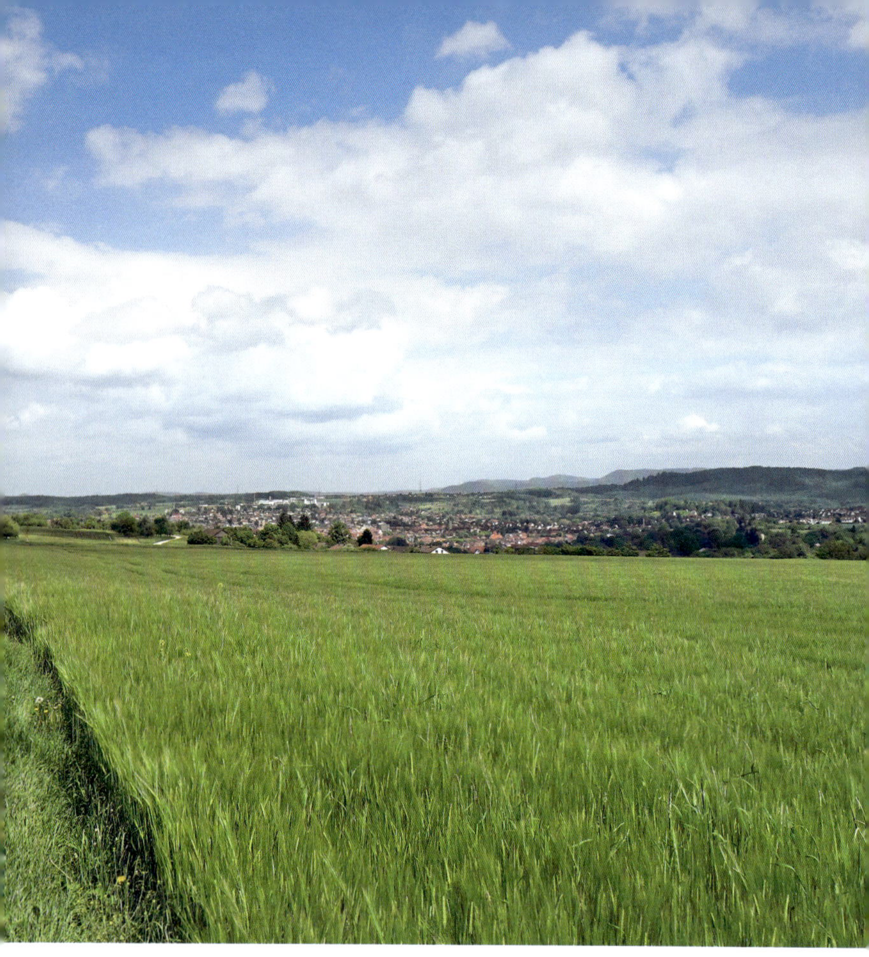

Blick auf Nürtingen.

das Wohngebiet linksseitig, dabei erfreuen wir uns permanent an dem Albtraufblick, wo die mächtige Festungsruine des Hohenneuffen unsere Blicke magisch anzieht.
Hinter einem Sträßchen führt ein Wiesenpfad weiter und Felder säumen den Wegrand. Nürtingen taucht vor uns auf und an den Gernäckern gehen wir rechts versetzt weiter. Neben einem Bächlein biegen wir rechts ab und schreiten wieder auf Neckarhausen zu. Davor halten wir uns jedoch links und gehen an der folgenden Weggabel rechts zum Feldweg. Es geht beständig geradeaus, dann bringt uns die Galgenbergstraße in Nürtingen zu einem Abzweig, an dem wir links gehen und dem schmalen asphaltierten Stichweg zur **Schillerlinde** 6 auf der Schillerhöhe folgen.
Wir gehen den Stichweg wieder zurück und schauen dabei auf Nürtingen hinab. Der weitere Rückweg zum Ausgangspunkt ist ab hier wieder bekannt.
Ein kleiner Bummel durch Nürtingens Altstadt sei an dieser Stelle optional empfohlen.

hochgehadelt

Zur Burg Teck und auf den Breitenstein

4.30 Std. | 13,3 km | ↗ 610 m | ↘ 610 m

Auf Eduard Mörikes Spuren

Die vielen Höhenmeter sind bei Weitem kein Pappenstiel und wer die Tour erwandert hat, verdient eigentlich einen königlichen Wander-Adelstitel. Der Weg führt zur Burg Teck und zur Ruine Rauber. Auf Spuren des Lyrikers Eduard Mörike leitet die abwechslungsreiche Wanderrunde danach durch den lieblichen Ort Ochsenwang und hinauf zum Aussichtsbalkon Breitenstein. Nach der Durchquerung des Bissinger Tals krönt die finale Aussicht vom Hörnle die Tour gebührend.

Ausgangspunkt: Owen, Parkplatz Hörnle, 605 m, Parkplatz. ÖPNV im Tal. Navi: Owen, Bohlstraße.

Anfahrt: A8, Ausfahrt Kirchheim Teck Ost, B 465 nach Owen, Bohlstraße links hoch und 3 km der Ausschilderung Burg Teck bis Parkplatz Hörnle folgen.

Anforderung: Anstrengende Bergtour mit vielen Highlights, nur für wanderfreudige Kinder.

Einkehr: Wanderheim Burg Teck (Mo. und Di. Ruhetag), Ochsenwang.

Karte: LGL BW Wanderkarte Vereinsausgabe, 1:25.000.

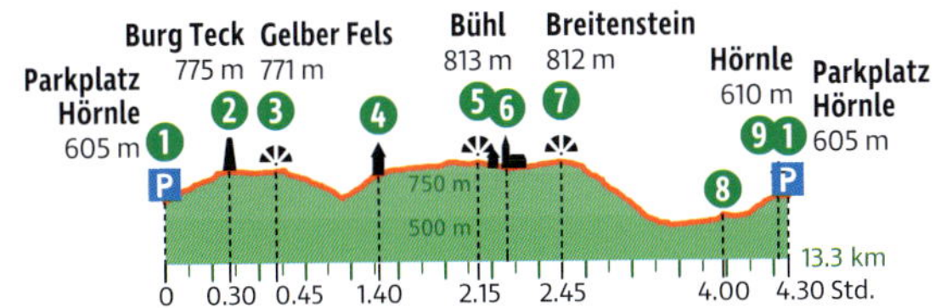

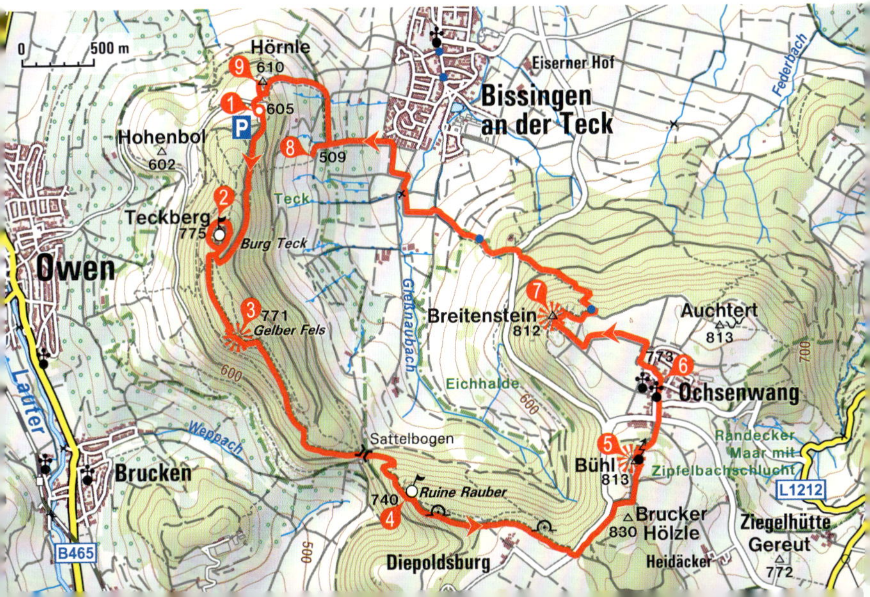

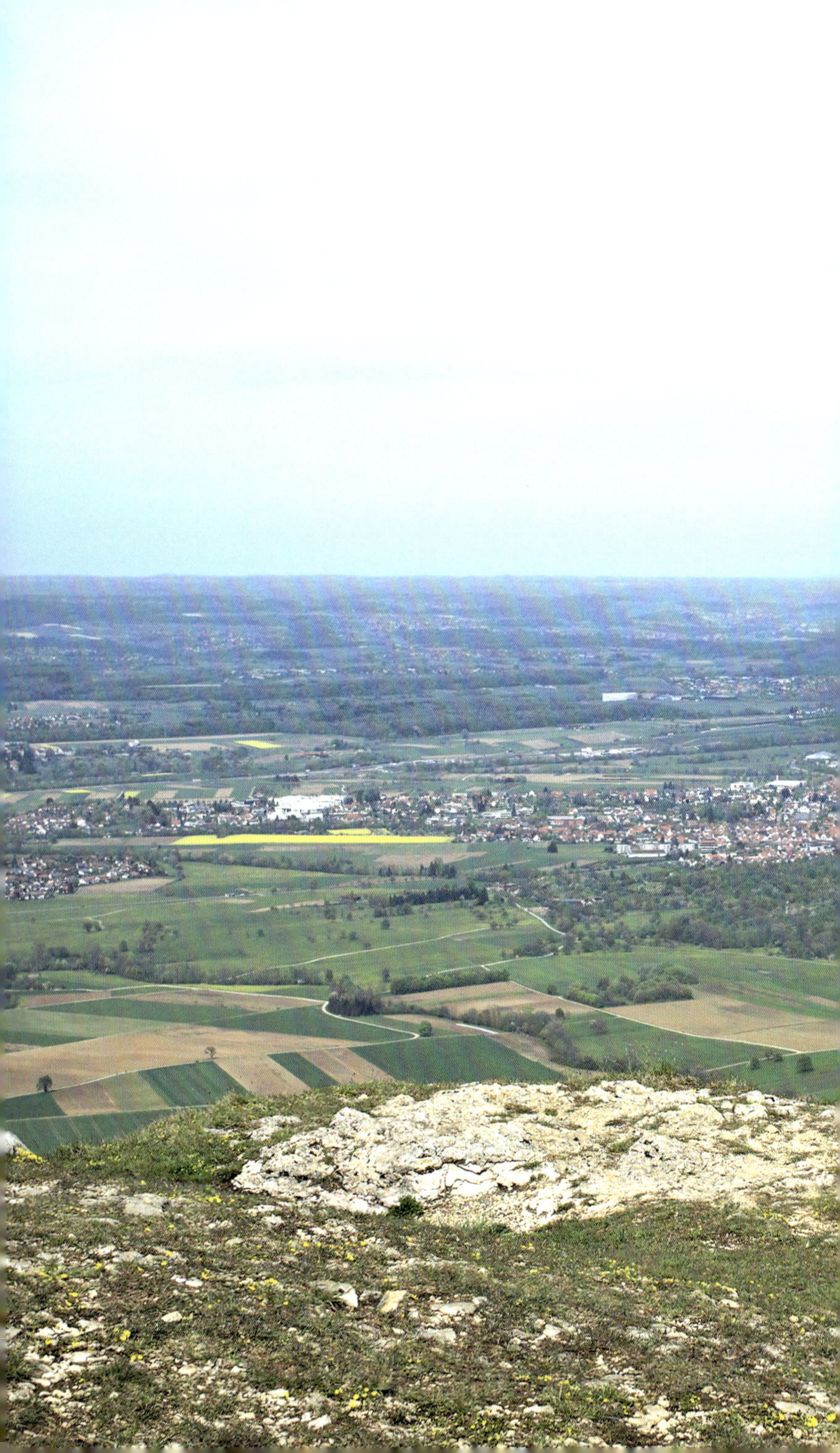

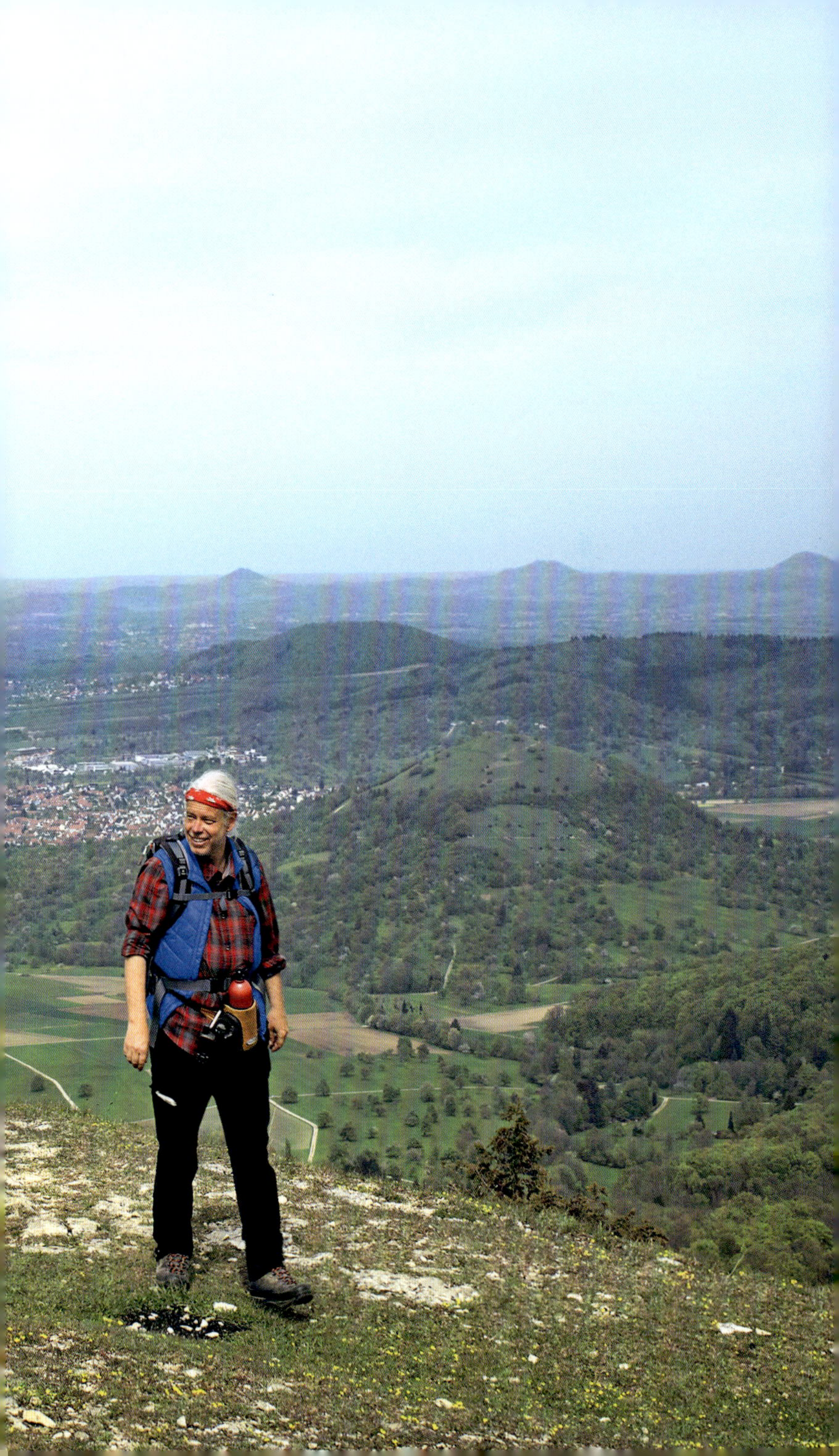

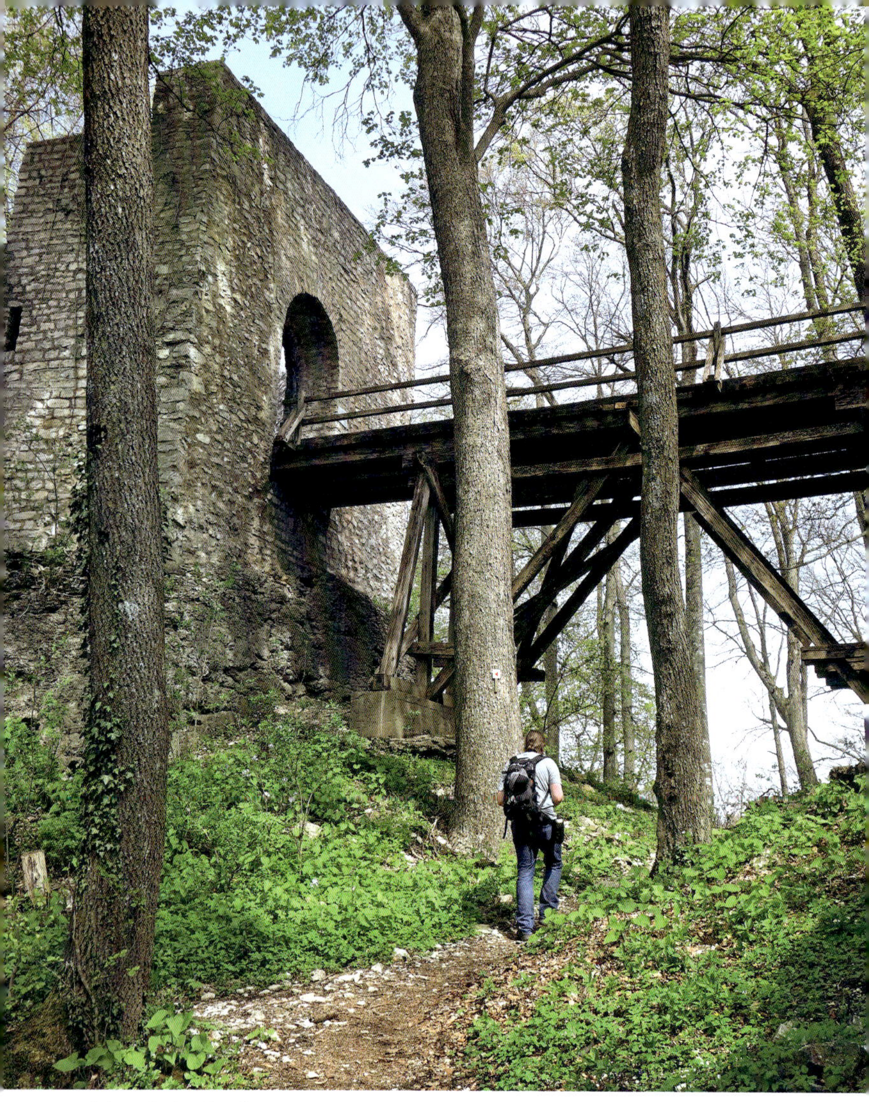

Oben: Ruine Rauber.
S. 76/77: Auf dem Breitenstein.

Vom **Parkplatz Hörnle** ❶ starten wir zum hochgehadelt ins Naturschutzgebiet. Ein breiter Waldweg führt bergwärts an einer Schutzhütte vorbei. An der Wegkreuzung bei der Burg Teck gehen wir rechts zum Stichweg, der uns direkt zur **Burg Teck** ❷ bringt. Hinter dem Portal mit Rundbogen treten wir in den Innenhof und können im Wanderheim einkehren. Zum Turm (Zugang übers Wanderheim) führen 78 Stufen hinauf. Oben genießen wir ein einmaliges Panorama über Owen, zur Bassgeige und der Festungsruine Hohenneuffen.

Wir verlassen die Burg Teck und biegen zum Geheimtipp, der Höhle Si-

byllenloch, am Geländer nach dem Tor scharf links ab. Die Höhle befindet sich direkt unter der Burg, die wir anschließend auf dem urigen Pfad komplett umrunden.
Der Stichweg bringt uns wieder zur Wegkreuzung hinab, wo wir halbrechts gehen und dem Pfad auf der Kammhöhe weiter folgen. Bald passieren wir einen ehemaligen Flugstartplatz und gelangen zum Aussichtspunkt **Gelber Fels** ❸. Tief unter uns schlummern im Kleinen Lautertal verträumt wirkend die Orte Owen, Brucken und Lenningen. Am Teckberg verliert der Waldpfad beständig an Höhe und führt an einer Schutzhütte vorbei. Im weiteren Abstieg gelangen wir zum Grillplatz Sattelbogen und wenden uns gegenüber einem Wasserspeicher rechts dem schmalen Waldpfad zu. In zwei Kehren bringt er uns zur längst verlassenen Bastion **Ruine Rauber** ❹. Wir gehen über die Holzbrücke und erkunden die stolze Anlage, aus deren Mitte heutzutage sogar Bäume wachsen. Danach können wir uns auf den Rastbänken am Grillplatz in der Waldlichtung ausruhen.
Nun geht es weiter in Richtung Südosten, mächtige Felsen bauen sich links auf. Neben dem kleinen Friedhof Diepoldsburg (769 m) entscheiden wir uns, bei trockenem Wetter, halb links zum alpinen Pfad zu gehen. Ein Schild weist auf Trittsicherheit hin (eine Umgehung ist rechtsseitig möglich). Der schmale Wurzelpfad verläuft permanent in Waldrandnähe, passiert einen spitzigen Felsen und auf der Weide rechts neben uns lassen sich Pferde beobachten. An einer Landstraße erreichen wir den südlichsten Punkt des hochgehadelt und biegen vor der Fahrbahn nach links ab. Bald wechseln wir die Straßenseite und wandern anschließend halb rechts hinüber auf den Aussichtsberg **Bühl** ❺. In grober Näherung haben wir jetzt die halbe Wanderstrecke erreicht. Die Markierung leitet hinab in den Ort **Ochsenwang** ❻.
Hinter der Schopflocher Straße führt die Eduard-Mörike-Straße der Kirche entgegen. Wir gelangen zum ehemaligen Wohnhaus des Lyrikers Mörike (1804–1875) und später zum Dorfbrunnen beim Gasthof Krone.
Gestärkt verlassen wir den beschaulichen Ort und folgen den Feldwegen hinauf zum Felsvorsprung **Breitenstein** ❼. Die Pracht-Aussicht reicht in den Schwarzwald, Pfälzerwald, Odenwald und tief hinab nach Bissingen. Entlang der Felskante gehen wir nach rechts und wenden uns am Wald links dem steinigen Pfad zu. Kehren führen hinab zu alten Bäumen. Wir queren eine Straße und setzen den Abstieg fort. Dann wandern wir über eine Freifläche weiter hinab ins Bissinger Tal, wo uns der rauschende Giesnaubach empfängt. Die Markierungen leiten an den Bissinger Ortsrand. Hier beginnt neben Feldern und zahlreichen Streuobstbäumen der Schlussanstieg zum Hörnle.
Zuvor aber lohnt sich noch in der Grafenhalde der kurze Abstecher zum **Bleichehäusle** ❽. Über den Roßwasen steigen wir auf weichen Wiesenpfaden hinauf zum **Hörnle** ❾. Die finale Aussicht entschädigt für die Mühen des Anstiegs und setzt dem hochgehadelt ein grandioses Highlight.

Wissenswertes

Die sagenumwobene Höhle Sibyllenloch entstand vor langer Zeit durch Auswaschung und Kalklösung im Kalkgestein.

18 hochgehnießen

Museumsdorf Beuren und Kulturlandschaft

2.00 Std. | 6,7 km | ↗140 m | ↘140 m

  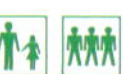

Wandern im Schwäbischen Wiesenobst-Paradies

Die bunt blühenden Streuobstwiesen sind ein regelrechtes Paradies für Vögel und Kleintiere, aber auch für uns Menschen ist die vielfältige Farbenpracht wunderschön anzusehen. Auf jeden Fall ist es ein durchgehender Hochgenuss, den Premiumweg hochgehnießen zu erwandern. Er beginnt mit dem Blick zum Museumsdorf, das mit seinen alten Fachwerkhäusern einen Blick in eine alte Zeit zulässt, in der vielleicht Manches noch ein kleines Stückchen besser war als heute! Jedenfalls hatte man früher das Gefühl, dass die Uhren sich langsamer drehten ... Also dient diese Wanderrunde einfach dazu: Entspannen, runterkommen, loslassen, vom Alltag abschalten, die Seele baumeln lassen und die Natur mit Hochgenuss genießen.

Ausgangspunkt: Beuren, 481 m, Parkplatz des Freilichtmuseums, Busanschluss. Navi: Beuren, Engelbergweg.

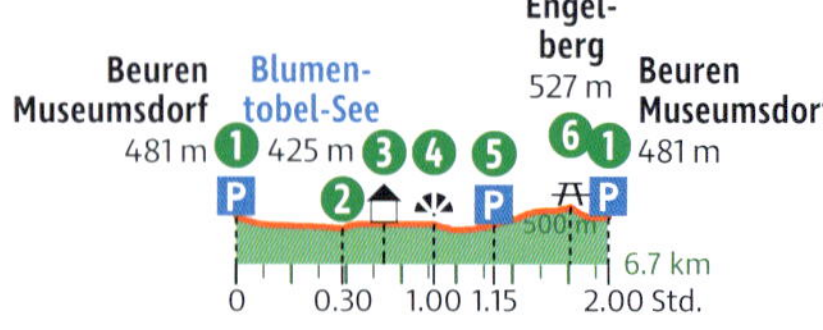

Anfahrt: Der Ausgangspunkt liegt im Nordosten von Beuren, beim Museumsdorf.

Anforderung: Einfache Wanderung, durchgehend auf breiten Wegen.

Einkehr: In Beuren, abseits des Wegs.

Karte: LGL BW Wanderkarte W238, 1:25.000.

Am Blumentobel-See.

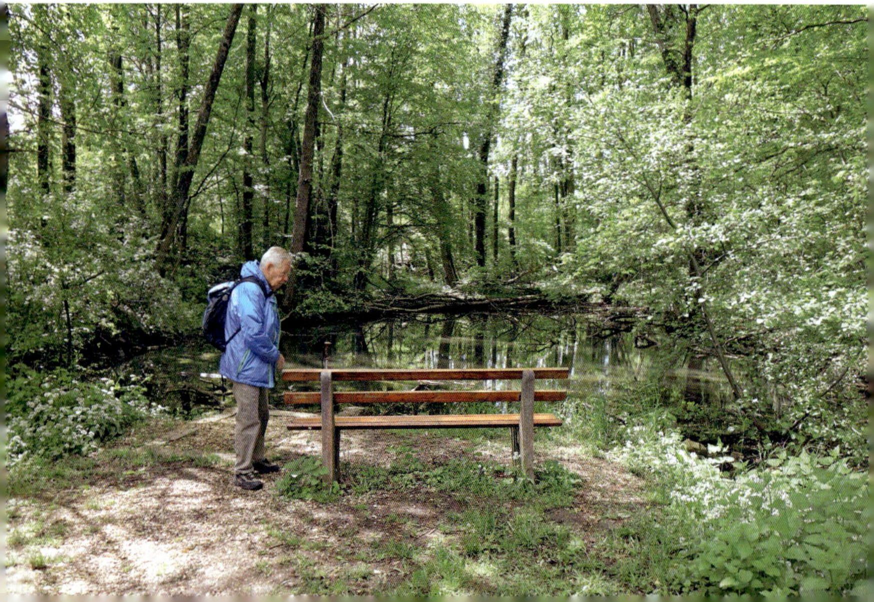

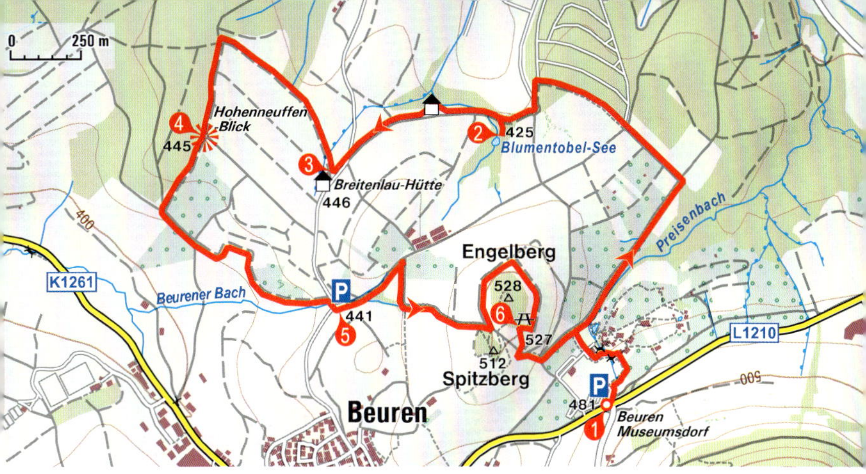

In **Beuren** gehen wir vom Parkplatz des **Freilichtmuseums** ❶ den Fußweg zum Museumsdorf hinab zum Neuen Parkplatz. Von dort schreiten wir geradeaus zum Wiesenweg und durch eine kleine Senke zur Pfingstweide. Wir folgen rechts dem breiten Weg. Ungezählte Obstbäume zieren den Wegrand, bunte Wiesenblumen blühen in den erdenklich schönsten Farben und Vogelgesang erfüllt die Luft. Welch ein Paradies! Beim Weileracker achten wir weit vor dem Wald auf den Linksabzweig. Problemlos führt der breite Weg in Richtung Nordwesten und am Westlichen Moosbach geradewegs zum Wiesenpfad. Dieser leitet kurz in den Wald, dann geht es links und entlang eines Zaunes weiter. Wenige Minuten später erreichen wir den **Blumentobel-See** ❷, der sich etwa 100 m links im Wald versteckt hält.

Nach 200 m gelangen wir zur Blumentobel-Hütte. Erneut breiten sich Streuobstwiesen um uns aus. Halb links vor uns erkennen wir die stolze Ruine des Hohenneuffen aufragen. Für ein paar wenige Meter wandern wir entlang einer Straße und wenden uns dann bei der **Breitenlau-Hütte** ❸ scharf rechts. Weite Felder und Ackerflächen bestimmen jetzt das abwechslungsreiche Landschaftsbild. Vor dem Stumpenwald wenden wir uns links und gelangen windgeschützt zum **Hohenneuffen-Blick** ❹. Rechts blicken wir erneut zur Hohenneuffen, links erkennen wir die Burg Teck und dazwischen den bewaldeten Bergrücken der Bassgeige.

Weiter entlang des Waldes verlieren wir kontinuierlich an Höhe und biegen am Waldeck links ab. Über ein paar Betonplatten gehen wir zu den Kreftwiesen, wo wir die Wanderrichtung beibehalten. Der Weg schlängelt sich durch das Streuobstparadies zu einem kleinen Weinberg. Am Parkplatz **Zwetschgenwäldle** ❺ wandern wir rechts versetzt hinauf zum Oberen Wasen, wo wir rechts abbiegen. Die Markierungen führen hinauf und rückblickend erkennen wir in der weiten Ferne den Stuttgarter Fernsehturm. Dann biegen wir links ab und umrunden den **Engelberg** ❻ mit seinem Rastplatz und einem tollen Ausblick.

Wiesenpfade führen hinab zur Pfingstweide und die herrliche Wanderrunde neigt sich ihrem Ende zu. Wer jetzt noch Zeit und Lust hat, unternimmt einen Besuch des **Museumsdorfs** ❶.

19 hochgehlegen
Hohenneuffen- und Burg-Teck-Blick

2.30 Std. | 8,0 km | ↗ 280 m | ↘ 280 m

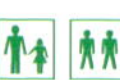

Ausgedehnte Waldwanderung

Der hochgehlegen macht seinem Namen alle Ehre, denn er ist wirklich hoch ge(h)legen. Es ist ein durchaus abwechslungsreicher Premiumwanderweg, der zwar häufig durch den Wald, aber auch zu mehreren aussichtsreichen Felsen führt. Fantastische Fernsicht gibt es vom Beurener Fels zum Hohenneuffen und dem Brucker Fels zur Burg Teck. Ein sportlicher Ab- und Anstieg bringen den Kreislauf zwischenzeitlich mächtig in Schwung.

Ausgangspunkt: Erkenbrechtsweiler, 715 m, Wanderparkplatz Bassgeige, Busanschluss im Ort. Navi: Erkenbrechtsweiler, Burgweg (dieser ist allerdings gegenüber dem Parkplatz).
Anfahrt: A8 Kirchheim/Teck, dann nach Owen, Beuren und Erkenbrechtsweiler. Vor dem Ort links zum Wanderparkplatz Bassgeige.
Anforderung: Sehr schöne Wandertour, meist im Wald, aber mit steilem Ab- und Anstieg.
Einkehr: Unterwegs keine Einkehrmöglichkeit.
Karte: LGL BW Wanderkarte W238, 1:25.000.

Am Erkenbrechtsweiler Ortsrand starten wir vom **Wanderparkplatz Bassgeige ❶** zum hochgehlegen. Wir gehen an der Weggabelung beim Heidengraben links und gleich wieder rechts. Der breite Weg führt dem Burgwald entgegen und wir gelangen bald zu einer Grillstelle. Vor dem Wald wenden wir uns links und erkennen halb links in weiter Ferne die Burgruine Hohenneuffen. Nachdem wir auf dem Wiesenpfad die private Burgwaldhütte passiert haben, wenden wir uns am südöstlichen Hörnlesgehau rechts und folgen weiter dem breiten Weg durch das idyllische Wiesenhochtal. Bald schon schwenken wir rechts in den Forst hinein zum Hörnlesgehauweg. Wir folgen dem »hochgehlegen« über den lang gezogenen Bergrücken der Bassgeige, auch weisen alte Grenzsteine zusätzlich den Weg zum **Schlupffels ❷**.
Der breiten Waldweg führt durch eine Senke, dann wandern wir auf dem Bergkamm zur Beurener Fels-Hütte. Bereits nach wenigen Metern stehen wir auf dem exponierten **Beurener Fels ❸** und blicken majestätisch auf das weite Umland. Tief unter uns liegt der Ort Beuren mitsamt dem Freilichtmuseum, dahinter thront der Hohenneuffen mit seiner Festungsanlage.
Nach der Aussicht wie vom Adler-

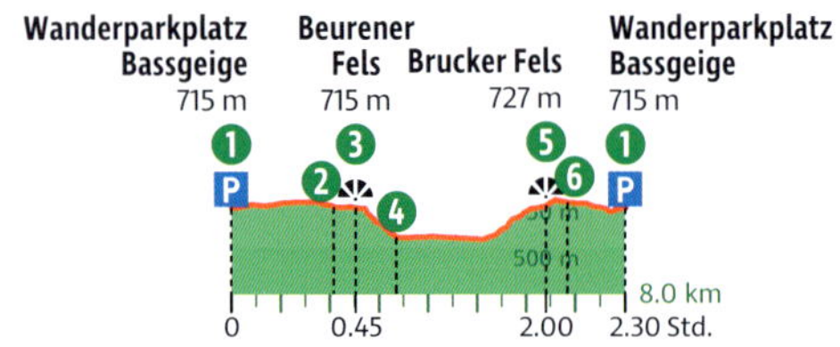

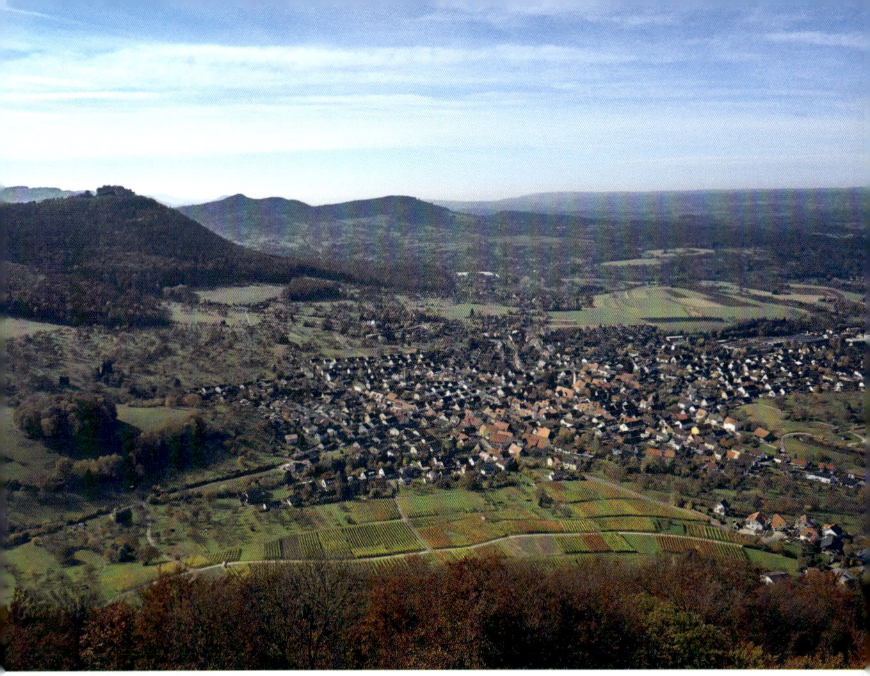

Aussicht vom Beurener Fels.

horst wenden wir uns dem talwärts führenden Bergpfad zu. Am Ende der steilen Serpentinenstrecke treffen wir am **Nordöstlichen Beurenberg** ❹ auf einen breiten Waldweg und schauen durch das lichte Gehölz zum Freilichtmuseum und dem Engelberg hinüber. Wir wenden uns scharf rechts und wandern in einer lang gezogenen Rechtskurve in Richtung Osten. Beständig in Waldesrandnähe erreichen wir mühelos die Kreuzung am Kommunberg und gehen jetzt rechts. Nach 300 m biegen wir im Ameisenwinkel scharf rechts hinauf. Anfangs ist der steile Weg noch breit, was sich aber zusehends verändert. Auf steinigem Grund passieren wir mächtige Felsen, dann erreichen wir den wunderschönen **Brucker Fels** ❺. Eine Sitzbank bietet sich zur Rast an. Nachdem wir den Blick auf die Häuser von Owen und zur Burg Teck hinüber genossen haben, folgen wir dem Pfad neben dem Albtrauf in südliche Richtung zum **Friedrichsfels** ❻. Von hier sehen wir erneut tief hinab, dieses Mal ins Lenninger Tal. Bald führen Stufen hinab in eine Mulde und am nördlichen Weilersteig verlassen wir den Forst. Wir gehen jetzt links und schreiten auf dem Wiesenpfad rechts des Waldes hinunter zum Heidengraben Nord. Hier wenden wir uns scharf rechts und gelangen nach 200 m wieder zum **Parkplatz** ❶ zurück, jedoch aber nicht, ohne vorher noch das ehemalige keltische Zangentor besichtigt zu haben.

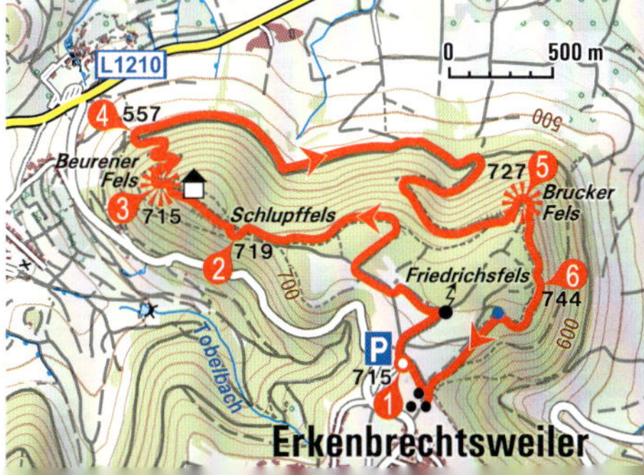

20 hochgehfestigt

Von Beuren zur Hohenneuffen

3.00 Std. | 10,3 km | ↗ 390 m | ↘ 390 m

Streuobst-Paradies bei Beuren

Wenn man an heißen Sommertagen den hochgehfestigt im Uhrzeigersinn erwandert, dann hat man den großen Sonnenteil der Tour am Anfang und den schattigen Wald in der zweiten Hälfte. Auch ist bei dieser Wanderrichtung der Anstieg wesentlich moderater. An dem markanten Vulkanembryo Hohbölle vorbei geht es zum Beuerner Weinberg und dem Naturdenkmal Tobelweiher. Auf dem Weg zur Festungsruine Hohenneuffen gibt es immer wieder schöne Ausblicke, die aber ganz oben von der Burg nochmals getoppt werden. Sie ist eine der größten Festungsanlagen in Deutschlands Süden.

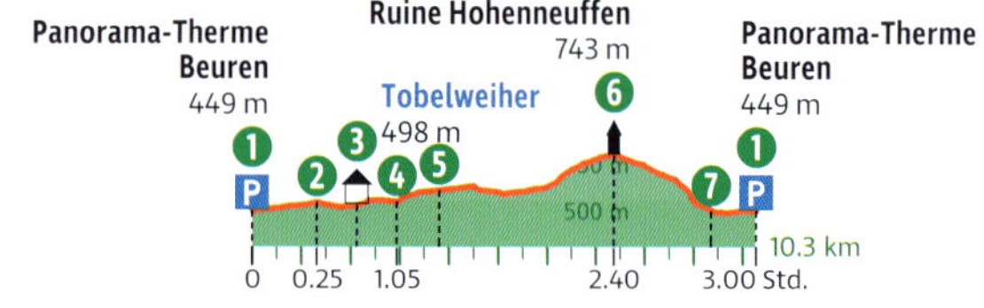

Ausgangspunkt: Beuren, Panorama-Therme, 449 m, Parkplatz, Busanschluss. Navi: Beuren, Am Thermalbad.
Anfahrt: A8 bis Kirchheim unter Teck, B465, Owen, Beuren.
Anforderung: Super Wandertour, am Anfang kein Schatten und steiler Abstieg von der Burg nach Beuren.
Einkehr: Burgruine Hohenneuffen und Beuren
Karte: LGL BW Wanderkarte W238, 1:25.000.

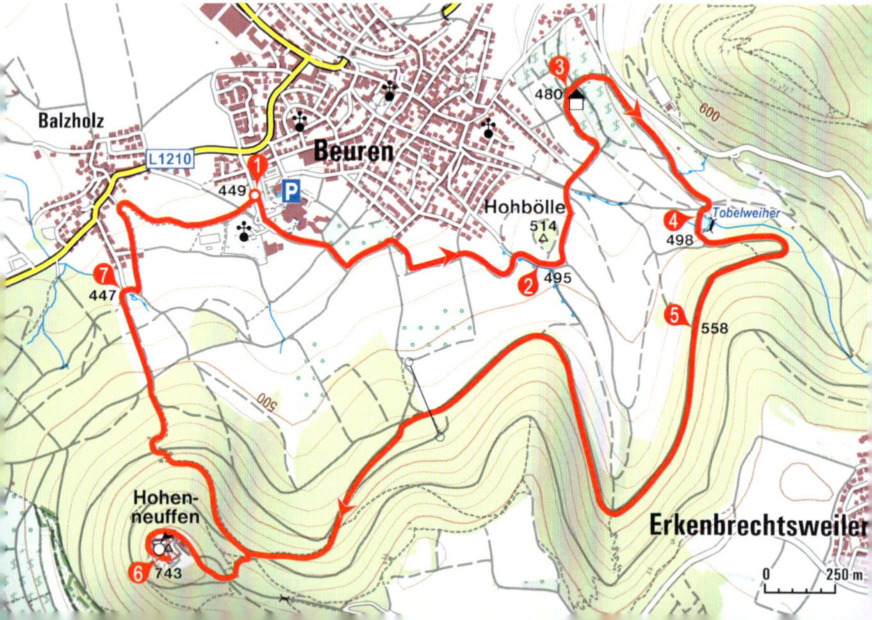

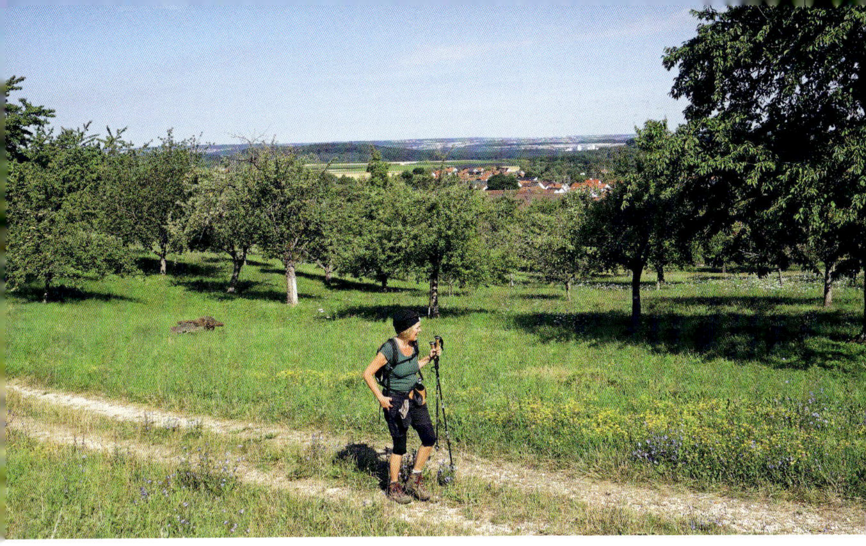

Streuobst-Paradies bei Beuren.

In Beuren startet der hochgehfestigt am Parkplatz der **Panorama-Therme** ❶. Dort folgen wir dem landwirtschaftlichen Weg links am Friedhof vorbei hin zu einer Streuobstwiese. Von rechts oben begrüßt uns die Burgruine Hohenneuffen. Am Großen Wegetreff biegen wir halb rechts ab und wenden uns bei den Östlichen Herbstwiesen nach links. Zahlreiche Obstbäume und grüne Wiesen säumen unseren Weg, dann stoßen wir wieder zum Beurener Ortsrand und steigen jetzt zum Grasweg rechts hinauf. Während des Anstiegs gehen wir links und bei einem Ziegengehege links versetzt weiter. Der Grasweg stellt keine Probleme dar und bringt uns zur Neuffenackerstraße, bei der wir rechts hinauf zum Sattel bei der **Hohbölle** ❷ gehen. Links neben uns ist der Vulkanembryo Hohbölle, ein längst erloschener, kleiner Vulkan.

Ein Schotterweg leitet talwärts und die Markierung bald links zu einem Wiesenweg. Vor uns baut sich mächtig die Bassgeige mit dem Beurener Fels auf. Wir durchschreiten den Talgrund Hohler Weg und gehen weiter zum Weinberg. Dort biegen wir links ab und blicken auf Beuren und die Hohenneuffen. Wir folgen der Markierung rechts versetzt zum Grasweg und wandern durch die Mittleren Weinberge zur **Schutzhütte** ❸. Beim zweiten Querweg gehen wir rechts und halten uns unterhalb der nach Erkenbrechtsweiler führenden Straße erneut rechts. Wir folgen dem großartigen Panoramaweg am Beurenberg und erreichen bald das Naturdenkmal **Tobelweiher** ❹. Der Philosophenweg leitet uns über Stufen zur Blockhütte am Wald, dort gehen wir links. Mischwald umgibt uns, Vögel zwitschern lustig und ein Forstweg leitet als Waldlehrpfad bergwärts. Der Waldlehrpfad vermittelt viel Wissen über die Waldtiere. Kurzfristig öffnet sich der Wald bei der **Willi-Gras-Bank** ❺ und wir blicken erneut zum Hohbölle und nach Beuren.

Am Klingenberg passieren wir die Albert-Ege-Hütte und halten dem Philosophenweg weiter die Treue. Nach 600 m öffnet sich wieder der Wald und wir überblicken von den Himmelsliegen den Weinberg und

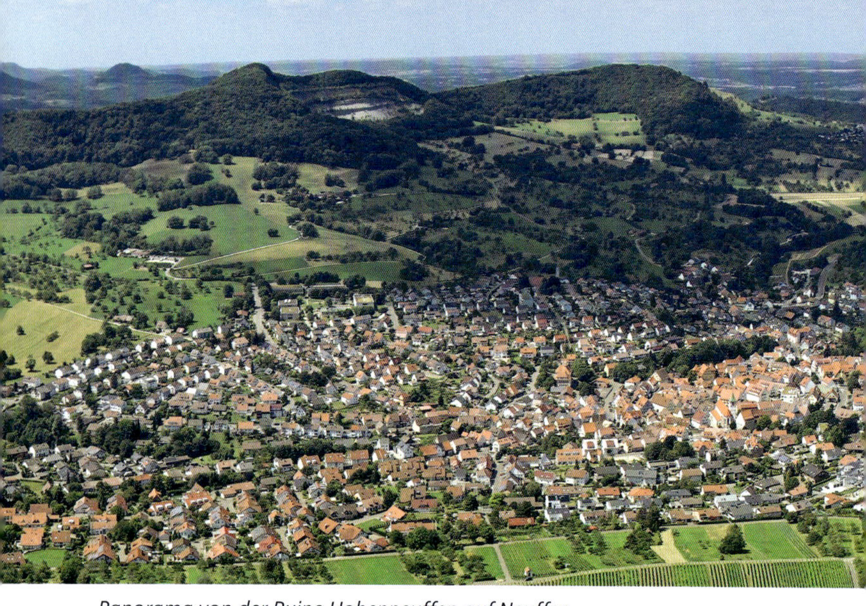

Panorama von der Ruine Hohenneuffen auf Neuffen.

Abschnitte unseres Wegs, den wir bereits gegangen sind. Neben einer breiten Wiese wandern wir in hervorragender Aussichtslage oberhalb der Skihütte halb links in den Wald. Wenig später nimmt uns linker Hand ein Bergweglein auf und lässt uns flott an Höhe gewinnen. Ein Forstweg kreuzt und ein schmaler Pfad leitet weiter hinauf. Kurz nach einem weiteren Querweg erreichen wir den Wegweiser Östlich Hohenneuffen, wo nachher rechts der Abstieg ist. Wir aber steigen geradeaus weiter zum Sattel hinauf und folgen dort rechts dem Burgweg zur **Ruine Hohenneuffen** ❻. Die mächtige Bastion fasziniert gewaltig mit ihrem Ausmaß und ihren Ausblicken auf die gesamte Umgebung. Bei gutem Wetter können wir dem bunten Treiben der Gleitschirmflieger in hohen Lüften zuschauen. Am Kiosk und dem angrenzenden Biergarten können wir uns erfrischen.

Dann wandern wir den Stichweg wieder zurück zum Wegweiser »Östlich Hohenneuffen«, wenden uns jetzt nach links und setzen den Abstieg weiter fort. Dabei achten wir auf den Rechtsabzweig und kreuzen bald einen Forstweg. Kurz darauf gehen wir am Verzweig geradeaus weiter und steil talwärts. Wenn wir den Wald verlassen, führt ein Wiesenpfad geradeaus hinab. Zahlreiche Kirschbäume zieren den Weg zum **Tümpel bei der Schlossgasse** ❼. Rechts versetzt leitet ein traumhaft schönes Wiesenweglein weiter ins Wohngebiet. Hinter dem Höhenweg führt unser Pfad gleich wieder aus dem Ort und vor der Hecke am Balzholz biegen wir scharf rechts ab. Hoch oben ragt schön sichtbar die Burg auf. Eine Wiesenspur leitet der Bassgeige entgegen und wir passieren den Spielplatz Raufwäldle, einen Wohnmobilstellplatz, sowie den Gleitschirmflieger-Landeplatz. Rasch finden wir wieder zum Parkplatz zurück und beenden unseren heutigen Wandertag entspannt und glücklich in der **Panorama-Therme** ❶.

hochgehkeltert
Zur Burgruine Hohenneuffen

2.45 Std. | 7,9 km | ↗ 420 m | ↘ 420 m

Neuffener Heide – ein kleines Paradies

Schon bei der Anfahrt nach Neuffen erblicken wir hoch oben auf dem Berg, wie einen majestätischen Adlerhorst, die mächtige Festungsruine Hohenneuffen. Bergpfade führen zur Burg hinauf und grandiose Fernblicke belohnen die Mühen des Aufstiegs. Über die Alte Steige, einen historischen Weg, geht es ins Naturschutzgebiet Neuffener Heide und auf der Neuffener Schlosssteige zum aussichtsreichen Weinberg, der für den hochgehkeltert schließlich namensgebend ist.

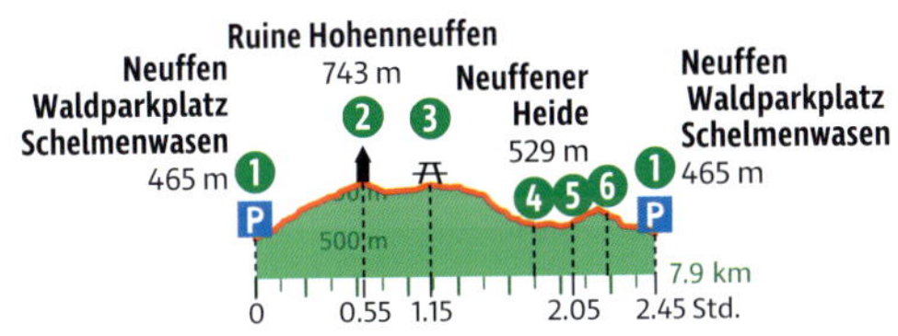

Ausgangspunkt: Neuffen, Waldparkplatz Schelmenwasen, 465 m, Parkplatz, Busanschluss. Navi: Neuffen, Breitensteinstraße.
Anfahrt: A8 Kirchheim unter Teck, Owen, Beuren, Neuffen.
Anforderung: Tolle Wanderung mit Burg, Aussicht und viel Natur. Beim Abstieg schmale Pfade, Trittsicherheit von Vorteil.
Einkehr: Burggaststätte Hohenneuffen.
Karte: LGL BW Wanderkarte W238, 1:25.000.

Oberhalb von **Neuffen** starten wir am **Waldparkplatz Schelmenwasen** ❶ zum hochgehkeltert. In Richtung Nordosten folgen wir dem breiten Waldweg am Spielplatz vorbei in den Wald und halten uns an den ersten drei Weggabelungen jeweils rechts. Beim Teerweg angelangt gehen wir links und kurz darauf am Verzweig halb rechts hinauf. Im Frühjahr wächst auf dem Waldboden zahlreich wilder Bärlauch. Der mittlerweile schmal gewordene Bergpfad biegt nördlich des Hohenneuffen rechts ab und schlängelt sich weiter den Hang hinauf.
Am nächsten Wegweiser biegen wir scharf links ab. Der steinübersäte Weg bringt uns stets höher und hinter einem Forstweg geht es scharf rechts weg. Bald erreichen wir den Sattel und folgen dem Burgweg auf Steinpflaster zur **Festungsruine Hohenneuffen** ❷.

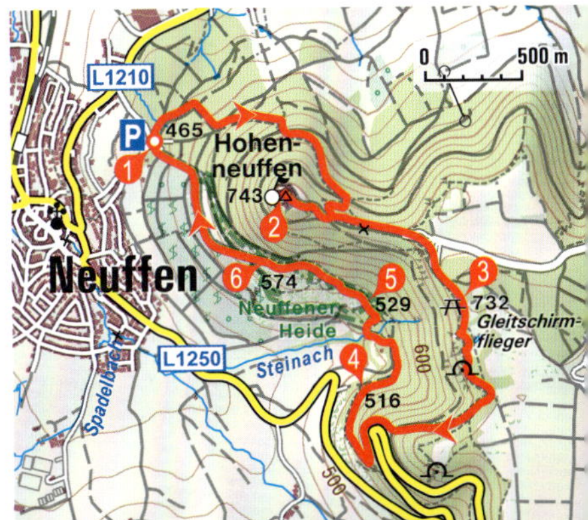

Nach einer ausführlicheren Besichtigung, grandiosen Fernblicken und der Einkehr in der Burggaststätte gehen wir den Burgweg wieder zurück und sehen beim Abstieg, links hinter der Bassgeige, die Burg Teck aufragen.

Am Sattel angekommen, folgen wir dem romantischen Pfad erst links, dann rechts des Fahrwegs an beiden Hohenneuffen-Parkplätzen vorbei. Immer wieder führen rechts kleine Stichwege zur Kante des Albtraufs und geben wunderschöne Aussichten ins Wendenbachtal frei.

Der bewaldete Wanderpfad passiert den **Rastplatz Schanze ③**, dann durchwandern wir die Kernzone des Biosphärengebiets Schwäbische Alb und gelangen zu einem Gleitschirmflieger-Startplatz. Hier bietet sich ein Traumpanorama mit Burgblick. Links in der Lichtung verbirgt sich der kleine Molachsee und wir entdecken neben uns die Höllenlöcher, wie hier die Abrissplatten im Albtrauf genannt werden.

Der Wurzelpfad bringt uns zu einem Abzweig und wir wandern scharf rechts hinab. Trittsicherheit ist auf dem schmalen Weglein von Vorteil. Ein breiter Weg führt kurz eben weiter, dann zweigt bald wieder ein talwärts führender Pfad ab und schlängelt sich mittels Serpentinen zur Spitzkehre der Landstraße L 1250. Die schmale Wegspur lässt uns weiter an Höhe verlieren, dann biegen wir an der Alten Steige Süd rechts ab. Kurz darauf öffnet sich der Wald und eine Sitzbank kommt jetzt gerade recht. Der Wald nimmt uns wieder

Auf der Alten Steige mit Burgblick.

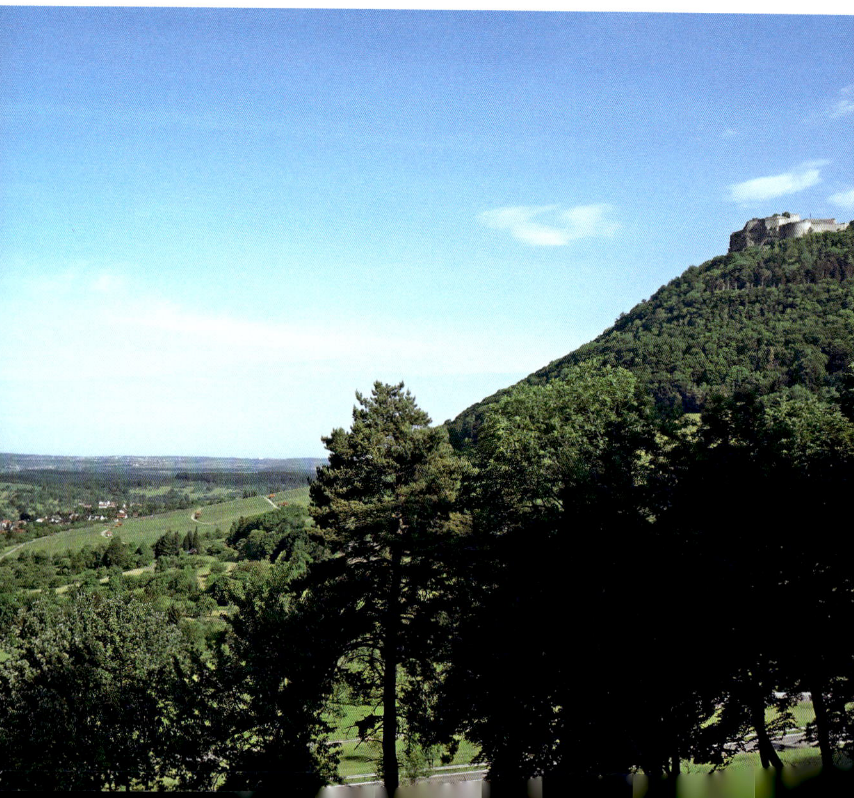

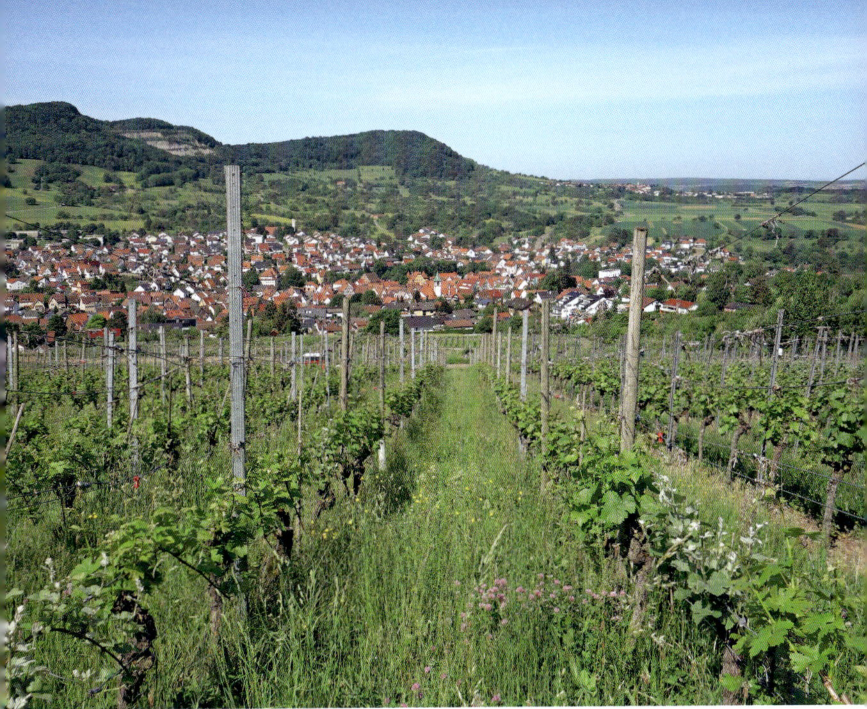

Weinberg bei Neuffen.

auf und beim **Wegweiser Alte Steige** ❹ wenden wir uns mit Burgblick nach rechts. Der hochgekeltert leitet hinab zum Dürrenbach, den wir auf einer Steinfurt queren und kurz danach neben dem Wildwasser hinaufwandern.

Beim Querweg schwenken wir nach links und erreichen kurz darauf die **Neuffener Heide** ❺. Das Naturschutzgebiet ist ein kleines Paradies und oberhalb davon steigen wir im Wald in Kehren hinauf an die Obere Schlossallee. Hier folgen wir der **Neuffener Schlosssteige** ❻ zum Weinberg, der dem Wanderweg schließlich seinen Namen gab. Mit Blick auf die Stadt und das Umland wandern wir neben den Rebstöcken den Kernerweg zum Spätburgunderweg. Am Egert führt ein Pfad hinab zum **Parkplatz** ❶.

Wissenswertes

Burgruine Hohenneuffen

Die Festungsruine Hohenneuffen ist eine der größten Höhenburgen Süddeutschlands. Der Burgenbau stammt bereits aus dem 11. Jahrhundert. 1948 wurde hier die Gründung Baden-Württembergs beschlossen. Die Festung galt als uneinnehmbar und diente auch schon als berüchtigtes Gefängnis.

Alte Steige

Die Alte Steige war bis zum Jahre 1852 der Zugang von Neuffen zur Albhochfläche.

22 hochgehsiedelt

Albtrauf, Hochfläche und ein Vulkansee

1.30 Std. | 4,9 km | ↗ 45 m | ↘ 45 m

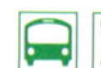  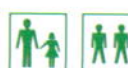

Wandern, wo einst die Kelten waren

Schon in der Keltenzeit war die Hochfläche bei Erkenbrechtsweiler besiedelt. Beim Burrenhof wurden mehrere Grabhügel aus der älteren Hallstattzeit entdeckt. Die erste Tourenhälfte führt spannend entlang des Albtraufs und gibt dabei zweimal einen Traumblick frei. Die zweite Hälfte ist geprägt von Landwirtschaft und Wiesenpfaden. Interessant für alle Sternengucker und Hobby-Astronomen: Große Teile des hochgehsiedelt verlaufen parallel mit einem Astropfad. Informative Tafeln erklären viel Wissenswertes über unser Sonnensystem und weit darüber hinaus.

Ausgangspunkt: Wanderparkplatz Hochholz/Astropfad, 718 m, Busanschluss. Navi: Erkenbrechtsweiler, Burrenhof.
Anfahrt: Südwestlich von Erkenbrechtsweiler und 250 m westlich des Burrenhofs. Der Ausgangspunkt liegt rechts am Waldrand.
Anforderung: Relativ einfache Wanderrunde, am Albtrauf allerdings teils auf schmalen Pfaden.
Einkehr: Burrenhof.
Karte: LGL BW Wanderkarte W238, 1:25.000.

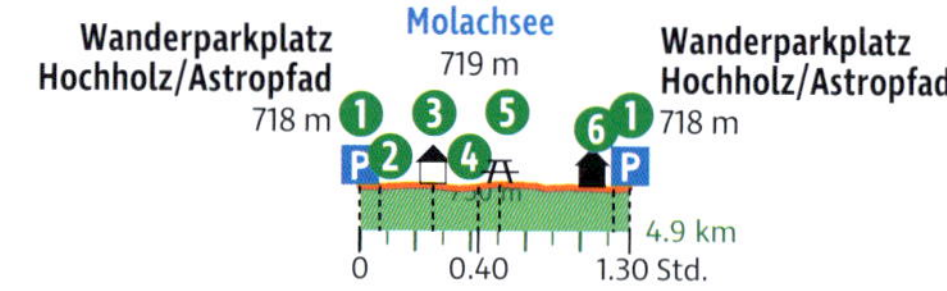

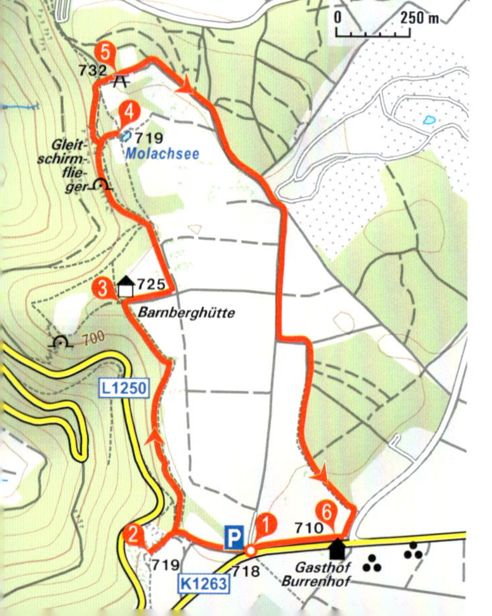

Vom **Wanderparkplatz Hochholz/Astropfad** ❶ beginnen wir im Südwesten von Erkenbrechtsweiler die Tour hochgehsiedelt. Kurz gehen wir vor zur Straße, dann auf dem zunächst festen Weg in Richtung Nordwesten über freies Gelände und gelangen zum Heidengraben. Ein 100 m langer Stichweg führt links zur **Hülbener Brille** ❷, einem modernen Kunstwerk mit großem Durchblick. Unwillkürlich schweift der Blick hinüber zur mächtigen Ruine Hohenneuffen. Dann leitet unser Weg auf fast gleichbleibender Höhe kurz durch den Wald. Zwischen Wiese und Wald folgen wir dem Pfad entlang des Albtraufs zur **Barnberghütte** ❸, die übrigens auch Blauer-

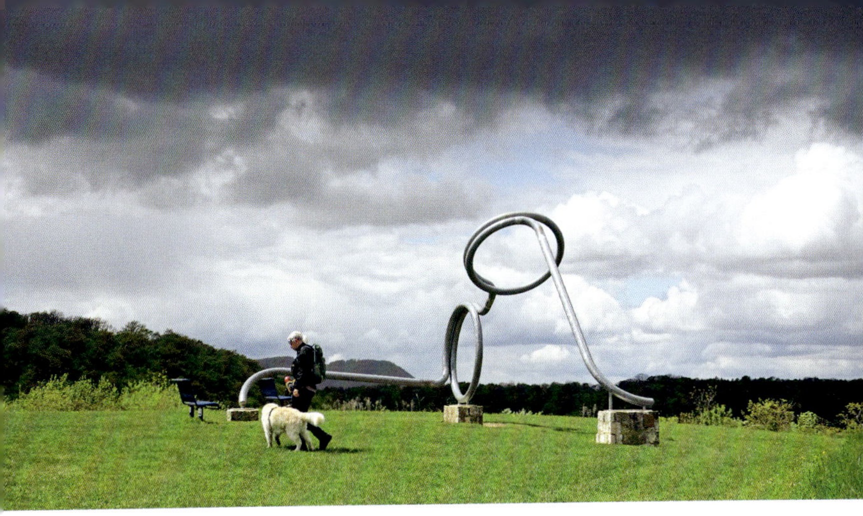

Bei der Hülbener Brille.

Rank-Hütte genannt wird. Jetzt biegen wir nach rechts ab und achten bald auf den Linksabzweig zum Wiesenpfad. Dieser leitet zum Waldeck, wo wir links und an der Wegegabel beim Molachsee halb rechts gehen. Auf teils wurzelübersätem Waldboden steigen wir an und passieren dabei die Höllenlöcher, Abrissspalten im Albtrauf. Achtung, in der kleinen Senke können wir rechts hinaus auf die Lichtung zum Naturdenkmal **Molachsee 4**. Jetzt stehen wir auf einem Vulkan! Der Klang zirpender Grillen dringt in unsere Ohren, dann wandern wir auf steinigem Waldboden hinauf zum Gleitschirmflieger-Startplatz. Der tiefe Talblick auf Neuffens Hausdächer sowie rechts hinüber zur Festungsruine fasziniert ungemein. Entlang der steil abfallenden Traufkante schreiten wir weiter in die Lichtung und dort an der Schutzhütte rechts zum **Rastplatz Schanze 5**. Die viereckige Lichtung Kohlhau halb links im Wald ist nicht wie einst vermutet das Relikt einer keltischen Viereckschanze, sondern eine barocke Redoute aus der Mitte des 18. Jahrhunderts.

Nach ausgiebigem Rucksackvesper folgen wir dem breiten Weg entlang des Waldrands. Wir erreichen die Bürgermeister Stokinger-Eiche und wandern entlang des Zauns eines Steinbruchs. Bald achten wir auf den Rechtsabzweig zum Plattenweg, der von alten Obstbäumen flankiert in Richtung Süden führt. Weite Felder bestimmen das Landschaftsbild. Auf der langen Geraden biegen wir nach 450 m links und vor dem Wald rechts ab. Am Waldrand folgen wir dem idyllischen Wiesenpfad zunächst in Richtung Süden. Vor der Straße geht's rechts zum **Gasthof Burrenhof 6**. Vor der Gaststätte wenden wir uns nach rechts zum 250 m entfernten **Parkplatz 1**.

Wissenswertes

Der Molachsee wirkt auf den ersten Blick eher unspektakulär, trotzdem ist die kreisrunde Mulde ein kleiner Vulkanembryo. Da sein Untergrund aus schwer wasserdurchlässigem Vulkantuff besteht, bildet sich in seinem Maar (schüsselförmige Mulde vulkanischen Ursprungs) nach Regenfällen oder Schneeschmelzen der kleine Molachsee.

23 hochgehflogen

Von der Hohen Warte zur Eninger Weide

TOP | 4.30 Std. | 14,7 km | ↗ 280 m | ↘ 280 m

  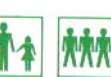

Durch das Höllenloch

Der Flugplatz Rossfeld auf dem Rossberg verleiht diesem Wanderweg seinen klangvollen Namen »hochgehflogen«. Zuvor aber erwandert man den Aussichtsturm auf der Hohen Warte und den Fohlenhof St. Johann. Durch den Wald geht es dann zur romantisch gelegenen Höllenlochhütte. Eine Alternativ-Route durch das Höllenloch ist allerdings nur für geübte und schwindelfreie Wandersleute zu empfehlen, aber der Normalweg oberhalb des tief(ab-)gründigen Höllenlochs ist problemlos zu bewältigen. Fast ein halbes Dutzend Aussichtsfelsen warten auf der weiteren traumhaften Wanderung, die mit einer Einkehr im Wanderheim Eninger Weide lockt. Im Finale führt die Tour durch den sehenswerten Gestütshof St. Johann und bringt nochmal zusätzliche Abwechslung.

Ausgangspunkt: Gestütshof St. Johann, 752 m, Parkplatz, Busanschluss. Navi: St. Johann, Gestütshof.
Anfahrt: Der Ausgangspunkt liegt im Osten von Reutlingen, zwischen Eningen unter Achalm und St. Johann.
Anforderung: Mittelschwere Genusswanderung ohne schwierige Stellen. Die Alternativ-Route durch das Höllenloch erfordert Trittsicher- und Schwindelfreiheit, kann aber auf ausgeschildertem Normalweg problemlos umwandert werden.
Einkehr: Wanderheim Eninger Weide.
Karte: LGL BW Wanderkarte W238 und W243, 1:25.000.

Der Ausgangsort am Gestütshof St. Johann.

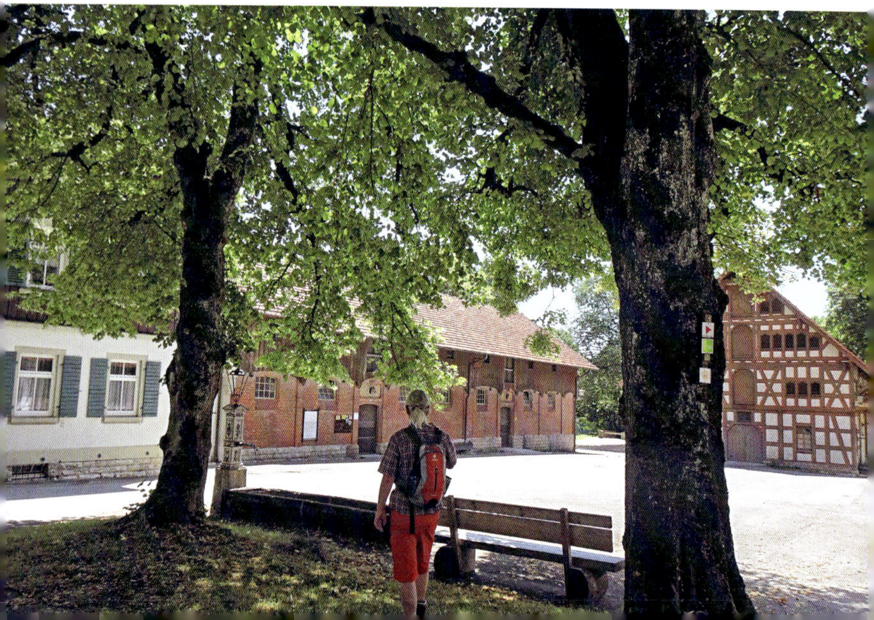

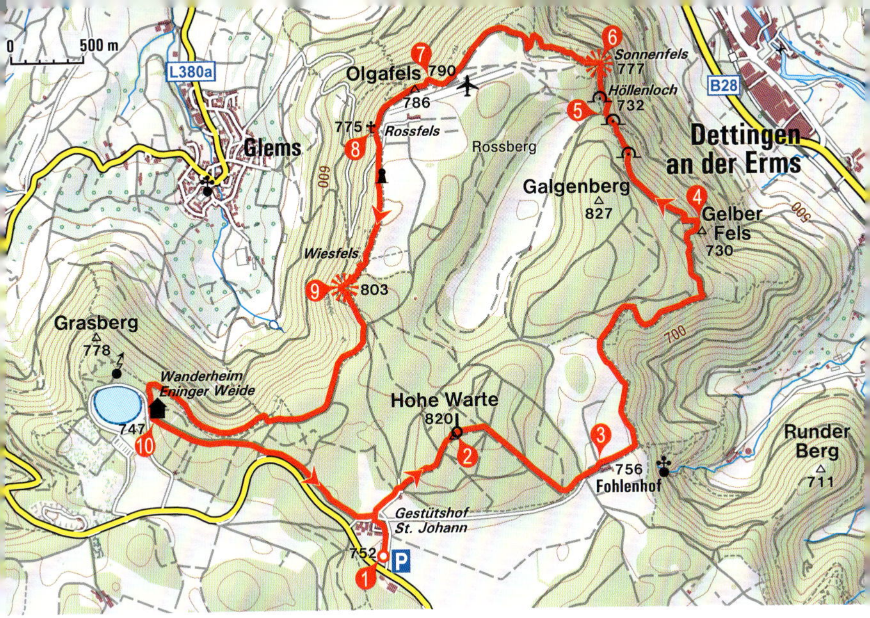

Zum hochgehflogen starten wir vom großen **Parkplatz am Gestütshof St. Johann** 1 und folgen dem Sträßchen in Richtung Norden. Wir wandern am Gestütshof vorbei und nehmen bei den Alleen den zweiten Rechtsabzweig. Zwischen Feld und Wiese geht es jetzt dem Wald entgegen, wo wir rechts versetzt zu dem Schotterweg und zur **Hohen Warte** 2 hinaufgehen.
Im Innern des 23 m hohen Turmes führen 125 Stufen hinauf und bescheren uns eine wunderschöne Aussicht. Nach der Turmbesteigung folgen wir weiter dem breiten Weg durch den Sauwald beständig geradeaus und gehen unten rechts versetzt weiter zum **Fohlenhof St. Johann** 3. Unser Weg leitet direkt durch das gepflegte Anwesen, danach gelangen wir an Pferdeweiden vorbei hinab zum Wald. Dort halten wir uns links zum schmalen Pfad, der unterhalb der Koppel weiterleitet, und gehen über Stock und Stein durch den Bad Uracher Stadtwald.
Ein erster Aussichtspunkt mit Blick ins Maisental taucht auf und bald geht es wieder am Weidezaun entlang. Rückblickend schauen wir nochmals zum Fohlenhof. Wieder im Wald bleiben wir auf relativ gleicher Höhe und achten bei der Talfurche auf den Rechtsabzweig. Oberhalb mächtiger Felsen durchwandern wir den Wald und treffen »Im Kuhteich« (754 m) auf einen Forstweg. Diesem folgen wir leicht talwärts. Nach 400 m wenden wir uns am östlichen Galgenberg halb rechts und wandern zum 200 m entfernten **Gelben**

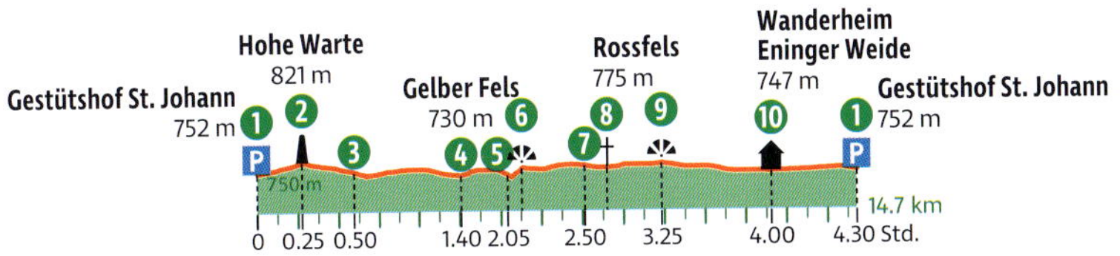

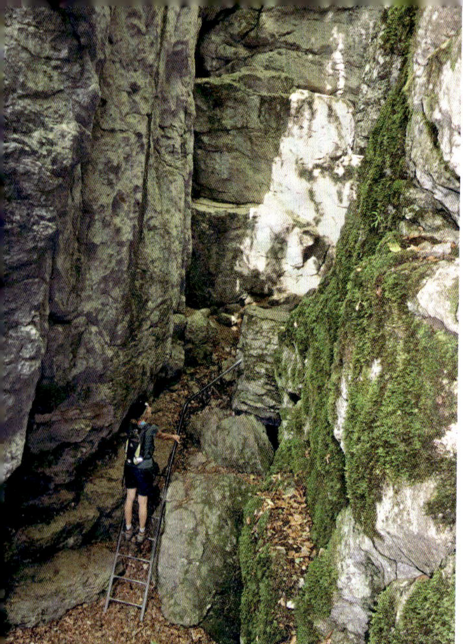

Links: die Alternativ-Route in der Höllenloch-Klamm.
Rechts: Prachtblick vom Olgafels.

Fels 4. Leider ist die Aussicht etwas zugewachsen. In Richtung Nordwesten führt der Pfad hinauf zum Forstweg, bei dem wir nun rechts gehen. Nach etwa 10 Minuten leichtem Anstieg leitet rechts ein Pfad ab ins Naturschutzgebiet und bringt uns zur 400 m entfernten **Höllenlochhütte 5**. Rechts versetzt der Hütte führt der ausgeschilderte Normalweg des hochgehflogen weiter, doch wer guten Fußes und zudem etwas abenteuerlustig ist, dem sei hier eine Alternativ-Route empfohlen! Dazu gehen wir kurz rechts auf dem breiten Weg hinab und steigen auf Eisenleitern links hinunter in die Höllenloch-Klamm. Selbst im Hochsommer ist es hier erfrischend kühl. Weiter oben treffen wir wieder auf die Normalroute und wandern rechts hinauf zum aussichtsreichen **Sonnenfels 6**. Der Blick reicht über Dettingen an der Erms und bis zu den Burgen Hohenneuffen und Teck. Nach dem Aussichtsbalkon wenden wir uns dem Waldpfad zu, der oberhalb des Albtraufs zum Großen Platz führt. Ein breiter Weg leitet über die Wiesenfläche und im kleinen Wäldchen entdecken wir einen versteckten Rastplatz. Wieder auf der Freifläche wandern wir entspannt über den Rossberg mit seinem Flugplatz Rossfeld und dem **Olgafels 7**. Im Tal erblicken wir tief unter uns Metzingen. Zahlreiche Sitzmöglichkeiten bieten sich.

Am Flugplatzrand wandern wir weiter und das nächste Highlight, der gipfelkreuzgekrönte **Rossfels 8**, erwartet uns bereits. Im Tal entdecken wir nun den Ort Glems.

Am Grillplatz vorbei queren wir ein Sträßchen und folgen dem Wiesenpfad hinauf zur Sonnenliege beim Fliegerdenkmal. In der folgenden Senke halten wir uns rechts und erkunden das felsige Gelände des Wiesfels. Nur ein paar wenige Höhen- und Wandermeter später finden wir das bewaldete Aussichtsfenster **Grüner Fels 9**. Ein breiter Weg führt durch den Forst und im Hau halten wir uns rechts dem Glemser Sträßchen zu.

Bald zweigt ein Pfad rechts ab. Wir folgen der Markierung in mehreren Wendungen zum **Wanderheim Eninger Weide 10**, direkt am Wasserspeicherbecken gelegen. Nach einer gemütlichen Einkehr leitet ein Waldweg in Richtung Südosten weiter und an sämtlichen Kreuzungen behalten wir die Richtung bei. Wenn der Wald sich öffnet, taucht der **Gestütshof St. Johann** vor uns auf. Wir gehen mitten durch das hübsche Anwesen und biegen danach rechts zum nahe gelegenen **Parkplatz 1** ab.

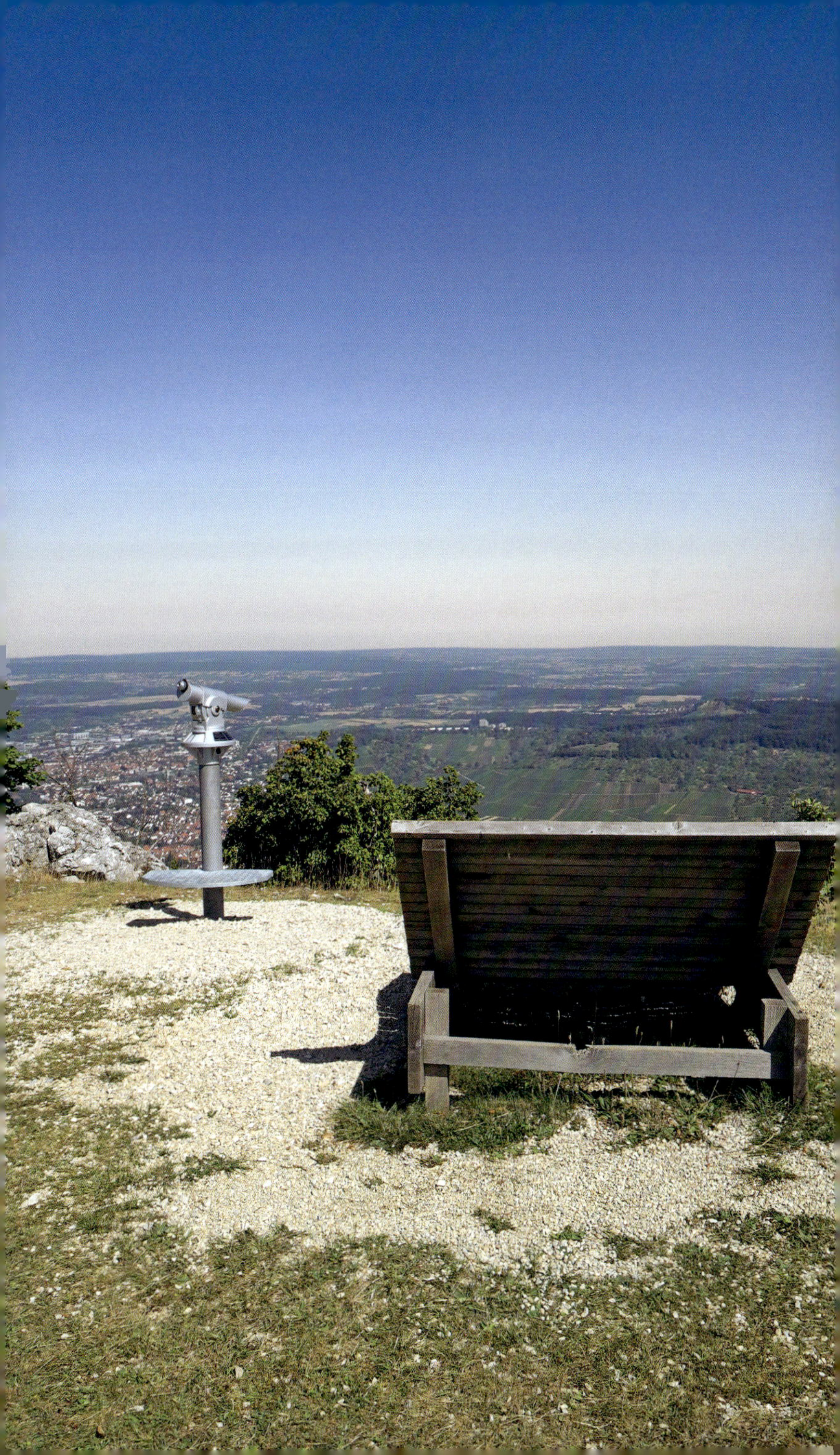

24 hochgehwachsen

Über den Markwasen zum Breitenbachsee

1.30 Std. | 6,1 km | ↗100 m | ↘100 m

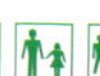

Waldbad bei Reutlingen

Das entspannte Waldwandern am Reutlinger Stadtrand stärkt nicht nur Körper, Geist und Seele, sondern befreit auch ungemein von der Alltagslast. Die alten Bäume auf dem Markwasen verleihen dieser Tour ihren Namen – und sie sind tatsächlich »hochgehwachsen« und faszinieren ungemein. Im Wald gibt es mehrere kleine Bächlein zu entdecken und erkunden. Auf der Jungviehweide und am Breitenbachsee kann man sich einfach mal für ein paar Minuten lang auf eine Bank setzen und den Alltag getrost für den Augenblick vergessen.

Ausgangspunkt: Reutlingen, 396 m, Parkplatz Roßwasen, Busanschluss. Navi: Reutlingen, Schlattwiesenstraße.
Anfahrt: Am südwestlichen Stadtrand Reutlingens, stadtauswärts nach Stadion, links der L383.

Anforderung: Nach Regenfällen können die Waldpfade etwas schmierig sein.
Einkehr: Schützenhaus, Reutlingen.
Karte: LGL BW Wanderkarte W242, 1:25.000.

Die Tour hochgehwachsen beginnen wir am südwestlichen Stadtrand von **Reutlingen** am **Parkplatz Roßwasen ❶**. In Richtung Südosten wandern wir neben dem Wald ins Grüne. Der breite Weg steigt sanft bergan. Wenn der Wald um uns dichter wird, biegen wir links zum Erkundungspfad ab und passieren das eingezäunte Gelände der Hundefreunde. Am nördlichen Parkplatz des Naturtheaters wenden wir uns nach rechts dem Pfad zu. Links erkennen wir das **Naturtheater Reutlingen ❷**, eine der größten und ältesten Freilichtbühnen im Ländle. Am linken Ende des südlichen Theater-Parkplatzes führt halb links ein Treppenweg in den Wald zu einer Vierfachkreuzung. Hier gehen wir links zum Rundweg und blicken bald nach Reutlingen. Die hochgewachsenen Bäume am **Markwasen ❸** sind namensgebend für unsere Wanderung. Entlang des Zauns gehen wir zum Damwild-Gehege und können mit etwas Glück

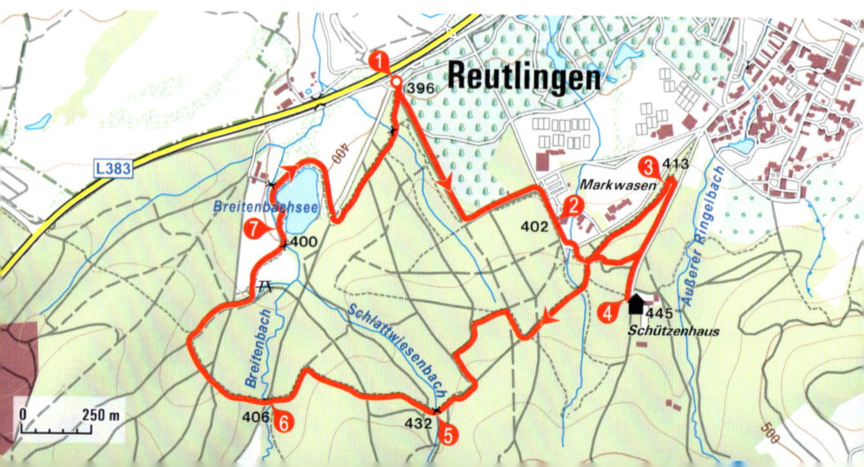

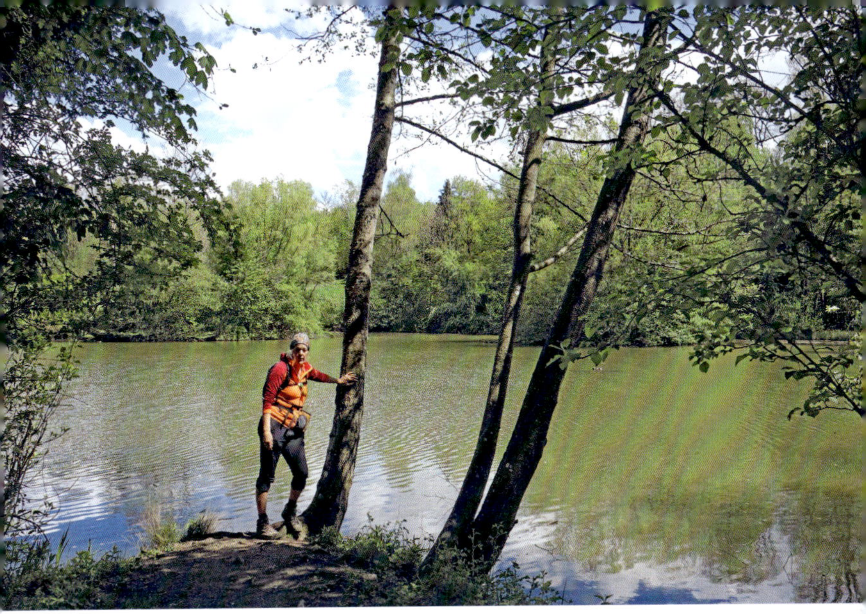

Idylle am Breitenbachsee.

die Waldtiere beobachten. Wer Hunger verspürt, wandert geradeaus weiter zum **Restaurant Schützenhaus** 4, ansonsten achtet man auf den Rechtsabzweig in den Wald. Wieder an der Vierfachkreuzung angelangt, biegen wir links ab ins lauschige Tal zu einem quirligen Wildbach. Treppen leiten hinauf, dann durchwandern wir einen wunderschönen Blättermischwald. Auf dem Forchenkopfweg biegen wir rechts ab und können uns an der Trimm-dich-Station zusätzlich sportlich betätigen. Dann geht es links hinab ins Tal und wir halten uns an der Weggabel nach dem Bach links. An den beiden folgenden Querwegen gehen wir links, überschreiten zum Hohlichtenrain eine kleine Kuppe und gehen rechts weiter. Bereits nach ein paar Schritten achten wir auf den Rechtsabzweig zur **Teufelsklinge** 5, einem wildromantischen Waldbächlein. Der schmale Pfad führt durch den wasserreichen Wald. Zahlreiche Tafeln informieren wissenswert über den Wald. Wir folgen der Markierung (auch der des HW 5) und gelangen in das **Tal des Breitenbachs** 6. Gegenüber einem Fahrweg führt der Waldpfad weiter. Am Gurgel Nord behalten wir an den beiden Querwegen die Richtung bei und biegen erst in der Senke danach rechts zum breiten Weg ab. Von einem Waldbach begleitet, führt der Klingenweg zu einer Jungviehweide. Eine Hütte und mehrere Picknickbänke bieten sich zur Pause an.

Ein traumhafter Wiesenpfad leitet hinüber zum **Breitenbachsee** 7. Entlang des linken Ufers umrunden wir drei Viertel des Gewässers und wenden uns am Seeparkplatz links dem Waldpfad zu. Problemlos gelangen wir nach etwa 10 Min. zum **Parkplatz Roßwasen** 1 zurück.

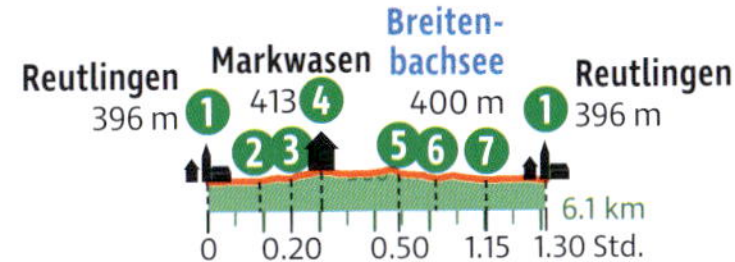

25 hochgehtürmt

Zur »Onderhos« auf dem Schönberg

TOP | 3.15 Std. | 9,6 km | ↗380 m | ↘380 m

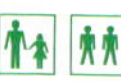

Auf den Wackerstein

Wer Waldeinsamkeit sucht, romantische Wanderpfade liebt und weite Aussichten mag, findet auf dem hochgehtürmt sein absolutes Wanderglück. Diese Traumtour im Biosphärengebiet Schwäbische Alb führt hinauf zur Felskanzel Wackerstein und danach auf den Schönberg mit seinem bekannten Turm. Topaussichten in alle Richtungen gibt es von dem Doppelturm.

Ausgangspunkt: Pfullingen, Landesziegenweide, 524 m, Parkplatz, Busanschluss. Navi: Pfullingen Ahlsberg.
Anfahrt: B 312 nach Pfullingen, Theodor-Fischer-Straße hinauf zur Straße Ahlsberg, hier ist der Parkplatz Landesziegenweide.

Anforderung: Mittelschwere, herrliche Wandertour, meist auf schmalen Pfaden.
Einkehr: Pfullingen, etwas abseits der Tour.
Karte: LGL BW Wanderkarte W242, 1:25.000.

Im Süden von **Pfullingen** beginnt der hochgehtürmt am **Parkplatz Landesziegenweide** ❶. Vor einem Zaun führt der Weg links hinauf zum Waldrand und in einer Links-Rechts-Kombination weiter zum Wegtreff unter der Kleinen Wanne, wo wir geradeaus gehen. Von dem schmalen Pfad blicken wir durch den lichten Wald auf Pfullingen. Beständig steigen wir bergwärts und gewinnen immer mehr an Höhe. Beim queren-

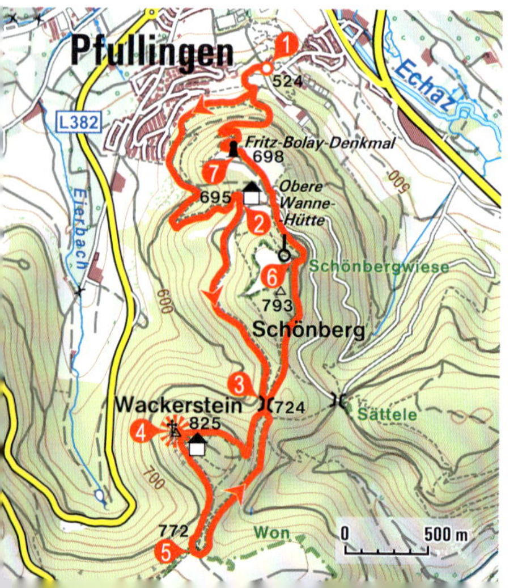

den Weg halten wir uns rechts und die Steigung lässt vorerst nach. Wenig später wenden wir uns an der Kreuzung Ahlsberg nach links und folgen der schmalen Pfadspur weiter. Wanderromantik pur. Nach einer Kehre ändert sich unsere Richtung und wir erreichen die große Wiesenfläche bei der großen **Oberen Wanne-Hütte** ❷. Wir gehen an der Hütte vorbei, folgen dem breiten Weg nach rechts und gehen in der Wanne halb links neben dem Wald in das idyllische Wiesenhochtal Maustäle. Eine schmale Pfadspur führt über die Wiese und rechts sehen wir bereits den markanten Wackerstein aufragen. Dorthin wollen wir. Dann tauchen wir wieder ein in den Wald und wandern auf beinahe gleichbleibender Höhe weiter. Ohne größere Anstrengung erreichen wir bald die historische Wegkreuzung am **Sättele** ❸. Wir behalten die Wanderrichtung bei und folgen jetzt dem 2,5 Kilometer langen Wackerstein-Rundweg entgegen dem Uhrzeigersinn. Über Waldpfade wandern wir

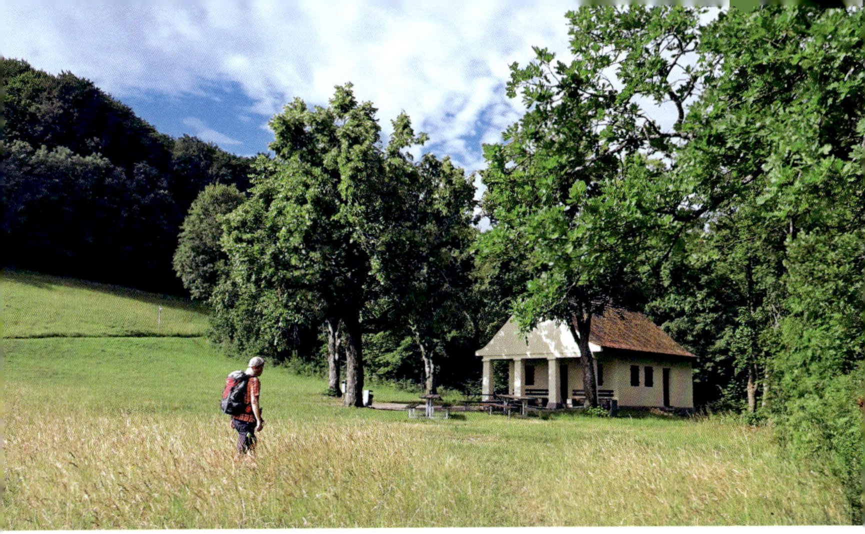

Bei der Oberen Wanne-Hütte.

hinauf, kreuzen die Wackersteinsteige und gelangen darauf zur Wackerstein-Hütte. Ein kurzer Stichweg leitet rechts hinüber auf das uralte Meeresriff, den **Wackerstein** ❹. Frei wie ein Vogel fühlt man sich auf der Aussichtskanzel, wenn der Blick weit ins Albvorland schweift. »Unseren gefallenen Bergkameraden im treuen Gedenken« steht auf dem Gipfelkreuz.

Wieder an der Wackerstein-Hütte folgen wir dem Rundweg in Richtung Südosten und verlieren auf dem steinigen Pfad am Wackersteinhang jetzt beständig an Höhe. Wir durchschreiten ein Felsentor und wandern sicher über den breiten Grat aus dem Wald zum **Naturschutzgebiet Won** ❺. Achtung aufgepasst, nach wenigen Metern bereits wenden wir uns scharf links dem Waldpfad zu! Dieser bringt uns unterhalb mächtiger Felsen auf direktem Weg wieder hinunter zum **Sättele** ❸, wo wir an dem Wanderkarten-Wegschild halb rechts gehen und wieder leicht ansteigen. Im Hinteren Maustäle bleiben wir auf dem oberen Weg und gehen beim breiten Waldweg rechts versetzt weiter zum etwa 400 m entfernten **Schönberg-Turm** ❻. Der weiß getünchte Doppelturm wird von Einheimischen liebevoll »Onderhos« (Unterhose) genannt, der Form wegen ... Auch ist besonders, dass es einen separaten Auf- und Abgang gibt. Nach 111 Stufen und 26,4 Höhenmetern blickt man von dem 1906 erbauten Turm tief hinunter nach Pfullingen, Reutlingen, Tübingen sowie sehr weit ins Albvorland. Unterhalb des Turms gibt es einen großen Picknickplatz.

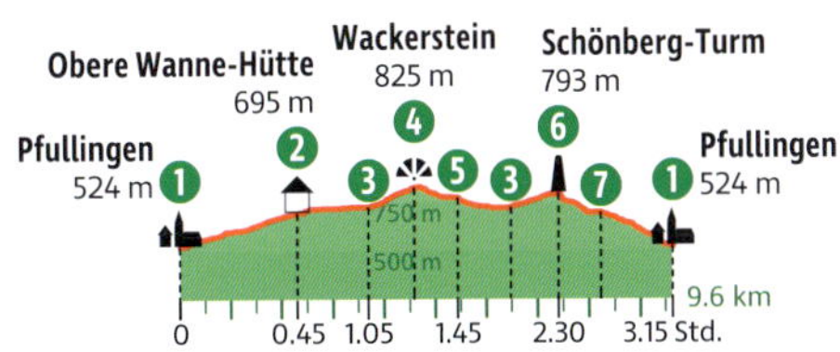

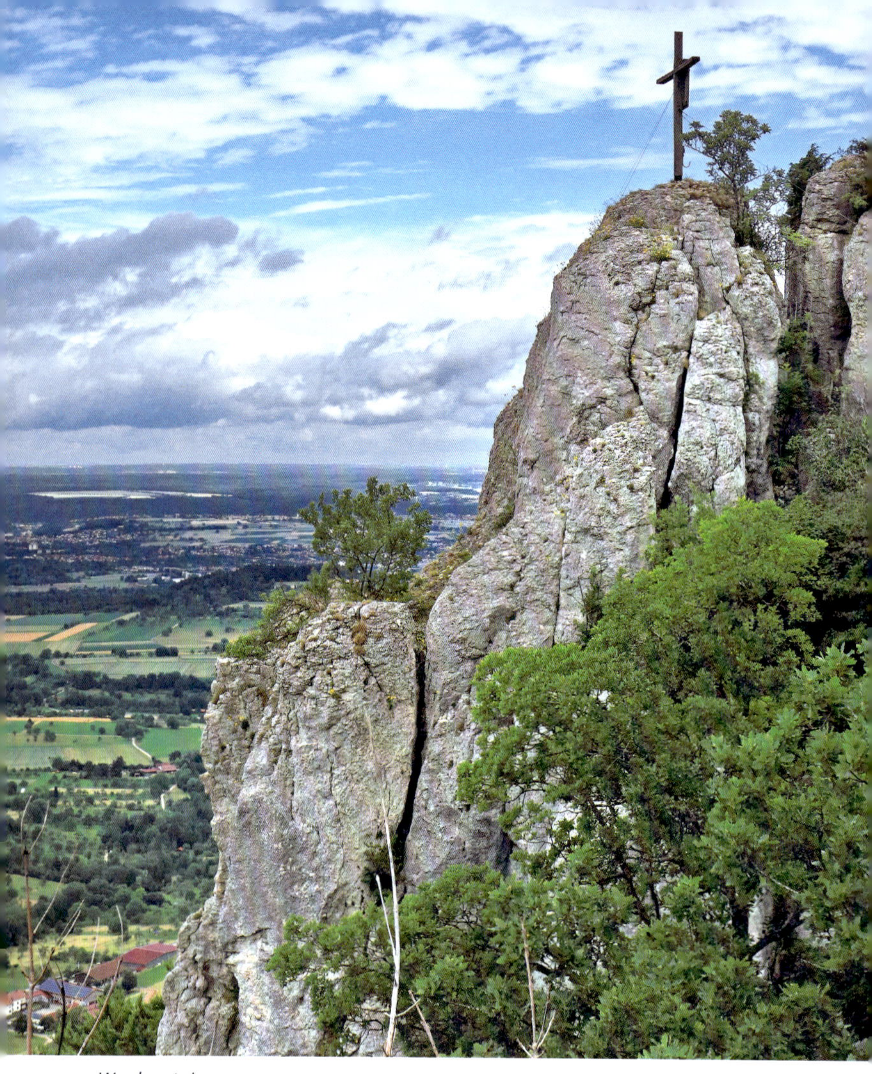

Wackerstein.

Hinter dem Turm geht's rechts im Wald hinab. Der Bergpfad ist kurz etwas steinig, stellt aber keine Probleme dar, dann erreichen wir den Parkplatz Wanne. Links erkennen wir wieder die **Obere Wanne-Hütte ❷**. Ein Wiesenpfad leitet über die ebene Wiesenhochfläche der Wanne zum **Fritz-Bolay-Denkmal ❼**, das an den Vater des Bergfestes erinnert (1886–1951).

Im angrenzenden Wald führt uns der Abstieg in mehreren Kehren den Hang hinab zur Kleinen Wanne und bald danach zum Wegtreff, den wir bereits vom Anfang kennen. Ab hier ist der Rückweg zum **Parkplatz Landesziegenweide ❶** durch den alten Baumbestand bestens bekannt. Die markante Kegelform des Berges Achalm gegenüber zieht unsere Blicke beinahe magisch an.

hochgehkämpft

Auf den Roßberg bei Gönningen

26

2.00 Std. | 4,9 km | ↗ 250 m | ↘ 250 m

Aussichtsvergnügen und Gipfelrast

Pure Waldromantik kann man beim Anstieg auf den schmalen Pfaden erleben. Bei den Roßbergwiesen bietet sich eine kleine Verschnaufpause an, bevor es zum Gipfelanstieg auf den Roßberg hinaufgeht. Nach einer Gipfelrast mit Rundblick vom Roßbergturm geht es wieder talwärts nach Gönningen.

Ausgangspunkt: Gönningen, 619 m, Parkplatz Schützenhaus, Busanschluss im Ort. Navi: Gönningen, Roßbergstraße 111.
Anfahrt: Gönningen liegt zwischen Pfullingen und Mössingen, In Ortsmitte die Roßbergstraße hinauf.
Anforderung: Die steinigen Wege verlangen Trittsicherheit und gutes Schuhwerk, vor allem bei Nässe.
Einkehr: Roßberghaus (geöffnet von Mi. bis Sa. 12–21 Uhr, auch Turm).
Karte: LGL BW Wanderkarte W242, 1:25.000.

Zum hochgehkämpft starten wir oberhalb und südlich von **Gönningen**, am **Parkplatz Schützenhaus** ❶. Neben dem Schützenhaus leiten ein paar Treppen halb links zum Waldweg, der zu einer Kreuzung hinaufsteigt. Oberhalb des Schützenhauses wenden wir uns rechts dem breiten Jägerweg zu und wandern weiter bergwärts. Bald öffnet sich oberhalb einer Viehweide der Wald und gibt einen ersten Ausblick auf Gönningen frei. Wieder vom Wald eingehüllt folgen wir weiter (an der Gabelung rechts) dem breiten Unteren Laubernweg.
Wenig später zweigt halb links ein schmaler Wanderpfad ab. Dieser

Blick auf Gönningen.

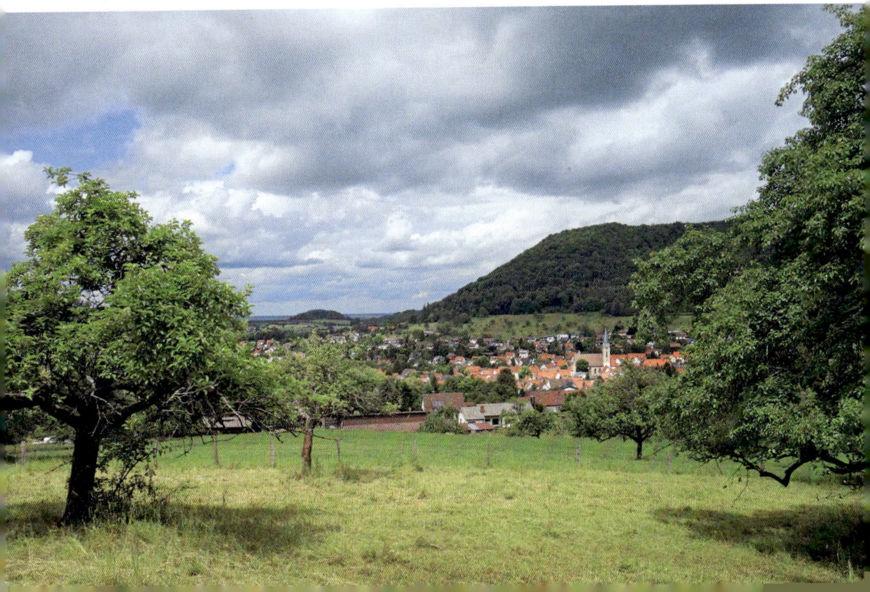

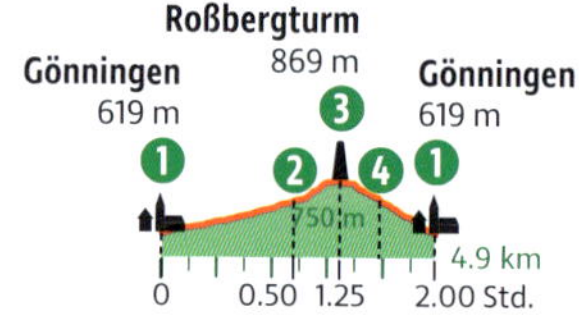

bringt uns weiter in die Höhe und kann nach Regen durchaus etwas rutschig sein. Wir durchstreifen ein riesiges Bärlauchfeld und queren kurz nach einer Wende einen Forstweg. Weiter geht es auf dem schmalen Bergpfad hinauf. Es ist etwas steinig, was Trittsicherheit verlangt. Weiter oben lichtet sich der Wald, jetzt sind wir bei den **Mittleren Roßbergwiesen ❷**.

Wir gehen rechts und wandern angenehm entlang der Roßbergwiese und durch ein kleines Wäldchen zu einer hübschen Freifläche. Hier biegen wir im spitzen Winkel links zum Schafhausweg ab. Erneut führt der wurzeldurchsetzte Bergpfad steil hinauf und bringt den Kreislauf mächtig in Schwung. Ein Weg kreuzt, wir gehen geradeaus und erreichen bald das steinerne Quenstedt-Denkmal. Von der Plattform erleben wir eine hervorragende Aussicht zum Albtrauf und ins Unterland. Zum Wanderheim Roßberghaus und dem 28 m hohen **Roßbergturm ❸** ist es lediglich noch ein Katzensprung. Der Ausblick vom Jubiläumsturm des Schwäbischen Albvereins (1913 erbaut) ist wunderschön, im Westen breitet sich der Schwarzwald aus und im Norden liegt der Schönbuch quasi zu Füßen, aber auch die Ruine Hohenneuffen und der Hohenstaufen sind auszumachen.

Beim Biergarten nimmt uns ein Waldpfad auf und wir machen uns auf den Rückweg. Dieser ist zwar etwas steinig, dafür aber wesentlich breiter als der Aufstiegsweg. Kehren leiten zu einer Waldstraße, die wir queren und wenig später öffnet sich an den **Östlichen Roßbergwiesen ❹**, wieder der Wald. Von einem hölzernen Alb-Sofa aus blicken wir zum Parkplatz Roßberg und über die weiten Wiesen, die sanft von Wäldern umrandet sind. Über den Wiesenpfad schreiten wir dem Wald entgegen und dort entscheiden wir uns für den rechten Weg. Dieser leitet neben einem Graben weiter

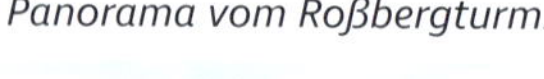

Panorama vom Roßbergturm.

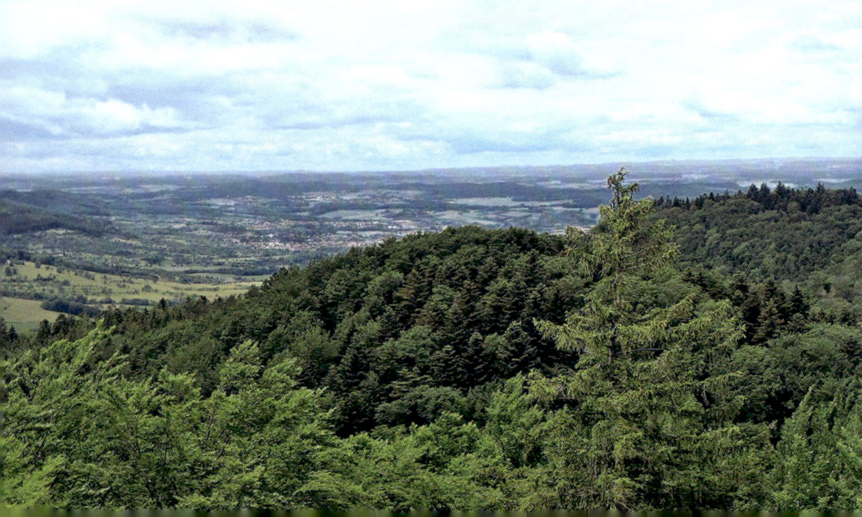

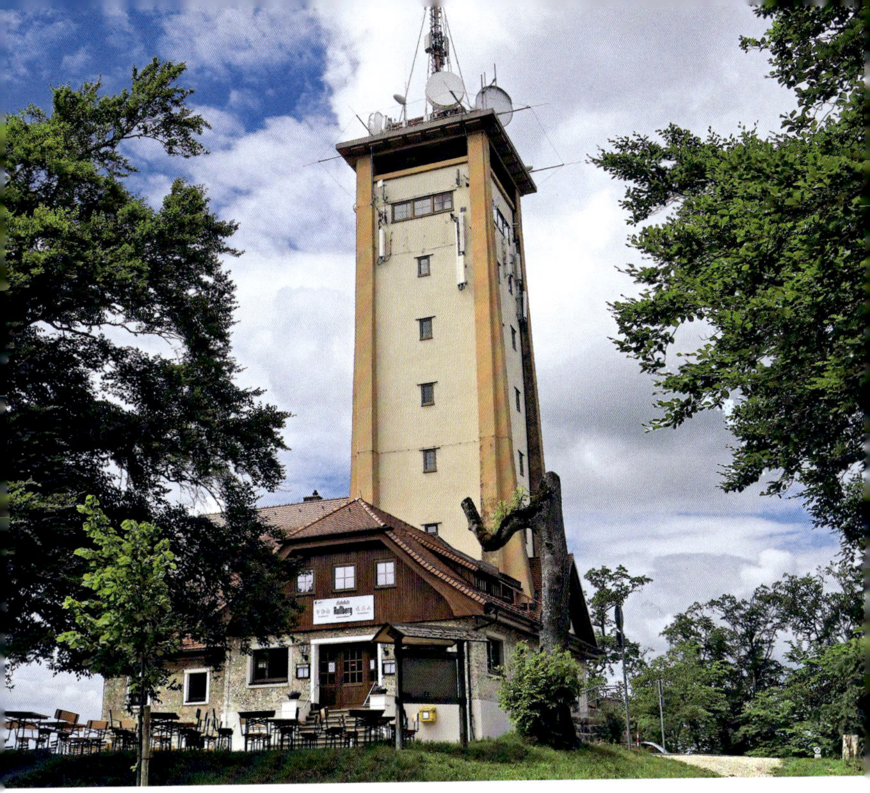

Roßbergturm und Wanderheim.

talwärts. Kurz vor einer Waldstraße biegen wir links ab und befinden uns bereits nach wenigen Schritten wieder oberhalb des Schützenhauses. Der Rückweg zum **Parkplatz Schützenhaus** in **Gönningen** ❶ ist ab jetzt bekannt.

Wissenswertes

Der Autor und Professor Friedrich August Quenstedt (1837–1889) promovierte in Tübingen, er war einer der wichtigsten geologischen Erforscher der Schwäbischen Alb.

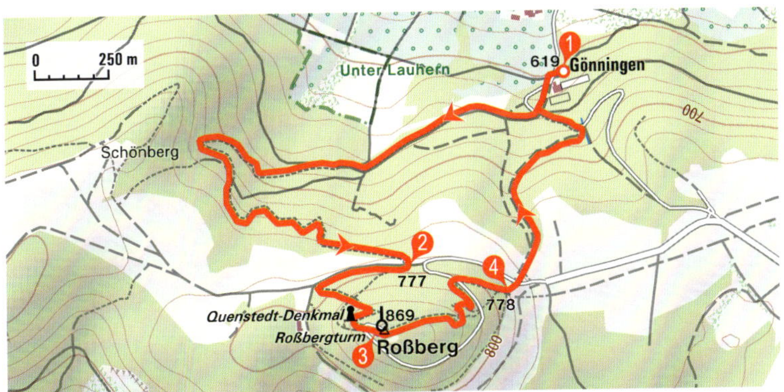

27 hochgehträumt

Zur Nebelhöhle und zum Schloss Lichtenstein

TOP | 3.30 Std. | 11,3 km | ↗ 280 m | ↘ 280 m

  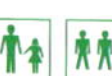

Über den Feldberg

Zwar ist der offizielle Startpunkt des hochgehlegen beim gebührenpflichtigen Parkplatz des Schloss Lichtenstein, da dieser aber häufig sehr stark frequentiert ist, ist es ratsam, die Tour vom Alternativ-Parkplatz Kalkofen zu beginnen. Schon allein die vier Kilometer lange Auffahrt über die kehrenreiche Bergstraße Gießsteinsteige versprüht einen kleinen Hauch von Abenteuer. Das nächste Highlight ist dann die bekannte Nebelhöhle, der man einen Besuch abstatten kann. Dann ist die Wanderung geprägt von idyllischen Wiesenlandschaften, aber auch einen Steinbruch gibt es zu besichtigen. Nach einem Waldabschnitt erreicht man das weithin bekannte Schloss Lichtenstein, das mit seinem weißen Turm als beliebtes Fotomotiv schon ungezählte Kalenderblätter zierte. Der Rückweg entlang des Albtraufs gibt immer wieder faszinierende Tiefblicke preis, die vor allem vom Gießstein ganz besonders sind.

Ausgangspunkt: Lichtenstein, 762 m, Parkplatz Kalkofen, Busanschluss in Lichtenstein. Navi: Lichtenstein, Buchhalde.
Anfahrt: In Lichtenstein-Unterhausen zur Buchhalde und die Gießsteinsteige hinauf.

Anforderung: Mittelschwere, aber wunderschöne Wanderung, die zum Träumen einlädt.
Einkehr: Kalkofenhütte, Nebelhöhle, Klettergarten, Schloss Lichtenstein.
Karte: LGL BW Wanderkarte W242, 1:25.000.

Umgeben von völliger Ruhe starten wir vom **Parkplatz Kalkofen ①** zum hochgehträumt und folgen der Zuwegung an der Kalkofen-Hütte vorbei. Bald treffen wir auf den Wanderweg und gehen halb links zum breiten Waldweg. Ein sanfter Anstieg führt nach 10 Min. zu einer Weggabel, bei der wir rechts gehen. Wenige Minuten später öffnet sich am Nebelhöhle-Festplatz der Wald. Halb rechts führt ein Pfad wieder in den Wald und ein Schild mit der Aufschrift »Maultaschenwirt« lässt uns hungrig werden. Bald erreichen wir die **Nebelhöhle ②**. Die Besichtigung ist optional. Wir folgen der Markierung am »Maultaschenwirt« vorbei zum Waldpfad. Nachdem wir einen Fahrweg überquert haben,

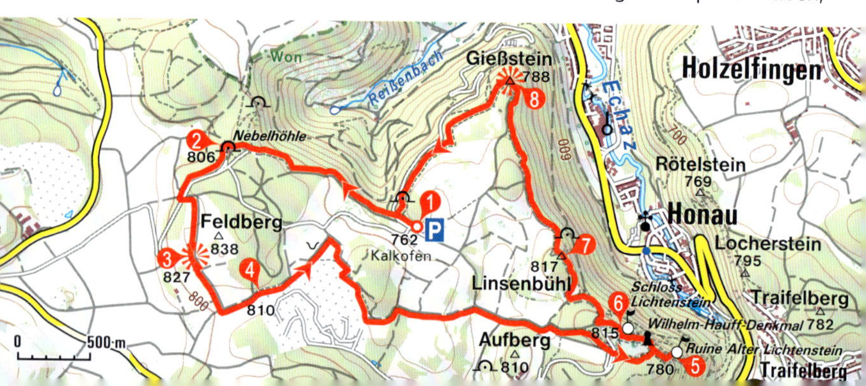

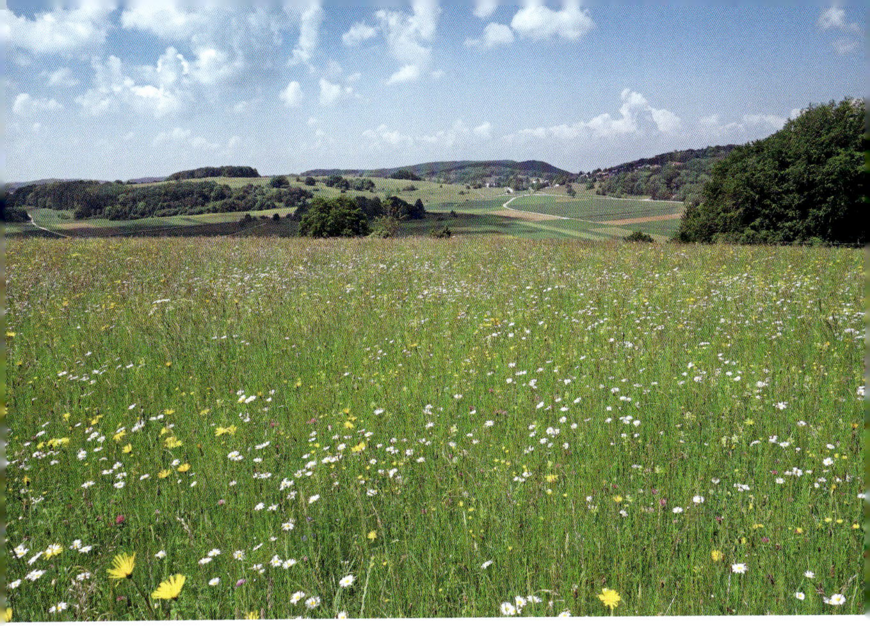

Feldbergblick.

steigen wir zwischen Wald und Feld den Feldbergweg für 100 m empor. Dann biegen wir rechts ab zum Feldweg und gelangen zum **Feldbergblick ❸**. Allerdings blicken wir nicht zum Feldberg im Südschwarzwald, sondern vom Berg über die Felder. Der Klang von zirpenden Grillen durchdringt die Stille. Die bunt blühenden Bergwiesen beeindrucken gewaltig. In der kleinen Senke des Naturparadieses wandern wir nach links und gelangen über den Wiesenpfad zum **Steinbruch ❹**. Am Zaun entlang geht es für 400 m entlang des schroffen Geländes des Steinabbaus, dann umgibt uns wieder voll und ganz die Natur. Die Wiesenspur leitet zu einem Feldweg, bei dem wir rechts gehen. Ein kurzer Anstieg führt zum Kalkofen hinauf und erneut passieren wir den Steinbruch. Dann achten wir auf den Rechtsabzweig. Bald lassen wir das emsige Treiben hinter uns und wandern hinab in den Nadelwald. Nach dem kleinen Waldstück bestimmen wieder Wiesen das Landschaftsbild. Welch eine Blütenpracht umgibt uns hier im Sommer! Beim Fahrweg gehen wir rechts und passieren bald einen landwirtschaftlichen Unterstand. An der Hüllhalde biegen wir rechts in den Wald. Der Weg steigt leicht an und wir entdecken den Waldklettergarten Abenteuer-Park. Den Parkplatz des Schlosses Lichtenstein lassen wir rechts liegen und folgen dem Weg zum Wilhelm-Hauff-Denkmal und einer geologi-

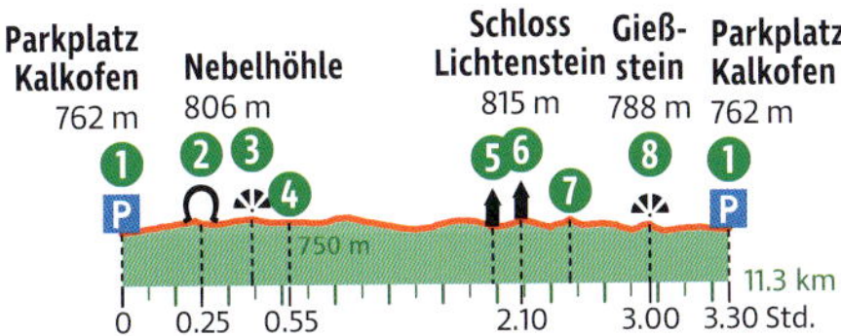

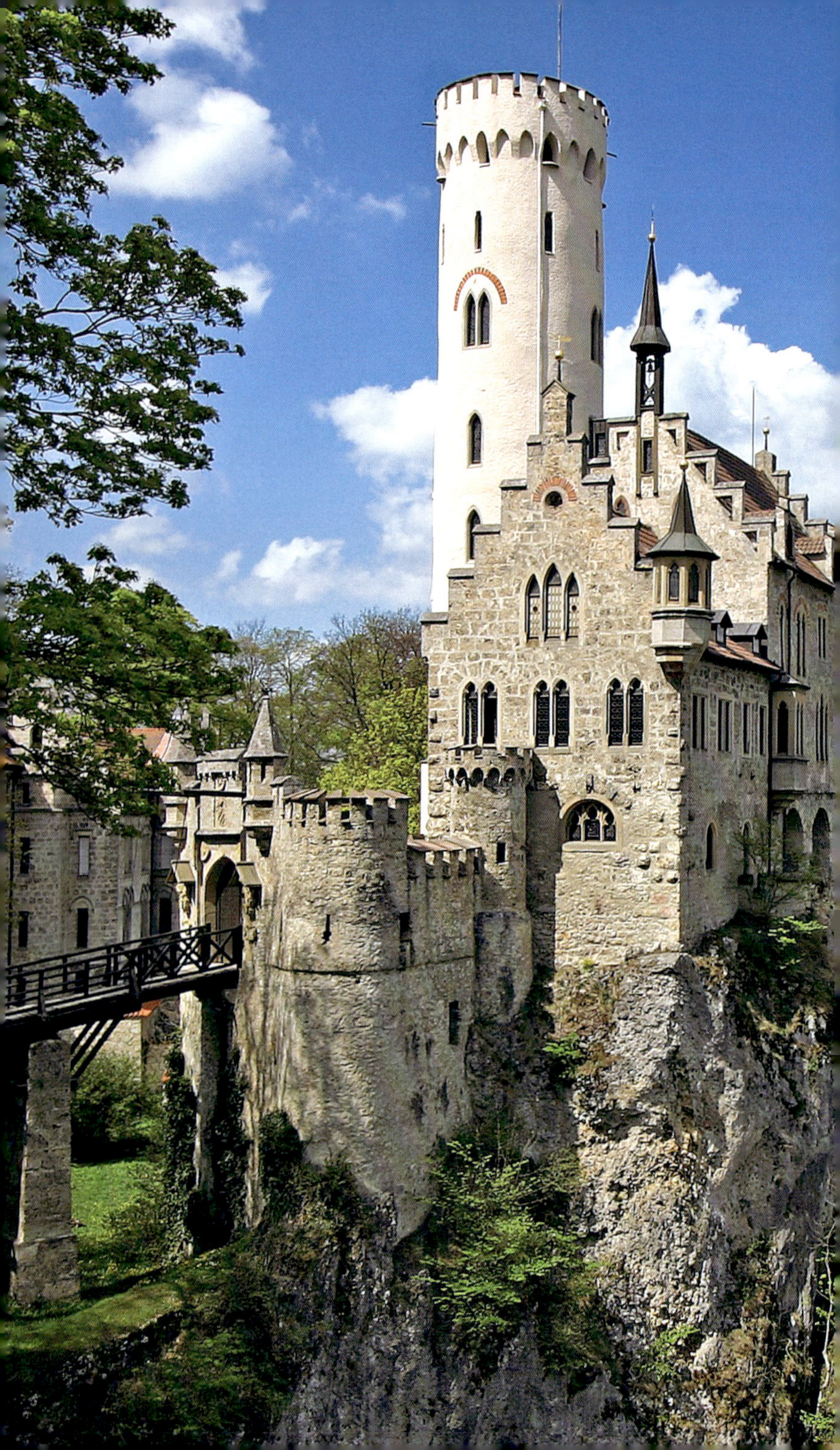

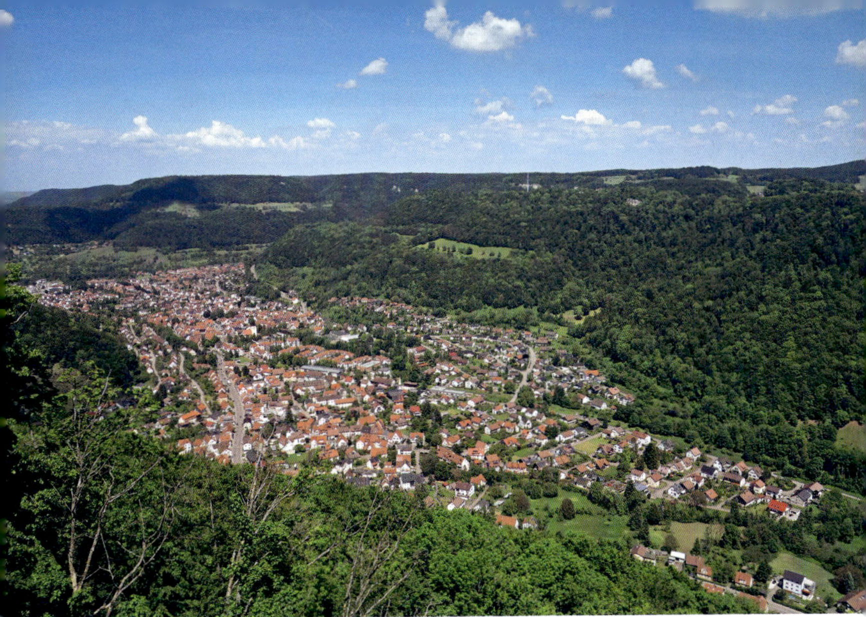

Oben: Ausblick vom Gießstein.
Links: Schloss Lichtenstein.

schen Pyramide. Jetzt können wir einen Abstecher zur **Ruine Alter Lichtenstein ❺** unternehmen. Wieder am Denkmal genießen wir eine großartige Aussicht. Dann gehen wir entlang der Mauer des **Schlosses Lichtenstein ❻** und können ihm eine Besichtigung abstatten. Bald erreichen wir das Waldcafé Altes Forsthaus und folgen dem Waldpfad hinab zur Schlösslessteige. Ein Pfad führt nun hinauf ins felsige Gelände des **Linsenbühls ❼**. Der hochgehträumt leitet nun gemeinsam mit dem HW 1 + 5 zu einer Himmelsliege. Entlang des Albtraufs erwarten uns immer wieder wunderschöne Aussichtspunkte, wie zum Beispiel vom Steigau, einer exponierten Felsnase. Ein weiterer Anstieg bringt uns zum **Gießstein ❽**, der gleich mit mehreren Panoramablicken auf den Ort Lichtenstein aufwartet. Vom Talblick fasziniert wenden wir uns dem Waldpfad zu und gehen an der Gabelung links. Nach einem Kilometer schattigem Waldpfad schließt sich die Wanderrunde und wir gehen an der Kalkofen-Hütte vorbei zum **Parkplatz ❶**.

Wissenswertes

Schon 1862 wusste Wilhelm Hauff in seinem Roman »Lichtenstein« über die Nebelhöhle zu schreiben. Die albtypische Karsthöhle entstand vor 1 bis 1,6 Millionen Jahren. Die Höhlengänge sind 450 m lang, davon 380 m begehbar. Wunderschöne Tropfsteine gibt es in dem Naturwunder zu entdecken.
Das heutige Schloss Lichtenstein wurde 1840–1842 von Herzog Wilhelm von Urach, angeregt durch Hauffs Roman, im Stil der Burgenromantik erbaut. Bis heute ist es Eigentum und Wohnsitz der herzoglichen Familie. Auch wurde das Schloss als Kulisse für eine moderne Dornröschen-Märchen-Verfilmung verwendet.

28 hochgehhütet

Auf den Münsinger Hausberg

1.15 Std. | 4,1 km | ↗ 100 m | ↘ 100 m

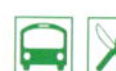

Weideschafe und Dreifelderwirtschaft am Beutenlay

Klein aber fein, so präsentiert sich der hochgehhütet, der kürzeste aller hochgehberge-Wanderwege. Doch man sollte sich hüten, diese kurze Wanderung als Spaziergang abzuwerten, denn der hochgehhütet vereint gekonnt komprimiertes altes und fast vergessenes Wissen aus dem Bereich der Landwirtschaft mit der Schafaufzucht und ursprünglicher Natur. Nach der Wanderung lohnt sich zudem ein Besuch des Münsinger Biosphärenzentrums.

Ausgangspunkt: Münsingen, 775 m, Parkplatz Hopfenburg, Busanschluss und Bahn im Ort. Navi: Münsingen, Hopfenburg.
Anfahrt: Im Südosten von Münsingen beim Campingplatz/Hofgut Hopfenburg.
Anforderung: Leichter Rundweg.
Einkehr: Schützenhaus und Münsingen.
Karte: LGL BW Wanderkarte W243, 1:25.000.

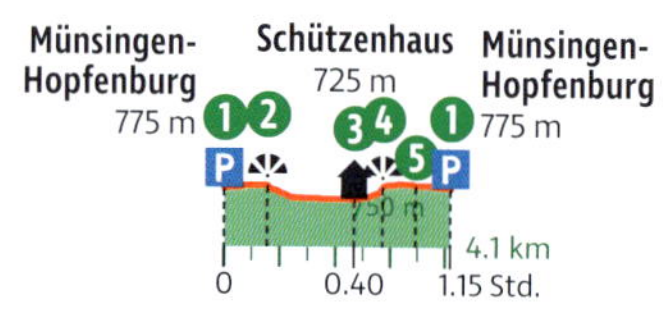

In **Münsingen** gehen wir vom **Parkplatz Hopfenburg** ❶ neben dem individuellen Campingplatz mit seinen bunten Bauwagen und Indianerzelten halb links zum breiten Wiesenpfad in den nahen Wald. Der sanfte Anstieg bringt uns zur Kuppe Hinter den dicken Buchen. Wir wandern geradeaus in die kleine Senke hinab und können mit etwas Glück Schafherden beim Weiden beobachten. Wir folgen der ausgetretenen Wiesenspur über die Weide und gelangen problemlos auf das Hochplateau des Münsinger Hausbergs Beutenlay, wo wir uns am **Heutal-Blick** ❷ erfreuen. Über die Wacholderheide steigen wir steil ins landwirtschaftliche Heutal hinab. Friedliche Stille umgibt uns. Vor dem Bahngleis wenden wir uns nach rechts und wandern parallel zu den Schienen durch das liebliche Tal. Links begleiten uns die Eisenbahn und Hutewälder, sogenannte einmähdige Wiesen, die nur einmal im Jahr gemäht werden, und rechts wechseln sich Wald und Streuobstwiesen ab.

Am Bahnübergang Wolfgartenstraße haben wir bereits die erste Tourenhälfte erwandert. Jetzt folgen wir dem festen Weg entlang der alten Bäume und blicken links zum Skilift hinüber. Nach 200 m gelangen wir zum **Schützenhaus** ❸ und biegen rechts zum Wiesenweg in den Wald ab. Vorbei an Weißdornbüschen gehen wir bergwärts. Wenn sich der

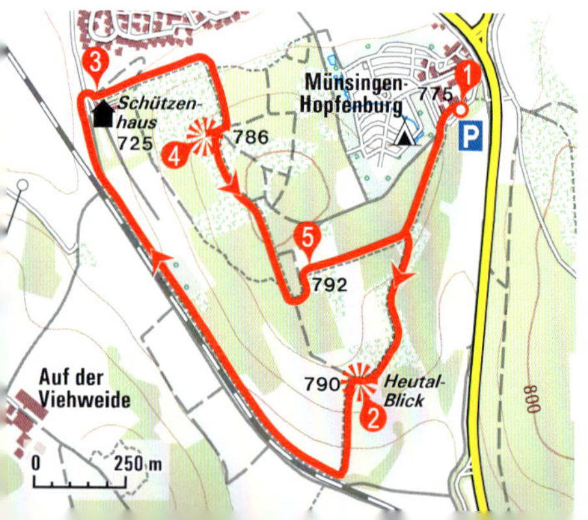

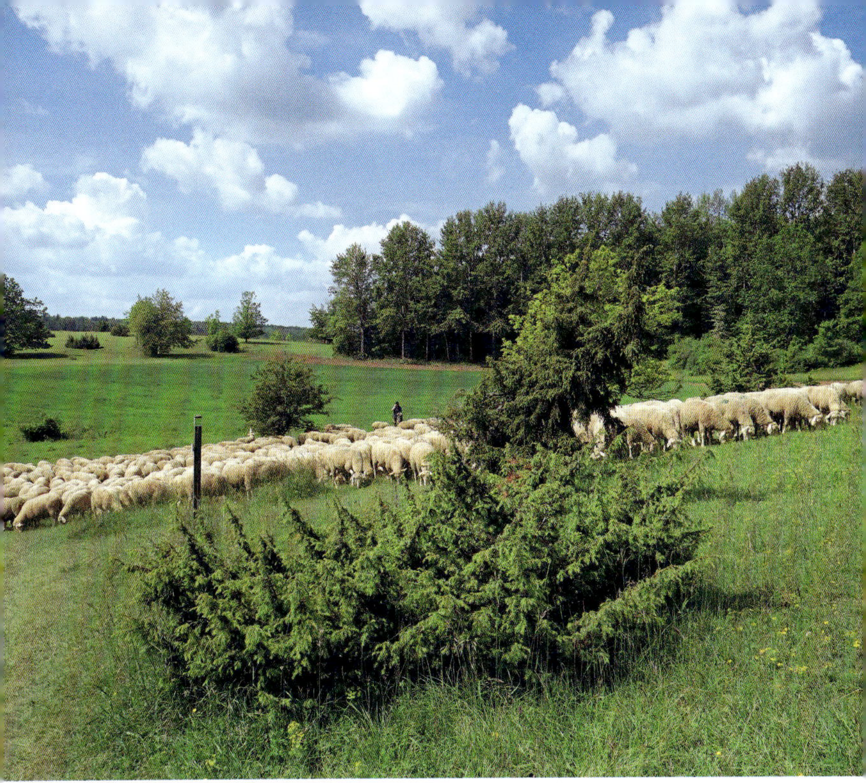

Schafherde am Beutenlay.

Wald öffnet, blicken wir links auf das Städtchen Münsingen, das sich elegant im Hochtal ausbreitet. Knorrige Buchen und Linden stehen am Wegrand und wir geben acht auf den Rechtsabzweig, der steil in die Höhe führt. Kurze Zeit später erreichen wir den hölzernen **Aussichts-Pavillon ❹**. Nach ausgiebiger Panorama-Rast wandern wir zum Wiesenpfad über den Beutenlay. Im Wald geht es weiter über den lang gezogenen Bergrücken und wir achten auf den Linksabzweig zur historischen **Dreifelderwirtschaft ❺**.

Hier können wir lernen, wie früher die Felder bestellt und bepflanzt wurden, in einer Zeit, wo das Wort Effizienz noch niemand kannte, biologische Natürlichkeit selbstverständlich und die Begriffe ökonomische und nachhaltige Landwirtschaft noch nicht in aller Munde waren. Damals wurden Hackpflanzen (Kartoffel, Mais und Futterrüben) in einem Feld, in einem zweiten Weizen, Dinkel und im dritten Feld die Frühjahrssaat Hafer und Gerste angepflanzt. Im Frühjahr pflanzte man die Sommerfrucht und im Herbst die Winterfrucht. Um die Böden allerdings nicht monoton auszunutzen, wurde der Anbau auf den Flächen rotiert. Auch lag zwischendurch ein Acker zur Regeneration brach.

Mit altem und neuem Wissen machen wir uns auf den Weg in Richtung Nordosten, um wieder zu dem Standort Hinter den dicken Buchen zu gelangen. Ab hier ist der Rückweg zum **Parkplatz Hopfenburg ❶** nun bestens bekannt.

29 hochgehsprudelt

Um den Gomadinger Sternberg

2.45 Std. | 8,7 km | ↗300 m | ↘300 m

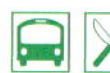  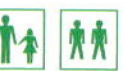

Wandern, wo sich Fuchs und Hase »Guten Tag« sagen

Beim hochgehsprudelt entsteht leicht der Eindruck, dass man im Zickzack um den Gomadinger Sternberg wandert. Dem ist tatsächlich so, aber das hat auch den entscheidenden Vorteil, dass die Tour problemlos verkürzt werden kann. Große Teile des hochgehsprudelt sind von weicher Landschaft geprägt. Dabei ist die typische Wacholderheide maßgeblich beteiligt. Der Ausblick vom Schwäbische-Alb-Panorama wird lediglich vom Sternbergturm übertroffen. Kurz nach dem Wanderheim führt der Rundweg zum weithin bekannten Sternen-Brünnele, aus dem für diesen Landstrich untypisch Wasser hochsprudelt.

Ausgangspunkt: Waldparkplatz Braikestal, 736 m, Parkplatz. Navi: Gomadingen, Hauptstraße.
Anfahrt: In Gomadingen Hauptstraße Richtung Westen, 1,8 km nach Ort links Parkplatz Sternberg links versetzt weiter zum Waldparkplatz.
Anforderung: Ein abwechslungsreicher Mix aus Auf- und Abstiegen.
Einkehr: Wanderheim Sternberg.
Karte: LGL BW Wanderkarte W243, 1:25.000.

Gomadingen-Panorama vom Sternbergturm.

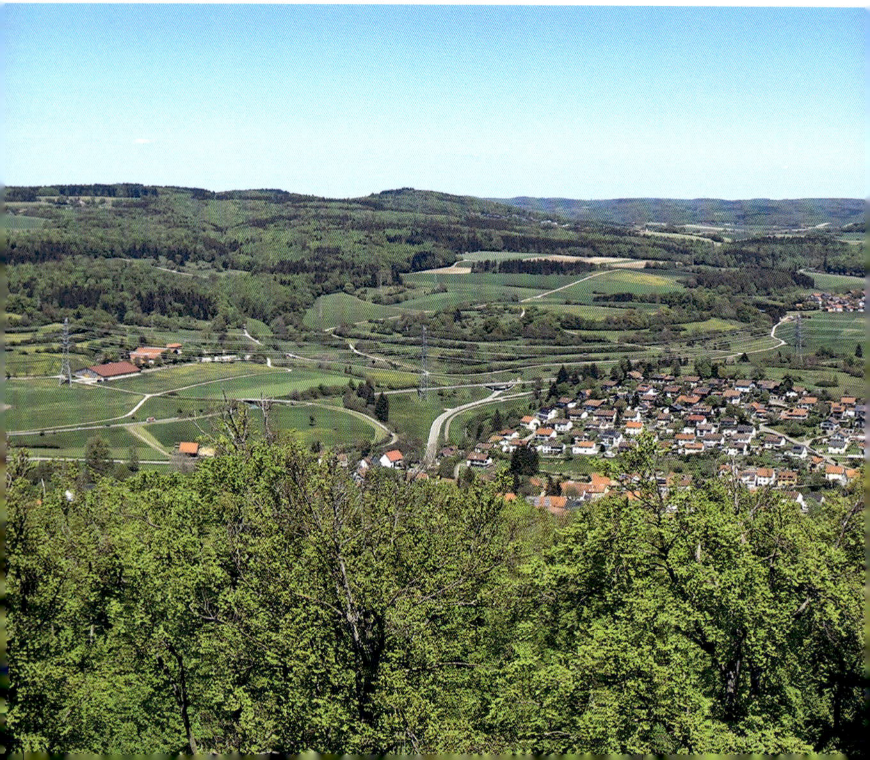

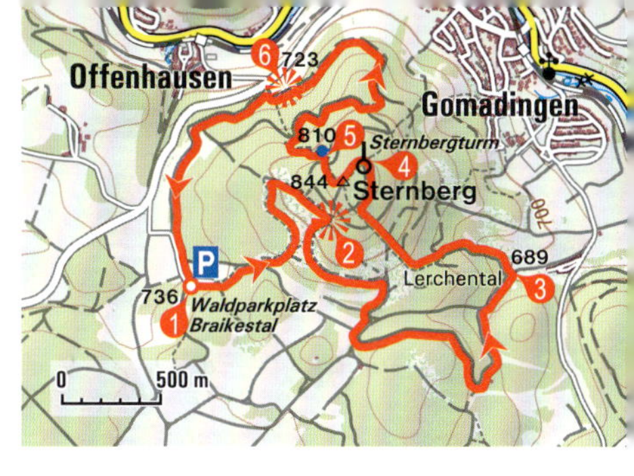

Vom **Waldparkplatz Braikestal** ❶ wandern wir in Richtung Osten zum Waldpfad. Die Markierung führt in einer Rechts-links-Kombination hinauf zu einer ursprünglichen Wacholderheide, in der noch die selten gewordene Heidelerche brütet. Nach einem Grillplatz halten wir uns links, folgen der Wiesenspur durch die Heidelichtung zum Sternberg-West und gehen rechts. Tiefe Stille umgibt uns, nur noch das durchdringende Grillenzirpen und Vogelgezwitscher sind zu hören. Mit jedem neuen Schritt zum **Schwäbische-Alb-Panorama** ❷ verbessert sich zusehends die Aussicht. Mehrere Sitzmöglichkeiten bieten sich an.

Vor dem Wald biegen wir rechts ab, gehen talwärts und wenden uns nach 150 m nach links. Die ausgetretene Wiesenspur und die grünen Wegweiser leiten rechts hinab zum Waldrand. Hier gehen wir links und kurz darauf im Christigreut rechts. Nach

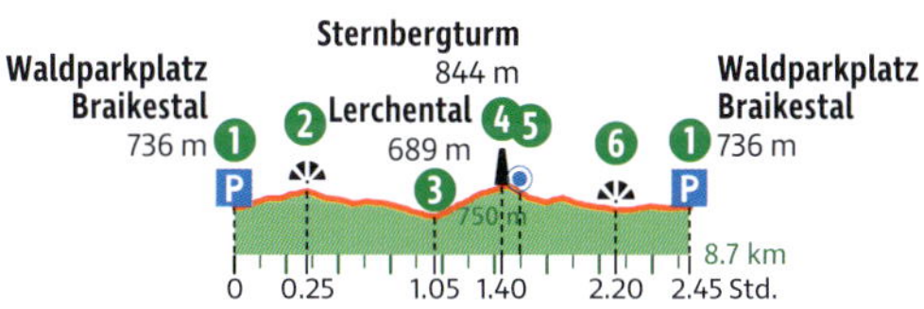

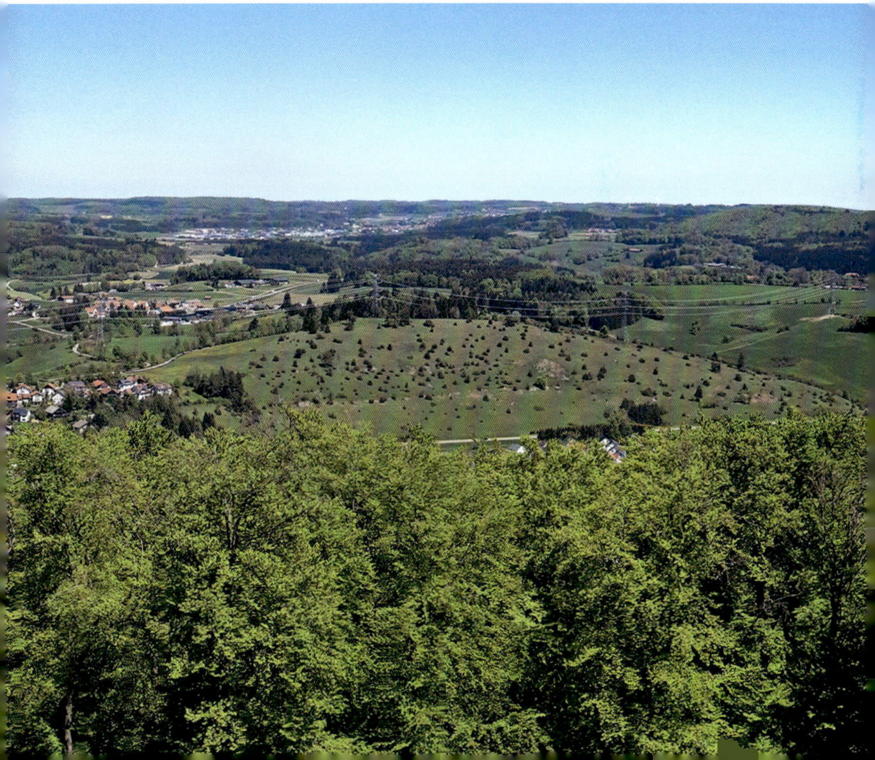

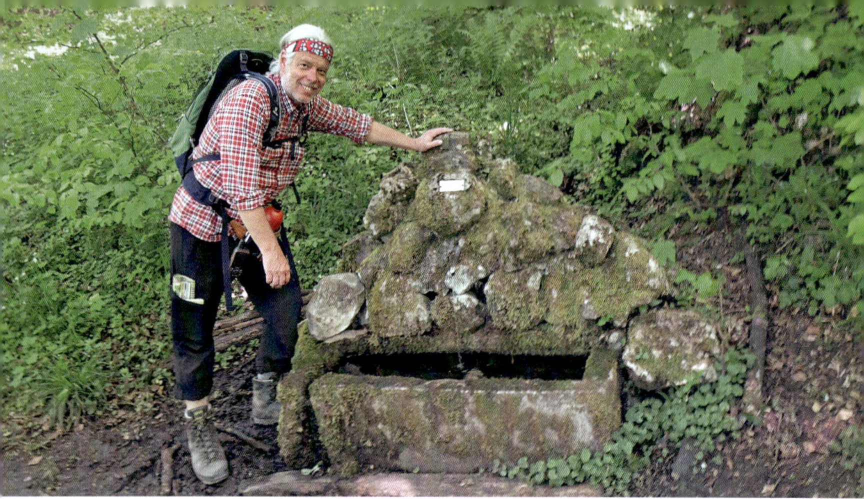

Am Brünnele.

kurzer Asphaltstrecke wandern wir links in den Wald hinein. Das grüne Laubdach der Buchen spendet an Sonnentagen angenehmen Schatten. Am Altenberg folgen wir der Linkskurve hinab ins Hennental, wo sich der Wald nun rechtsseitig öffnet. Weiter geht es ins großartige **Lerchental ❸**. Wir wenden uns nach links und der Weg führt bald in den Wald. Nach 300 m achten wir auf den steilen Linksabzweig. Der Waldpfad bringt uns wieder hinauf zur Wacholderheide. Am oberen Heiderand betreten wir erneut den Wald und biegen dort zum zweiten Forstweg rechts ab. Wir erreichen den **Sternbergturm ❹**. 142 Holzstufen führen auf stolze 32 Meter hinauf. Oben lassen sich vier Holzfenster öffnen und geben die Sicht über die Kuppenalb frei. Gomadingen liegt uns zu Füßen. Über den Albtrauf und die Flächenalb hinweg kann der Blick an besonders klaren Tagen bis zu den Alpen reichen. Hungrige können nun im Wanderheim Sternberg einkehren. Hinter dem Gasthaus leitet ein steiler Waldpfad hinab zum Sternen-Brünnele, das die Einheimischen nur **Brünnele ❺** nennen. Das hochge(h)sprudelte Brünnele-Wässerle ist namensgebend für diese Wanderung. Im weiteren Serpentinenabstieg entdecken wir interessante Felsformationen. Beim Forstweg halten wir uns rechts und achten im Anstieg auf den Linksabzweig. In der südlichen Wanne gehen wir nach 100 m erneut links. Wenn sich nach 400 m der Wald talseitig öffnet, blicken wir über weite Weideflächen und ins Große Lautertal. Nach einem weiteren Waldabschnitt gibt es den nächsten **Ausguck ❻**, diesmal auf Offenhausen. Unter der Steige gehen wir über der Offenhauser-Allee links zum Waldweg und am folgenden Verzweig rechts. Der Wald lichtet sich und neben saftig grünen Wiesen schlängelt sich der hochgehsprudelt zum **Waldparkplatz ❶** zurück.

Wissenswertes

Auch geologisch ist der Sternberg nicht uninteressant, sein bewaldeter Gipfel ist aus Weißjura-Massenkalk aufgebaut und am Nordwesthang ist ein Maartrichter mit etwa 300 m Durchmesser, aus dem das Sternen-Brünnele entspringt.

hochgehgrenzt
Alpiner Pfad am Schachenberg

2.00 Std. | 6,1 km | ↗160 m | ↘160 m

Abwechslung pur im Großen Lautertal

Anfangs führt der hochgehgrenzt ein längeres Stück entlang an Wiesen und Feldern, was aber zwangsläufig bedeutet, dass es hier im Hochsommer schattenlos ist und es durchaus recht heiß werden kann. Im Langen Tal durchwandert man dafür einen schattigen Wald und gelangt nach Bichishausen ins Große Lautertal. Ein uriger alpiner Pfad führt auf den Schachenberg hinauf, der mit seiner gigantischen Aussicht keine Wanderwünsche offen lässt.

Ausgangspunkt: Parkplatz Reichhartsberg, 743 m, Parkplatz, Busanschluss in Bichishausen. Navi: Bremelau, Hundersinger Straße.
Anfahrt: Im Südwesten Münsingens B465 nach Bremelau, dann die K6771 für 2,4 km nach dem Ort und links zum Parkplatz, der nach weiteren 900 m Feldweg folgt.
Anforderung: Trittsicherheit, herrliche Naturlandschaft mit alpinem Pfad am

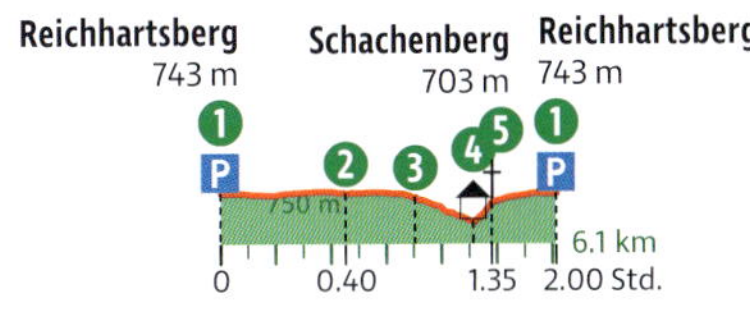

Schachenberg.
Einkehr: Keine Einkehrmöglichkeit.
Karte: LGL BW Wanderkarte W243, 1:25.000.

Auf dem Schachenberg.

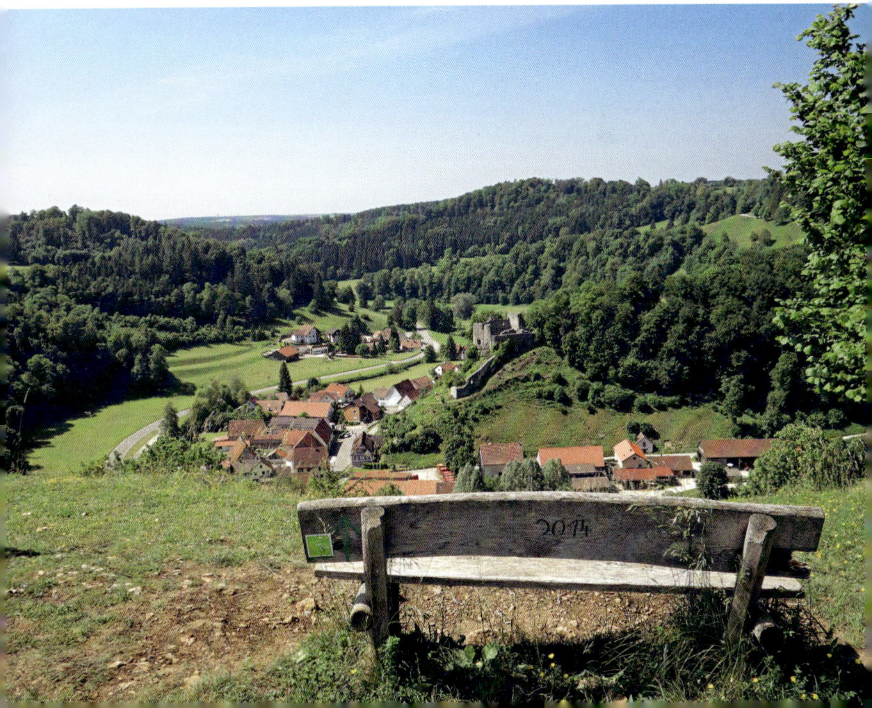

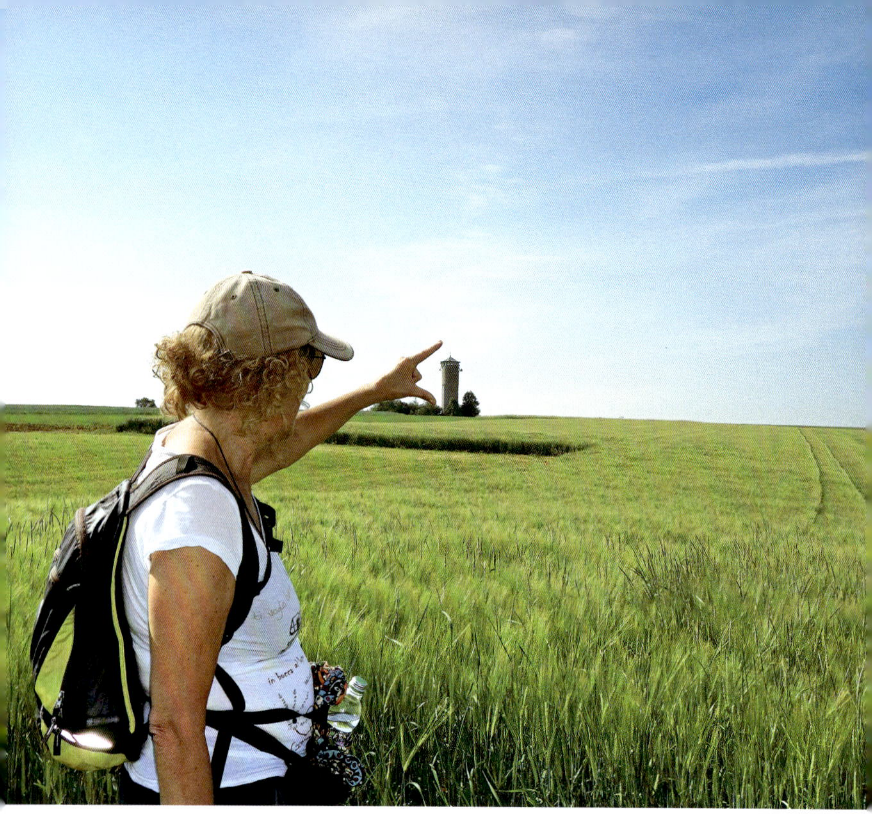

Den Wasserturm im Visier.

Vom **Parkplatz Reichhartsberg ❶** wandern wir zum Feldweg in einer Linkskurve hinauf zur Kuppe und wenden uns danach am Waldeck links. Während wir unterhalb des flachen Reichhartsbergs in Richtung Nordosten gehen, bestimmen Wiesen und weite Felder den Landschaftsblick.

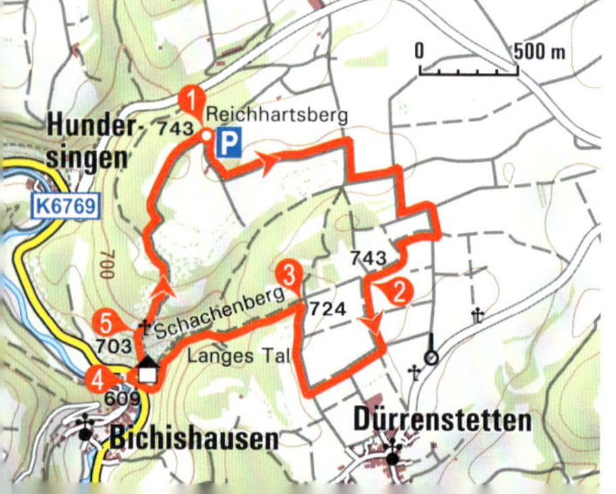

Nach 10 Minuten biegen wir in den Sandgruben rechts ins kleine Tal ab. Noch vor dem Wald wenden wir uns links und durchwandern weiterhin friedliches und unbesiedeltes Land. Im Zickzack folgen wir den Wanderwegs-Markierungen über die Feldwege und gehen dabei rechts, links und wieder rechts. Der markante Wasserturm sticht dabei ins Auge. An den Bilwisshochäckern Ost wandern wir neben einer Hecke rechts zum weichen Wiesenpfad. Dieser schlängelt sich hin zu einem Feldweg, der uns zur Sitzbank und dem **Grenzstein Zwischen den Grenzen ❷** bringt. Der Feldweg windet sich nach links und auf Höhe des Wasserturms erkennen wir vor uns die Häuser von Dürrenstetten. Hier biegen wir an

den Störräckern Süd rechts ab. Im Sommer wächst hier unglaublich viel roter Klatschmohn. Wir achten bewusst auf die unscheinbaren Bodenmarkierungen und wandern erst geradeaus und dann rechts zum Feldweg. Am Roßeisen verlieren wir nun leicht an Höhe und halten uns am **Münsinger Weg** ❸ links in den Nadelwald. Nun steigen wir bergab ins Lange Tal. Am querenden Weg gehen wir nach links talwärts. Der felsige Steilhang rechts zieht all unsere Blicke wie magisch auf sich. Das Tal weitet sich und wir erreichen im Großen Lautertal das **SAV-Wanderheim Bichishausen** ❹.

Zwischen dem Wanderheim und Feuerwehrhaus leitet ein alpiner Pfad steil bergwärts. Im felsigen Gelände ist Trittsicherheit durchaus erforderlich. Immer wieder bleiben wir stehen und blicken fasziniert ins Tal hinab und hinüber zur alten Ruine. Wunderschön! Rechts sehen wir nochmals über die Felsen ins Lange Tal und links ins Große Lautertal. Die Fahrzeuge unten auf der Talstraße sehen aus wie kleine Spielzeugautos. Etwas mühsam gewinnen wir weiter an Höhe, doch die Begeisterung für die fantastische Aussicht ist dabei stets unser Antrieb und Schwung.

Oben auf dem **Schachenberg** ❺ können wir uns auf einer Sitzbank ausruhen. In dieser Aussichtslage schmeckt das mitgebrachte Rucksackvesper gleich doppelt so gut.

Wandertechnisch ist nun das Schwierigste geschafft. Wir folgen dem nur noch leicht ansteigenden Weg und erkennen auf der Heidefläche alte Steinmäuerchen und ein paar vereinzelte knorrige Bäume. Am Steinriegel gehen wir rechts und gelangen ohne nennenswerte Anstrengung zum Grillplatz und unserem **Parkplatz** ❶ zurück.

Steil geht es auf dem alpinen Pfad hinauf.

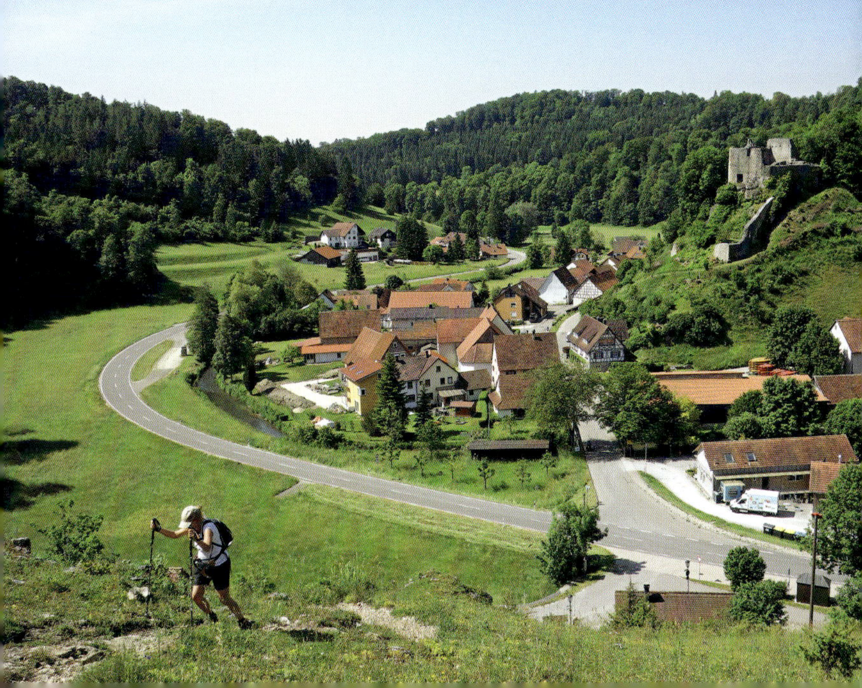

31 hochgehbürzelt

Traumaussicht vom Bürzel

1.30 Std. | 3,9 km | ↗120 m | ↘120 m

Dorfidylle in Gundelfingen

hochgehbürzelt, das heißt hoch zum Bürzel hinaufwandern und den Alltagsstress drunten im Tal lassen. Vom Bürzel fällt der Blick tief hinab ins große Lautertal nach Gundelfingen. Aufgrund der kurzen Tourenlänge ist der hochgehbürzelt der perfekte Wanderweg für einen traumhaften Sonntagnachmittag.

Ausgangspunkt: Bichishausen, 715 m, Parkplatz Steighof, Busanschluss im Tal. Navi: Bichishausen, Ehestetter Weg.
Anfahrt: Von Bichishausen den Ehestetter Weg 1,5 km hinauf zum Steighof.

Anforderung: Wunderschöne, aber kurze Wanderung, am Bürzel schmaler Waldpfad.
Einkehr: Gundelfingen.
Karte: LGL BW Wanderkarte W243, 1:25.000.

Vom **Wanderparkplatz Steighof ❶** gehen wir rechts an der Klammenkreuz-Hütte vorbei und folgen in einer Linkskurve dem Teerweg hinab in den Wald. Dort führt ein breiter Schotterweg in Richtung Norden talwärts. Wenn der Wald sich öffnet, wandern wir neben Weideflächen zum **Schlossberg ❷** und wenden uns scharf nach rechts. Der nun folgende Weg ist zunächst von Hecken flankiert und wirkt durch seinen Grasbewuchs wie Balsam für unsere Füße. Nach der Hecke blicken wir links ins Große Lautertal, das mit seinen Felsen gegenüber besticht. Links zurückblickend erkennen wir den Ort Bichishausen mit seinem markanten zwiebelförmigen Kirchturm.

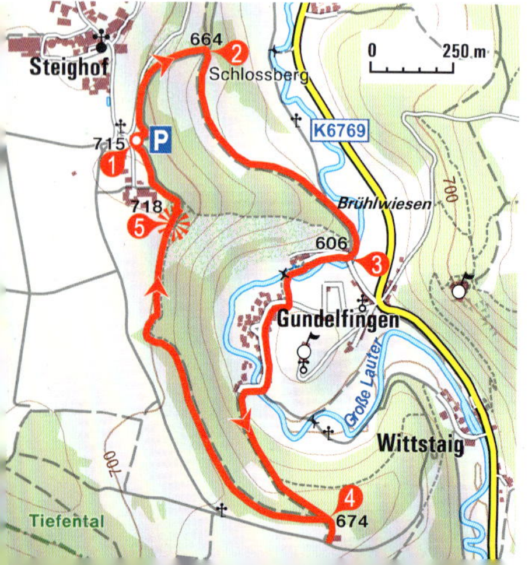

Gemütlich und genüsslich schreiten wir in den Talgrund zu den Brühlwiesen. Hier behalten wir die Richtung bei und gehen neben der Großen Lauter nach **Gundelfingen ❸**. Im Ort halten wir uns rechts und an der folgenden Gabelung links. Beim landwirtschaftlichen Anwesen kann man Anfeuerholz erwerben.

Ein schmaler Pfad leitet danach hinab zum Bach, den wir über einen Holzsteg überqueren. Die romantische Aue lädt geradezu zum Verweilen ein. Bei der Hausnummer 18 gehen wir rechts weiter in das lieblich wirkende Dorf und haben irgendwie das Gefühl, dass hier der Stress und die Hektik überhaupt noch nicht angekommen sind. Immer wieder ziehen Reiter an uns vorüber. Im Bauhof-Stüble können wir gepflegt einkehren, dann folgen wir der Mat-

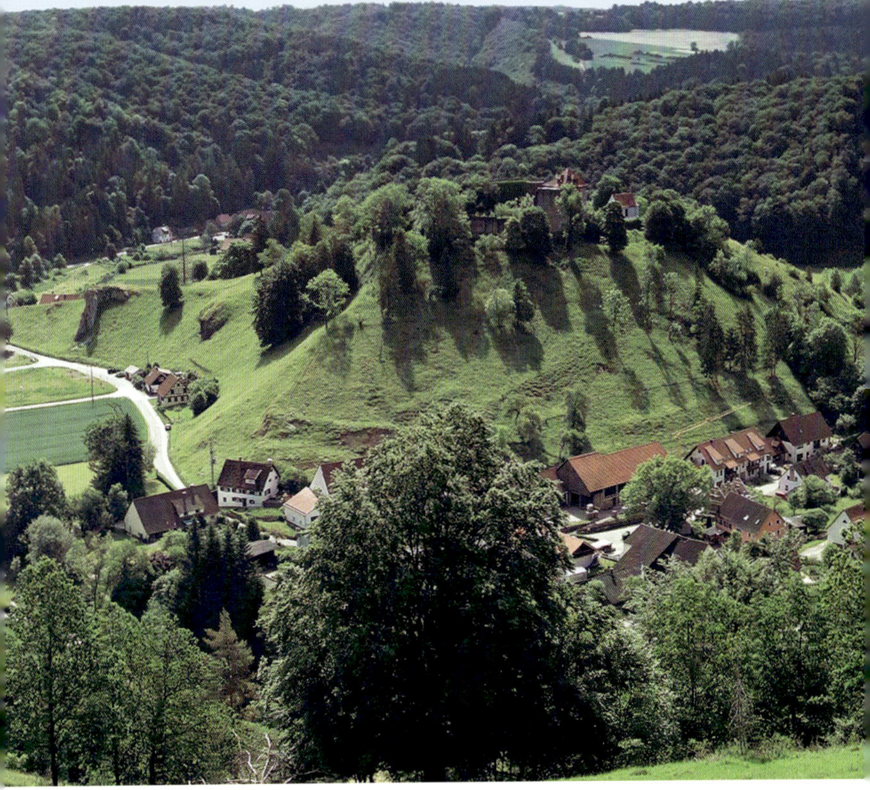

Abb. oben: Traumhafte Aussicht vom Bürzel.
Abb. S. 120/121: In Gundelfingen an der Großen Lauter mit Blick zum Bürzel.

thias-Erzberger-Straße und blicken links hinauf zur Ruine Niedergundelfingen. Leider lassen wir die Dorfidylle jetzt hinter uns und überqueren An der Dölle erneut die rauschende Lauter. Ein mit Gras bewachsener Pfad führt in Richtung Süden hinauf in den Wald. Mit jedem neuen Schritt gewinnen wir wieder an Höhe, aber die Waldkühle erfrischt ungemein. Am **Herrenhau** ❹ folgen wir dem Stichweg aus dem Wald und bewundern die Hochalbfläche. Zurück am Herrenhau geht es halb links durch den Mischwald. Jetzt verschmälert sich der anfangs breite Weg und mutiert zu einem abenteuerlichen Waldpfad, der neben einer Schlucht über Holztritte in die Höhe führt. Am Tellerhau vorbei erreichen wir den aussichtsreichen **Bürzel** ❺. Wunderschön ist der Blick über die steile Wiese ins Große Lautertal hinab nach Gundelfingen und zur gut erhaltenen Ruine Niedergundelfingen sowie zur Ruine Hohengundelfingen hinüber. Auf Sitzbänken und einer Holzliege können wir ausgiebig relaxen. Einfach nur schön. Nach der traumhaften Aussicht folgen wir dem breiten Weg und gelangen bereits nach 300 m wieder zurück zum **Wanderparkplatz Steighof** ❶.

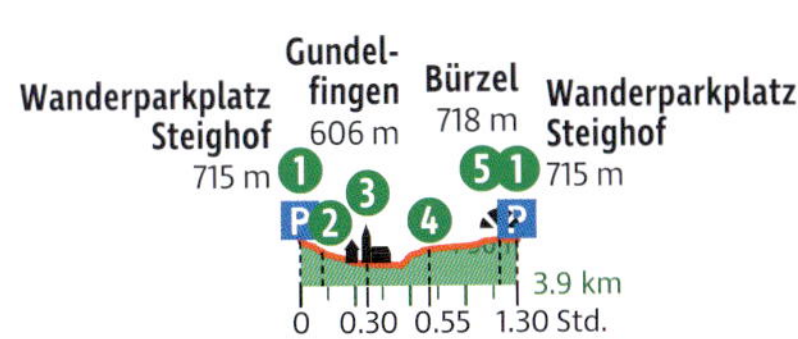

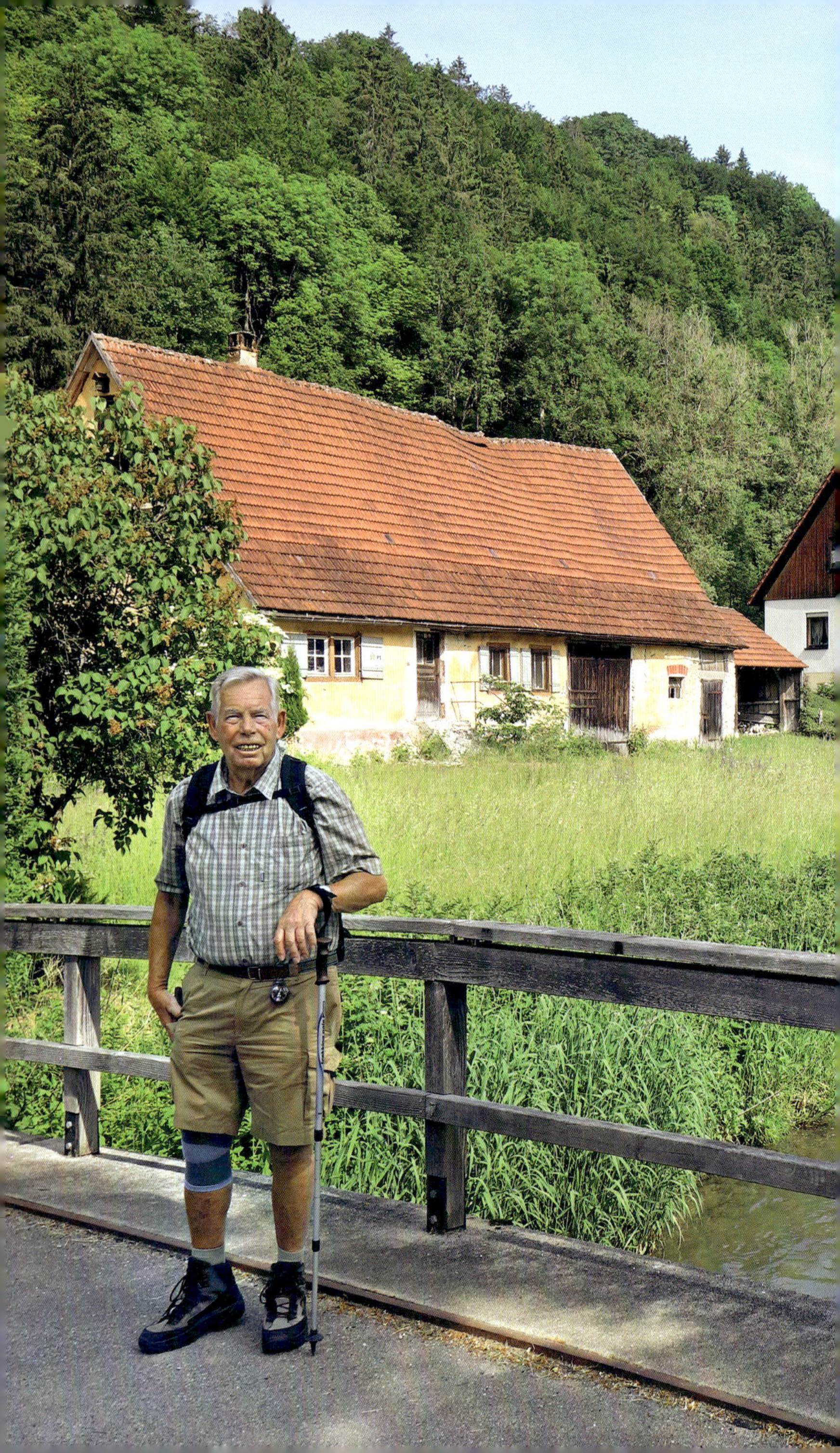

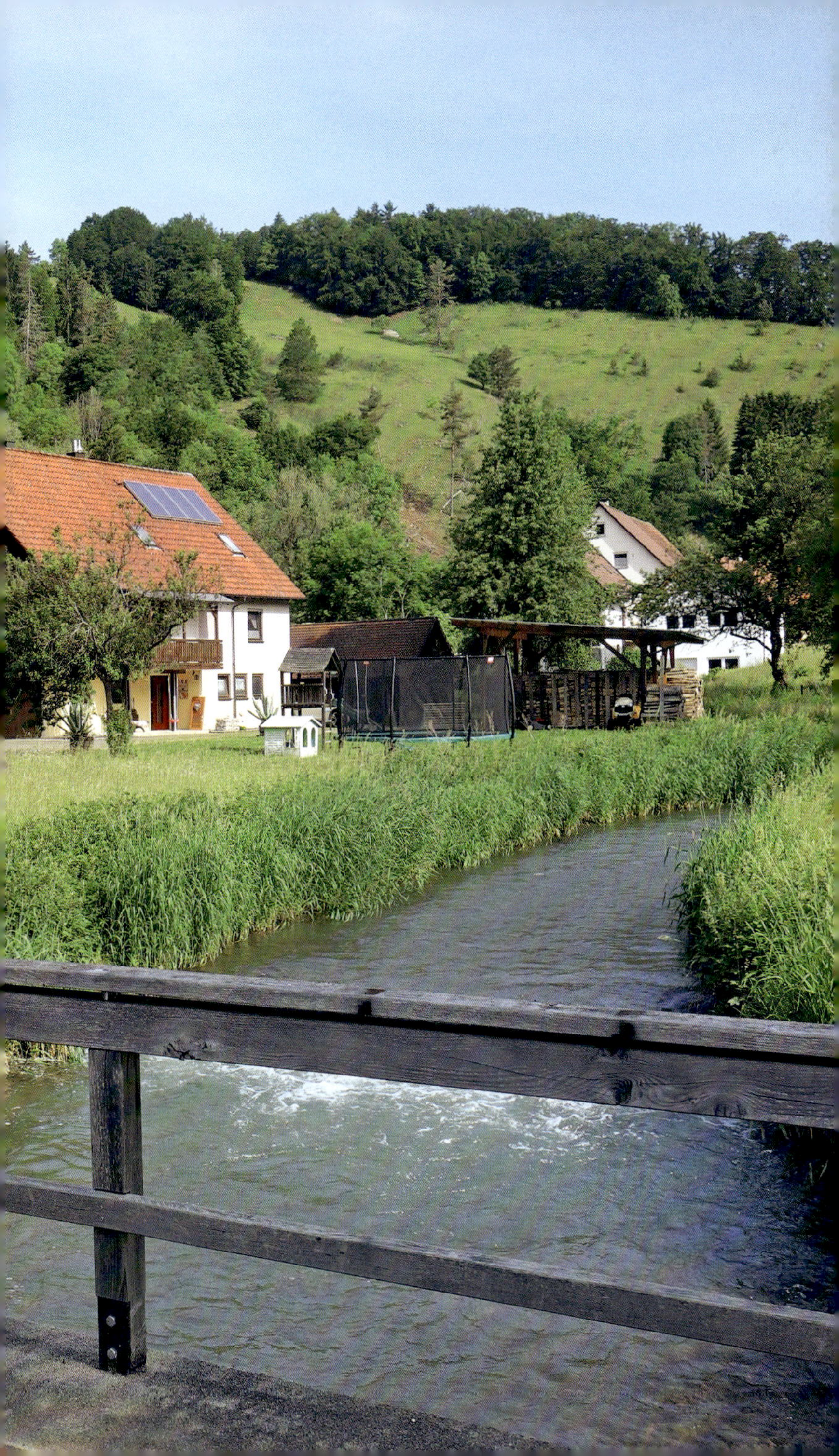

32 hochgehswiggert

Hoch über dem Großen Lautertal

TOP | 2.15 Std. | 6,3 km | ↗ 230 m | ↘ 230 m

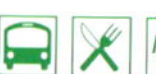 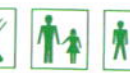

Auf den Spuren vom Swigger

Gleich zwei Ruinen, ein Wanderheim und ein hübsches Dorfgasthaus, schmale Wanderpfade, teils mit etwas alpinem Charakter, weite Aussichten und eine idyllische Flusslandschaft – das alles vereint der hochgehswiggert.
Übrigens: »Swigger« ist kein neues Modewort aus dem englisch/amerikanischen Sprachgebrauch, nein, Swigger war einst der Vorname des IV. Herrschers von Gundelfingen aus dem 12. Jahrhundert.

Ausgangspunkt: Gundelfingen-Wittstaig, 595 m, Parkplatz Heiligental, Busanschluss im Ort. Navi: Gundelfingen-Wittstaig, Heiligental.

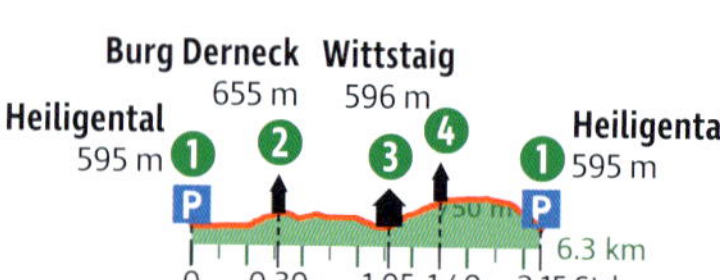

Anfahrt: Von Münsingen ins Große Lautertal, 200 m nach Wittstaig ist links der Parkplatz Heiligental.
Anforderung: An- und Abstieg zur und von der Hohengundelfingen ein wenig steil, sonst leichte Tour.
Einkehr: Wanderheim Burg Derneck und Wittstaig.
Karte: LGL BW Wanderkarte W244, 1:25.000.

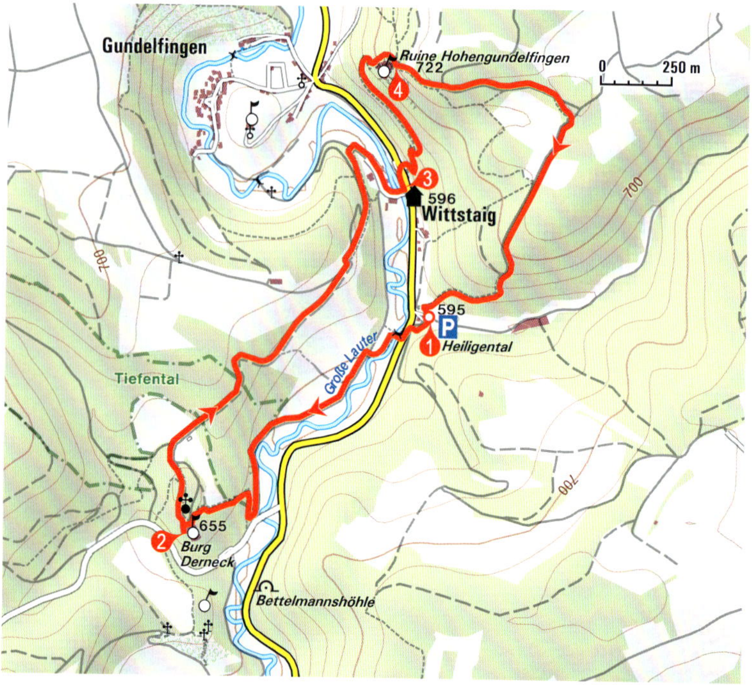

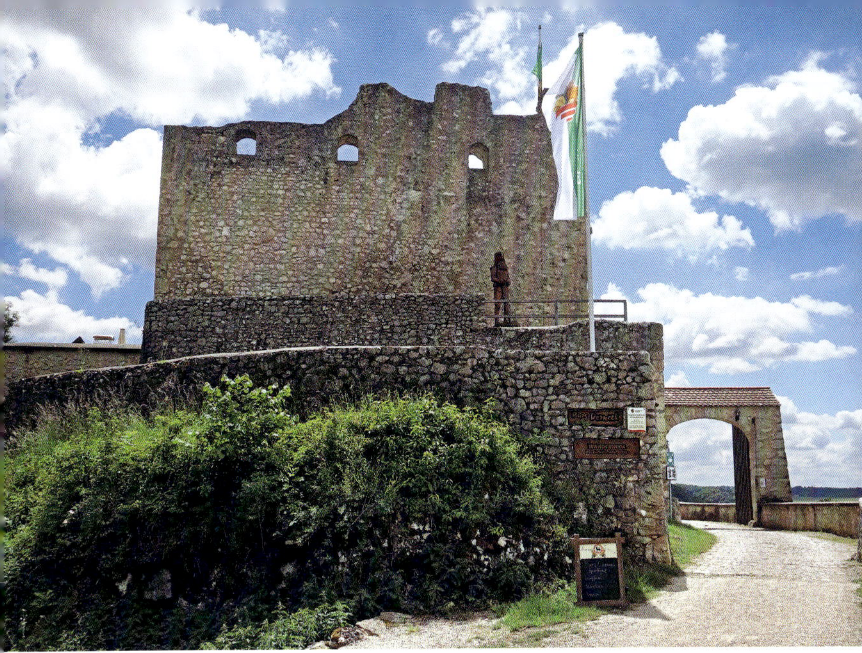

Burg Derneck.

Im Großen Lautertal beginnt der hochgehswiggert am **Parkplatz Heiligental ❶**. Wir überqueren zunächst die Lautertalstraße und überqueren auf der Holzbrücke die lauschige Lauter. Dann wandern wir direkt am Wasser entlang über den grasbewachsenen Pfad flussabwärts an einem Grillplatz vorbei. Ein asphaltierter Weg führt weiter, der bald in Schotter übergeht. Wir passieren den mächtigen Klingelfelsen und danach eine Brücke. Dann gehen wir kurz entlang einer Straße.

Nach wenigen Schritten leitet ein steindurchsetzter Pfad scharf rechts in den Wald hinauf. Kurz streifen wir den Rand eines ansehnlichen Wiesenhochtals und ein Stufenpfad bringt uns hinauf zur **Burg Derneck ❷** mit einem Wanderheim des Schwäbischen Albvereins. Wir erkunden die Ruine ausführlich und stärken uns in der Burgschänke.

Nach der Burgmauer halten wir uns links und folgen dem schmalen Pfad am Picknickplatz vorbei. Im Wald verlieren wir nun leicht an Höhe und gelangen zum Spielplatz Breitle. Auf breitem Weg wandern wir rechts zur Breitle-Hütte und gehen jetzt in den Bannwald, wo wir bequem den Taleinschnitt des Ratzentals umwandern. Wenn der Wald sich öffnet, erreichen wir die Hochfläche Breitle. Tiefenentspannt blicken wir in das Große Lautertal hinab. Der folgende Höhenweg entpuppt sich regelrecht als Traumpfad. Eine Sitzbank lädt zur Rast ein. Jenseits des Tals taucht die Ruine Hohengundelfingen auf.

Am Östlichen Herrenhaus gelangen wir rechts hinab in den Wald und wieder ins Lautertal zu den Kalkwiesen. Links blicken wir zu den Häusern des Ortes Gundelfingen, gegenüber ragt hoch die Burg auf und wir gehen rechts zu den Häusern des beschaulichen Weilers **Wittstaig ❸**. Der Häldelesweg führt über die Lauterbrücke und linker Hand erwartet uns bereits der Landgasthof Witt-

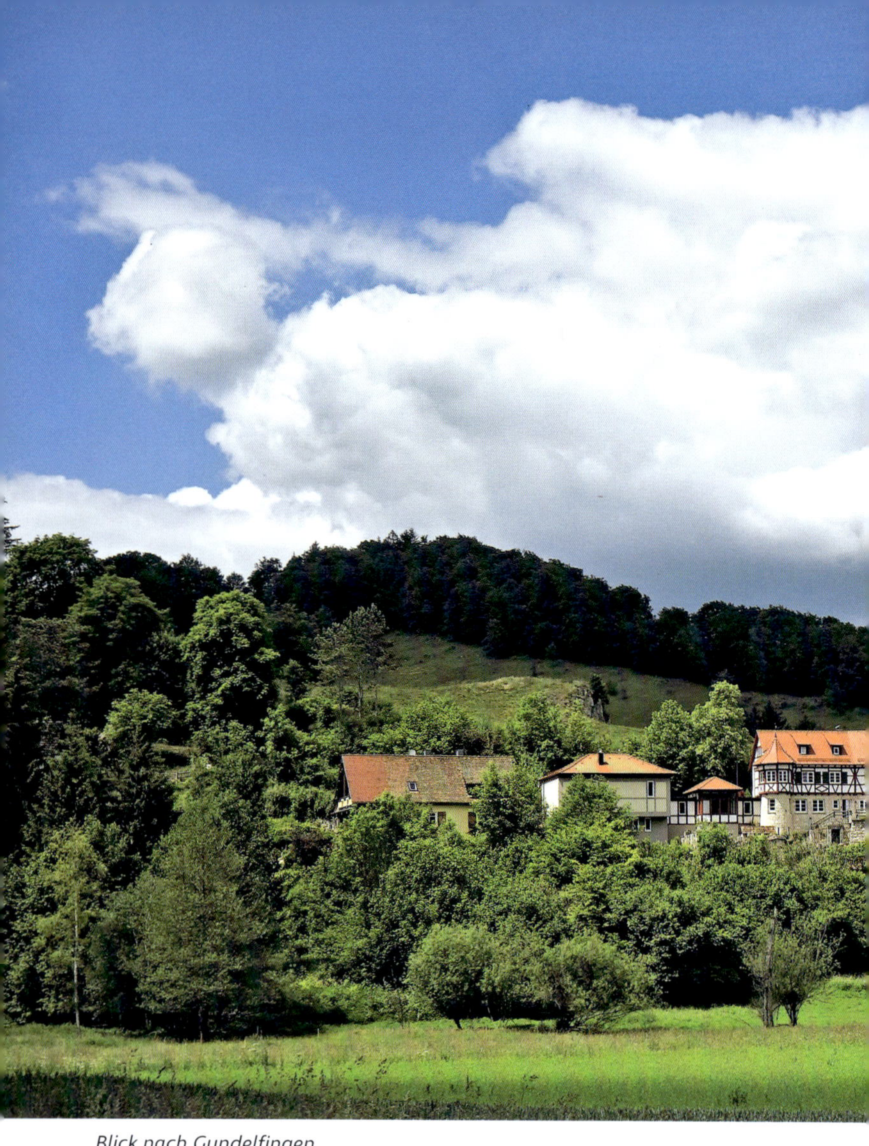

Blick nach Gundelfingen.

staig. Gegenüber der Straße führen Treppen hinauf und ein Schild weist auf die Gefahren eines möglichen Steinschlags und Felssturzes hin. Schnell gewinnen wir auf Serpentinen an Höhe und machen uns auf zum Gipfelspurt, der im Finale mit Treppen zur **Ruine Hohengundelfingen** ❹ leitet. Sogar einen überdimensionalen Hinkelstein gibt es zu entdecken und mit dem Viscope noch vieles mehr.

Völlig fasziniert von den abgrundtiefen Blicken ins Tal folgen wir oberhalb der Ruine dem schmalen Weglein zu der Wiese Brandhalde. Im Wald geht es weiter, talwärts, und um eine große Wiesenlichtung. Im

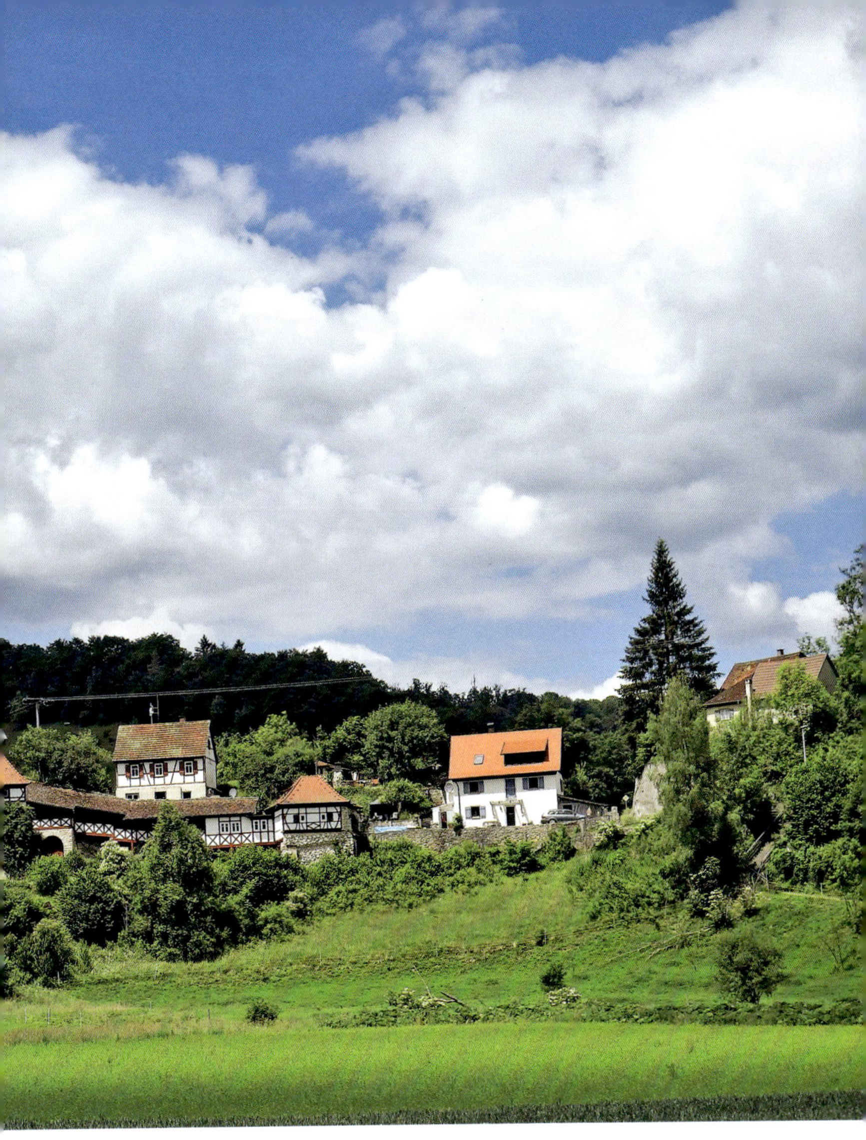

angrenzenden Wald folgen wir dem breiten Weg weiter und achten auf die Markierungen. Vor uns tut sich die Kernzone des Biosphärengebiets auf. In einer Rechtskurve achten wir auf den Linksabzweig. Steil geht es über Stufen talwärts wieder ins Heiligental zum **Parkplatz Heiligental** ❶ hinab.

Wissenswertes

Laut den Angaben beim Durchblicken der Viscopes auf dem Bergfried der Ruine Hohengundelfingen kann man bei bester Wetterlage bis zu den Alpen blicken. Ein Viscope ist ein modernes Fernrohr, das Namen der Ziele einblendet.

33 hochgehlautert

Drei Ruinen und ein wunderschönes Tal

TOP | 3.30 Std. | 11,3 km | ↗ 330 m | ↘ 330 m

  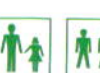

Pures Genusswandern

Gleich zu Beginn wartet der hochgehlautert mit seiner ersten Attraktion auf, die Ruine Maisenburg kann besichtigt werden. Dann wechseln sich weitflächige Wiesen- und Ackerlandschaften mit herrlichen Wäldern ab. Nachdem man das Große Lautertal durchquert hat, geht es alpin hinauf zur Ruine Monsberg und der Ruine Wartstein. Ein steiler Abstieg führt ins Tal zurück, das sogar mit einem bezaubernden Wasserfall aufwartet. Mehrere Felsformationen gibt es auf dem Rückweg noch als Zugabe zum Bewundern.

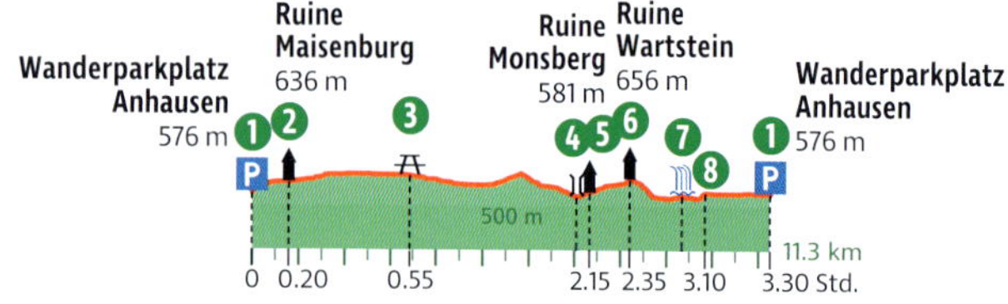

Ausgangspunkt: Wanderparkplatz bei Anhausen, 576 m, Parkplatz, Busanschluss in Anhausen. Navi: Hayingen, Ölmühle 3. Von dort über die Lauterbrücke zur gegenüberliegenden Talseite.

Anfahrt: Der Ausgangspunkt liegt im Großen Lautertal. Von Anhausen ins Große Lautertal zur Ölmühle und dann rechts hinüber zum Wanderparkplatz.

Anforderung: Die Traumtour weist bei den Ruinen Monsberg und Wartstein alpine Züge auf, dieser Abschnitt kann aber talseitig umgangen werden.

Einkehr: Selbstbedienungskühlschränke bei der Ölmühle.

Karte: LGL BW Wanderkarte W244, 1:35.000.

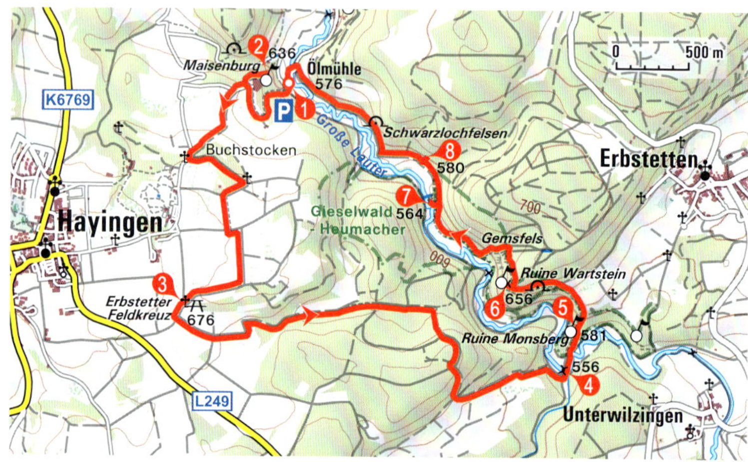

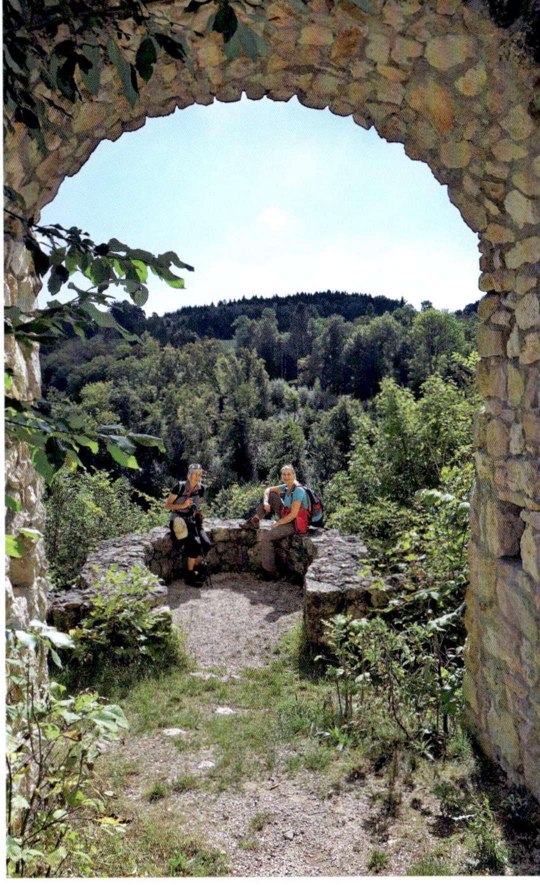

Ruine Maisenburg.

Vom **Wanderparkplatz Anhausen ❶** starten wir aus dem Lautertal und gehen links neben einer Scheune zum Wanderpfad in den Wald. Der Anstieg führt rasch aus dem Tal zu einer Wiesenfläche und dem Hofgut Maisenburg. Die Location ist bei Hochzeitsfesten sehr beliebt. Hinter dem Anwesen befindet sich die **Ruine Maisenburg ❷**, die wir über einen Stichweg erreichen.

Wieder auf dem Hauptweg folgen wir dem Sträßchen und biegen bald beim Bildstöckle zum Streuobstwiesenpfad nach links ab. Dieser führt in den Wald zum Naturdenkmal Buchstocken, einem altehrwürdigen Baum. Wir gehen davor links und folgen dem breiten Weg durch den teils lichten Wald.

Nach dem Waldabschnitt biegen wir rechts ab und wenden uns nach 150 m links dem Wiesenpfad zu. Jetzt gehen wir über freies Feld und achten auf die teils recht schwachen Markierungen am Boden. Rechts erblicken wir die Häuser von Hayingen. Bei den Feldwegen wandern wir in einer Links-Rechts-Kombination, dann geht es auf den Wald zu. Am Waldrand Datthölzle wenden wir uns nach rechts und erreichen bereits nach 400 m das **Erbstetter Feldkreuz ❸** mit einem angrenzenden Picknickplatz. Wir biegen im weiteren Verlauf zweimal links ab und folgen am Hahnenbühl dem Betonplattenweg hinab in eine leichte Senke, wo wir halb links weitergehen. Die Markierung leitet uns jetzt ins tiefgrüne Bärental. Dort achten wir auf den Pfad, der rechts in den Wald hineinleitet. An der Kreuzung gehen wir geradeaus, durch einen Nadelwald und dann durch einen Buchenmischwald und rechts hinauf auf den Hirschhau. Hier wenden wir uns dem breiten Weg nach links zu und folgen einer lang gezogenen Rechtskurve.

An der folgenden Kreuzung gehen wir links und steigen steil hinab. Nach dem Wald wandern wir am Feldrand talwärts und erreichen durch ein weiteres Waldstück wieder das Große Lautertal. Rechts versetzt gehen wir über die **Lauterbrücke**

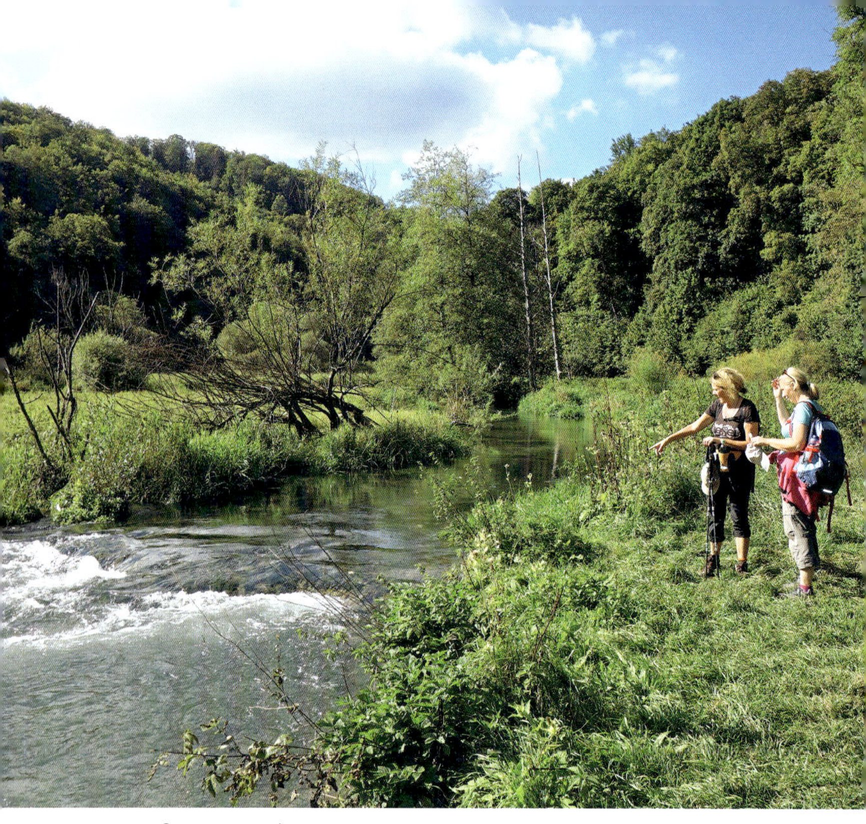

Im Großen Lautertal.

Monsberg ❹ und entdecken nach der Wiese, am Waldrand gegenüber, einen schmalen Waldpfad, der uns rasch zur **Ruine Monsberg** ❺ hinaufbringt. Achtung, der Pfad hat durchaus alpinen Charakter und kann talseitig bequem umwandert werden! Nachdem wir das stark zerfallene Gemäuer erkundet haben, folgen wir weiter dem steinigen Pfad über den Bergrücken, queren den Wartstein-Sattel und erreichen bald die **Burgruine Wartstein** ❻. Über eine Brücke und Wendeltreppe mit 57 Stufen steigen wir zur Aussichtsplattform hinauf. Der Blick ins Große Lautertal ist einzigartig.

Nach der Ruine führt der Bergpfad beim Gemsfels steil ins Tal hinab. Tief unter dem Gemsfels kommen wir wieder zur Lauter und sehen rückblickend nochmals stolz die Ruine Wartstein aufragen. Hier treffen wir jetzt auch wieder auf die Talvariante. Entlang der Flussaue steht jetzt entspanntes Genusswandern auf dem Programm. Der Abstecher zum **Wasserfall** ❼ ist absolut zu empfehlen. Bald passieren wir teils mächtige Felsen und bewundern das **Felsendach Heuscheuerle** ❽. Den Schwarzlochfelsen gilt es auch noch zu bewundern, dann lassen wir die Wanderung gemütlich ausklingen und können uns an der Ölmühle mit gekühlten Getränken und Eis selbst bedienen. Zum **Wanderparkplatz Anhausen** ❶ gehen wir über die Lauter und an den Picknickbänken vorbei zur anderen Talseite hinüber.

hochgehackert
Walderlebnis-Pfad bei Pfronstetten

3.00 Std. | 10,0 km | ↗150 m | ↘150 m

Weites Land und tiefes Tal

Bunt bemalte Steine mit schönen Sprüchen findet man auf dem hochgehackert am Wegrand, wie beispielsweise: »Auch hinter dunklen Wolken scheint irgendwo die Sonne«, »Der Schlüssel zum Glück steckt von innen« oder »Gib den Füßen Ruhe, aber auch dem Herzen«.

Landwirtschaft wird hier noch rege betrieben. Die zahlreichen Äcker, die den Weg säumen, gaben dem hochgehackert seinen Namen. Aber auch den Standort der ehemaligen Burg Tiefental gilt es zu erkunden. Im Tiefental herrscht tiefe Stille vor und mächtige Felsen zieren das liebliche Tal.

Der PhänoPfad ist ein fantastischer Walderlebnis-Pfad für die ganze Familie, mit aus Holz gefertigten Stationen zum Kräftemessen und um die Geschicklichkeit zu üben.

Ausgangspunkt: Wanderparkplatz PhänoPfad, 676 m, Parkplatz, Busanschluss. Navi: Pfronstetten, Schulstraße.

Anfahrt: B312 nach Pfronstetten, im Ort links zur Schulstraße, 400 m nach Ort links und danach Kurvenstraße links ins Tal.

Anforderung: Steiler Anstieg vom PhänoPfad hoch zum Ackerland, sonst leichter Weg.

Einkehr: Direkt am Weg keine.

Karte: LGL BW Wanderkarte 243, 1:25.000.

Station des PhänoPfads.

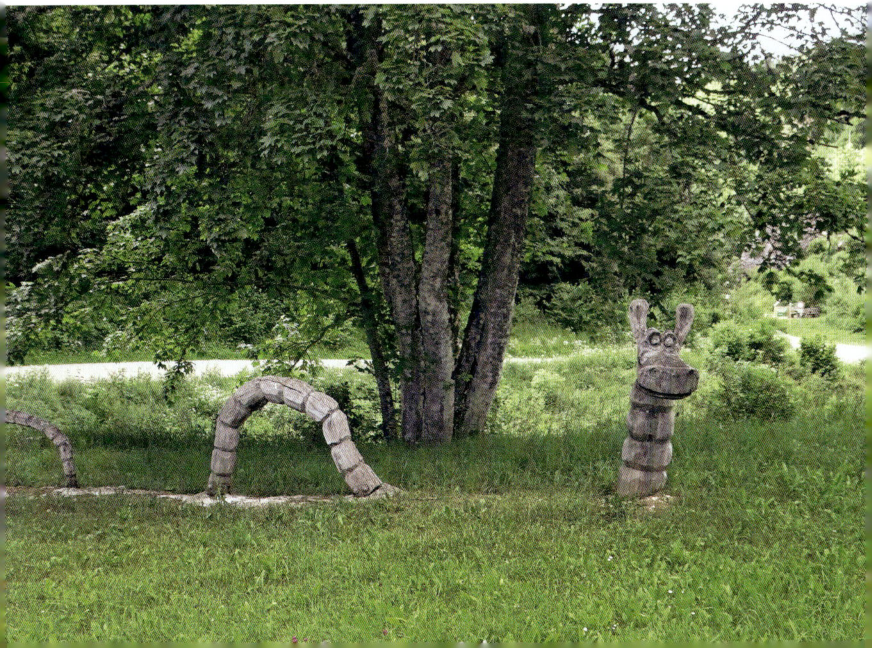

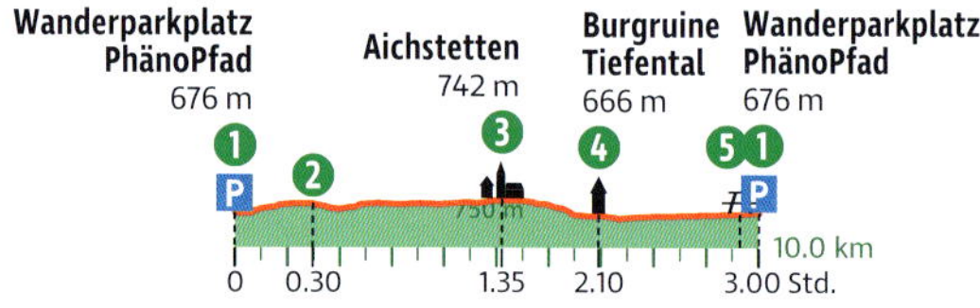

Am **Wanderparkplatz PhänoPfad 1** beginnen wir im Nordosten von Pfronstetten den hochgehackert. An Sitzgruppen und einem Felsen vorbei folgen wir dem Schäferweg in den Wald.

Attraktive Stationen des PhänoPfads aus Holz, wie beispielsweise eine Riesenblockflöte (4,5 m lang) oder eine Kegelbahn warten am Wegrand. Nach dem Kegelspiel biegen wir scharf rechts ab und wandern steil aus dem Tal das Höllhäldle hinauf. Schon bald flacht die Steigung ab. Wir treten aus dem Wald und biegen am Feld- und Ackerrand links ab. Das große, landwirtschaftlich genutzte Wiesenhochtal Dicke erstreckt sich neben uns. Auf absolut ebenem Weg wandern wir durch das Hochtal und ein Wiesensofa wartet bereits am Wegrand und möchte uns mit einem Wiesenbad verwöhnen.

Zwischen Wald und Äckern erreichen wir die **Schafweide Am Kleinen Kapf 2**. Mit Blick auf Pfronstetten gehen wir links hinab ins Lehrtal, wo wir im spitzen Winkel links abbiegen und in den Wald eintauchen. Nach 300 m wenden wir uns rechts dem Naturweg zu. Nach dem Wald geht es über die Wiese hinauf und wir wenden uns nach links. Wiederholt schreiten wir am Schelmenschachen entlang an Feldern. Frischer Duft von Wiesenkräutern dringt in die Nase. Dann folgen wir der Markierung in den Wald, wo uns ein schmaler Pfad aufnimmt.

Nach der Waldromantik wartet erneut ein Wiesensofa auf uns. Ein Pfad führt zu der Straße Am Maueräcker und jenseits der Fahrbahn leitet ein Wiesenweg sanft in den Forst. In Richtung Nordosten wandern wir wenig später wieder entlang des Waldrands auf der Wiesenspur zum Kegelplatz.

Am Banngereut biegen wir über die Wiese rechts hinauf, passieren ein kleines Wäldchen und gelangen zum Ortsrand von **Aichstetten 3**. Bei der großen Scheune drehen wir uns nach links und lassen fasziniert den Blick über das weite Land schweifen. Eine kleine Kapelle sowie ein Bildstock stehen unmittelbar am Wegrand, dann wandern wir an der Gabelung Rauhenstein nach links. Neben einem Wiesental gehen wir geradewegs dem Wald entgegen. Kurz vor dem Talgrund bietet sich

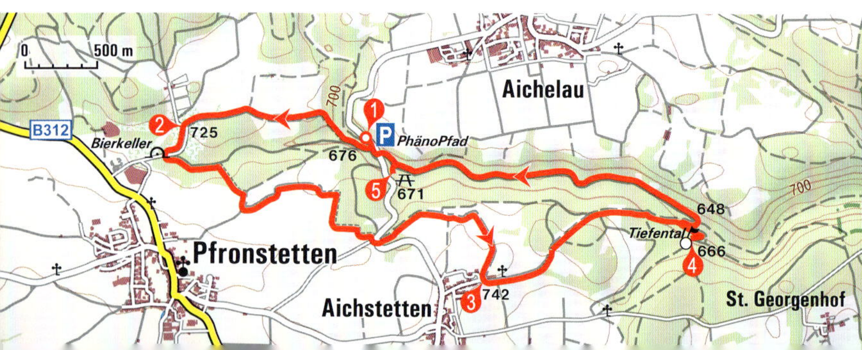

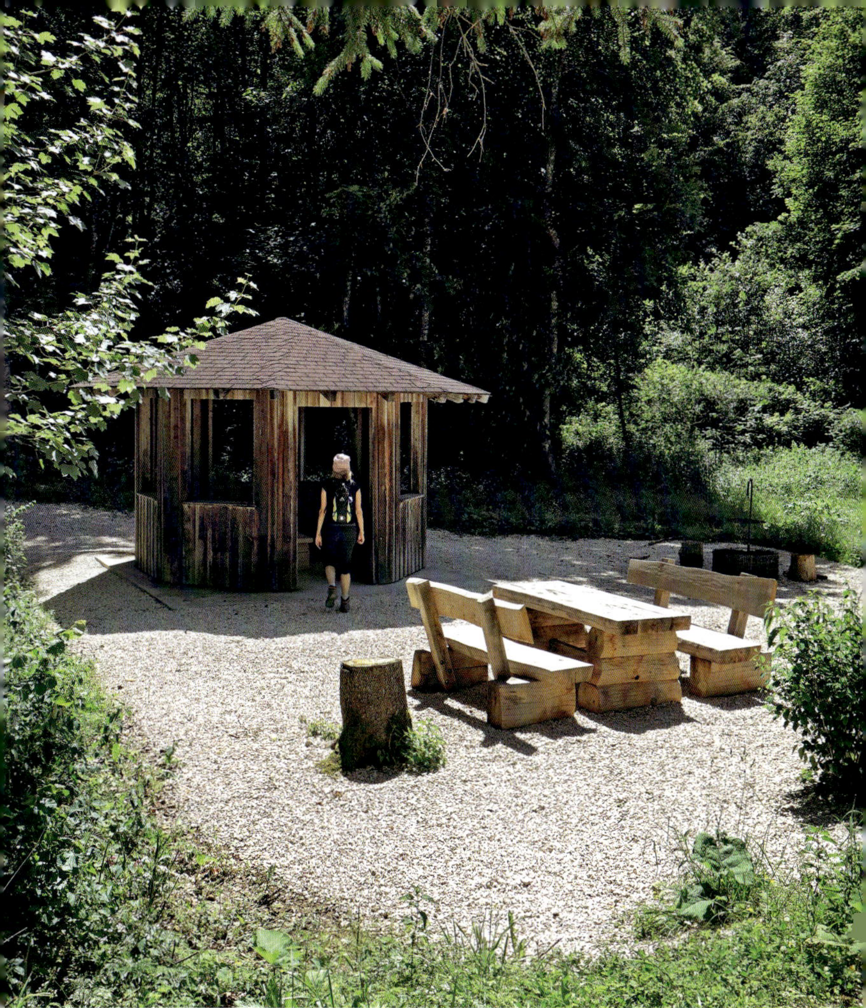

Rastplatz Tiefental-Hütte.

nun die Option, rechts zur 200 m entfernten ehemaligen **Burg Tiefental** ❹ zu gehen. Wieder auf dem Hauptweg schreiten wir vollends hinunter ins Tiefental und wenden uns dort nach links. Der Talweg passiert ein kleines Felsenmeer und mehrere mächtige Felsen.

Die Route durchs Tiefental ist still und tiefenentspannend. Kurz vor Ende der Wanderung erreichen wir den sehr schönen **Rastplatz Tiefental-Hütte** ❺ mit Grillstelle. Nach der Straßenquerung sind wir bereits wieder beim **Wanderparkplatz PhänoPfad** ❶.

Wissenswertes

Vor nicht allzu langer Zeit prägte die Schäferei das Landschaftsbild der Schwäbischen Alb. Dies war oft die einzige Möglichkeit, das karge Land nutzbar zu machen. Wacholderheiden zeugen noch von dieser Zeit.

35 hochgehschätzt
Entlang des Hasenbachs

2.45 Std. | 9,2 km | ↗160 m | ↘160 m

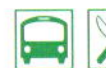

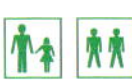

Zur größten Wacholderheide der Schwäbischen Alb
Anfangs steht der Premiumweg hochgeschätzt ganz im Zeichen des Wassers, denn der glasklare Hasenbach ist sein ständiger Wegbegleiter. Durch das angrenzende Schweiftal geht es dann hinauf nach Hayingen und zum Naturschutzgebiet Digelfeld, der größten Wacholderheide im Biosphärengebiet der Schwäbischen Alb. Einzigartige Vegetationen gilt es zu entdecken. Durch ein weites Tal, das romantische Glastal, führt die großartige Wanderrunde am Schloss Ehrenfels vorbei und wieder zurück.

Ausgangspunkt: Parkplatz Wimsener Höhle, 572 m, Busanschluss. Navi: Hayingen, Zwiefalter Straße (L245).
Anfahrt: Der Ausgangspunkt liegt an der L245 zwischen Hayingen und Zwiefalten.

Anforderung: Abwechslungsreiche Wanderrunde auf sanften Wegen.
Einkehr: Gasthaus bei der Wimsener Höhle.
Karte: LGL BW Wanderkarte W243, 1:25.000.

Vom großen **Parkplatz Wimsener Höhle** ❶ gehen wir auf dem Zufahrtsweg zur Breite und wenden uns bei der Ausfahrt dem Wiesenpfad zu. Gemütlich schreiten wir unterhalb des Schlosses Ehrenfels zum glasklaren Hasenbach und folgen dem Wasser nach links ins Landschaftsschutzgebiet. Sanft wandern wir in das lieblich wirkende Tal, das nach

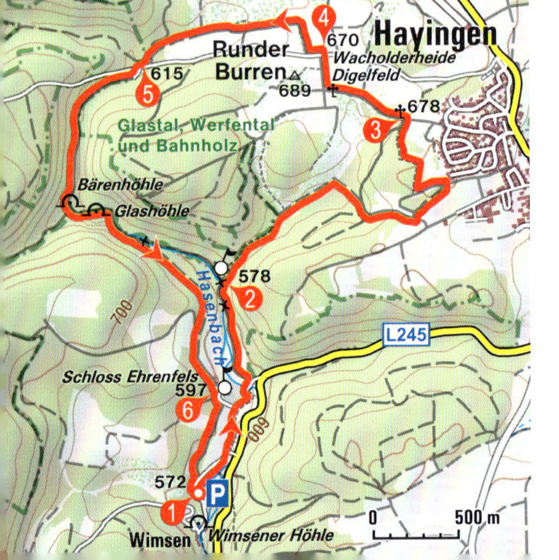

einer kleinen Brücke kurz felsiger wird. Der Ehrenfelser Weg führt über eine zweite Brücke und wir verlassen den **Hasenbach** ❷ geradewegs ins angrenzende Schweiftal. Ein anfangs steiniger Weg führt bergwärts und bringt den Kreislauf rasch in Schwung. Links türmen sich mächtige Felsformationen auf, dann wird die Landschaft in der Mitte des Tals wieder lieblicher. Beruhigende Stille umgibt uns. Wir wandern am Rechtsknick hinauf in das waldumrandete Hochtal zum Rappenschwanz und gehen mit Blick zu den Häusern von Hayingen in einer Links-rechts-Kombination neben dem Waldrand entlang eines steinigen Ackers.

Am Ortsrand geht es links in den Wald zum Hitzenstauden, hier weist die Markierung rechts zur Waldlichtung und bald links hinab in den Wald. Auf wurzelüberwachsenem Waldboden gelangen wir zum **Wegekreuz Schmiedshalden** ❸ mit Bildstöckle. Bei den Birken halten

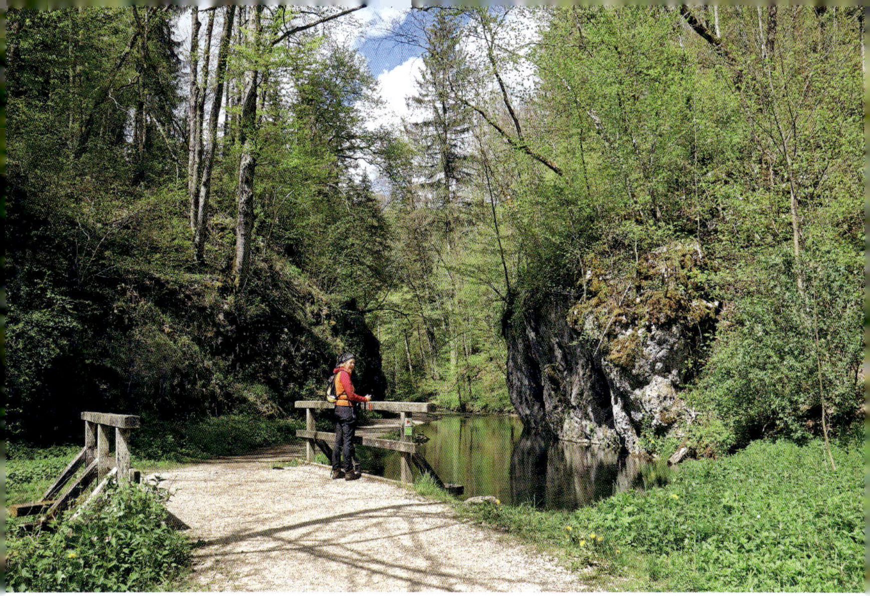

Im Tal des Hasenbachs.

wir uns links. Der breite Weg führt problemlos durch eine Senke und beim Marderstein achten wir auf den Rechtsabzweig. Gegenüber einer Straße überblicken wir weite Teile des Naturschutzgebiets **Wacholderheide Digelfeld** ❹, der größten Heidefläche im Biosphärengebiet Schwäbischen Alb. Das Betreten des Heidelands ist allerdings nicht erlaubt. Wir halten uns links und wandern in Richtung Westen hinab. Der Wanderweg führt zum Nadelwald und der Guckentalweg weist links weiter zur **Hayinger Brücke** ❺. Nachdem wir die Straße unterquert haben, erreichen wir einen hübschen Rastplatz mit Unterstandhütte. Unser Weg leitet jetzt ins Glastal, wo wir nach einem Linksknick interessante Felsformationen und zwei Höhlen (Bären- und Glashöhle) bewundern können. Mächtig baut sich der 718 m hohe Lämmerstein mit seinem Gipfelkreuz über uns auf. Wir jedoch bleiben im Talgrund. Bei einem Felsdurchbruch entspringt der Hasenbach und wir gehen an der Weggabel rechts hinauf. Wenn der Wald sich öffnet, wandern wir zum **Schloss Ehrenfels** ❻. In dem historischen Traumschloss haben sich schon viele Paare getraut, »Ja!« zu sagen.

Am Abzweig halten wir uns rechts und gelangen auf dem Schotterweg zum **Parkplatz** ❶ zurück.

Ein kleiner Tipp zum gemütlichen Wanderausklang: Ein zusätzlicher Besuch der **Wimsener Höhle** mit der angrenzenden Gartenwirtschaft lohnt sich!

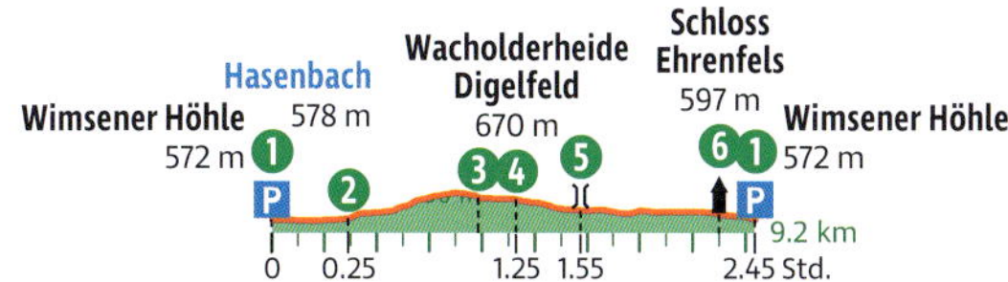

36 hochgehpilgert

Vom Zwiefalter Münster zur Wimsener Höhle

TOP 3.30 Std. 13,1 km ↗260 m ↘260 m

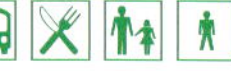

Durch die Natur pilgern

Von Zwiefalten geht es durch das Rental hoch zum Kreuzweg und der Lourdes-Grotte bei Sonderbuch. Schmale Wanderpfade führen hinab zur Wimsener Wasser-Höhle, die einzigartig in Deutschland ist. Entlang der Zwiefalter Ach wandern wir zunächst durch die attraktive Schlucht und dann hinauf zum Dreifaltigkeitskreuz. Von dort ist der Ausblick auf Zwiefalten wunderschön. Entlang der Ach führt der Wanderweg nach Zwiefalten zurück, wo das spätbarocke Münster mit seinem markanten Doppelkirchturm den Blick beherrscht.

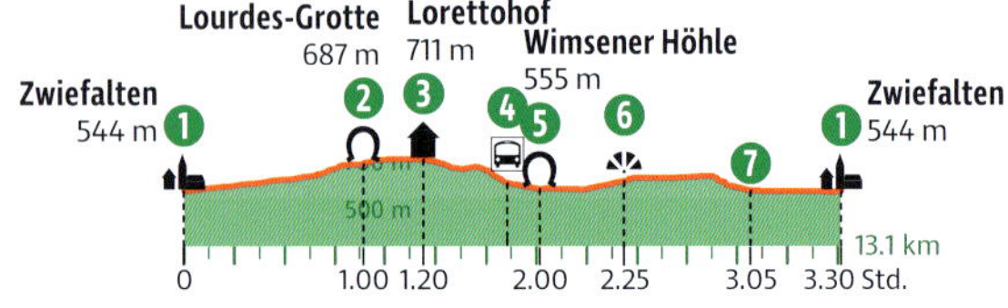

Ausgangspunkt: Zwiefalten, 544 m, Parkplatz an der Rentalhalle, Busanschluss. Navi: Zwiefalten, Mauerstraße.
Anfahrt: Der Ausgangspunkt liegt in Zwiefalten neben der Rentalhalle.
Anforderung: Mittelschwere Wanderung auf gut begehbaren Wegen und Pfaden.
Einkehr: Lorettohof, Wimsener Höhle und Zwiefalten.
Karte: LGL BW Wanderkarte W244, 1:25.000.

In **Zwiefalten** ❶ starten wir vom Parkplatz der Rentalhalle und wandern mit dem Münster im Rücken in einer leicht ansteigenden Linkskurve aus dem Ort. Der breite Weg steigt neben dem Wald weiter leicht bergan. Immer tiefer gelangen wir ins Rental hinein und halten uns im Unteren Rental halb rechts. Beständig im Talgrund bleibend erreichen wir das Obere Rental, wechseln auf die linke Talseite und folgen dem Pfad aus der Schlucht.
Am Waldeck geht es links und wir erblicken die Häuser von Sonderbuch. Am Eschle wenden wir uns links dem asphaltierten Weg zu. Bald kreuzen wir die nach Sonderbuch führende Landstraße und biegen gegenüber dem Kirchhof scharf links ab. Ein Kreuzweg mit aus dem Jahre 1885 stammenden Bildstöcken führt zur **Lourdes-Grotte** ❷, die sich ein paar Meter links des Weges befindet. Aus der Grotte strömt ein kleines Bächlein.
Über freies Feld steigen wir weiter auf und gehen an den Kreuzäckern links zum Betonplattenweg. Am Greut Ost überqueren wir eine Fahrstraße und wandern für fünf Minuten in Richtung Nordwesten dem Wald entgegen, dann biegen wir links ab zum Gasthaus **Lorettohof** ❸.
Im Wald folgen wir dem Pfad und verlieren langsam wieder an Höhe.

Der markante Doppelkirchturm des Zwiefalter Münsters.

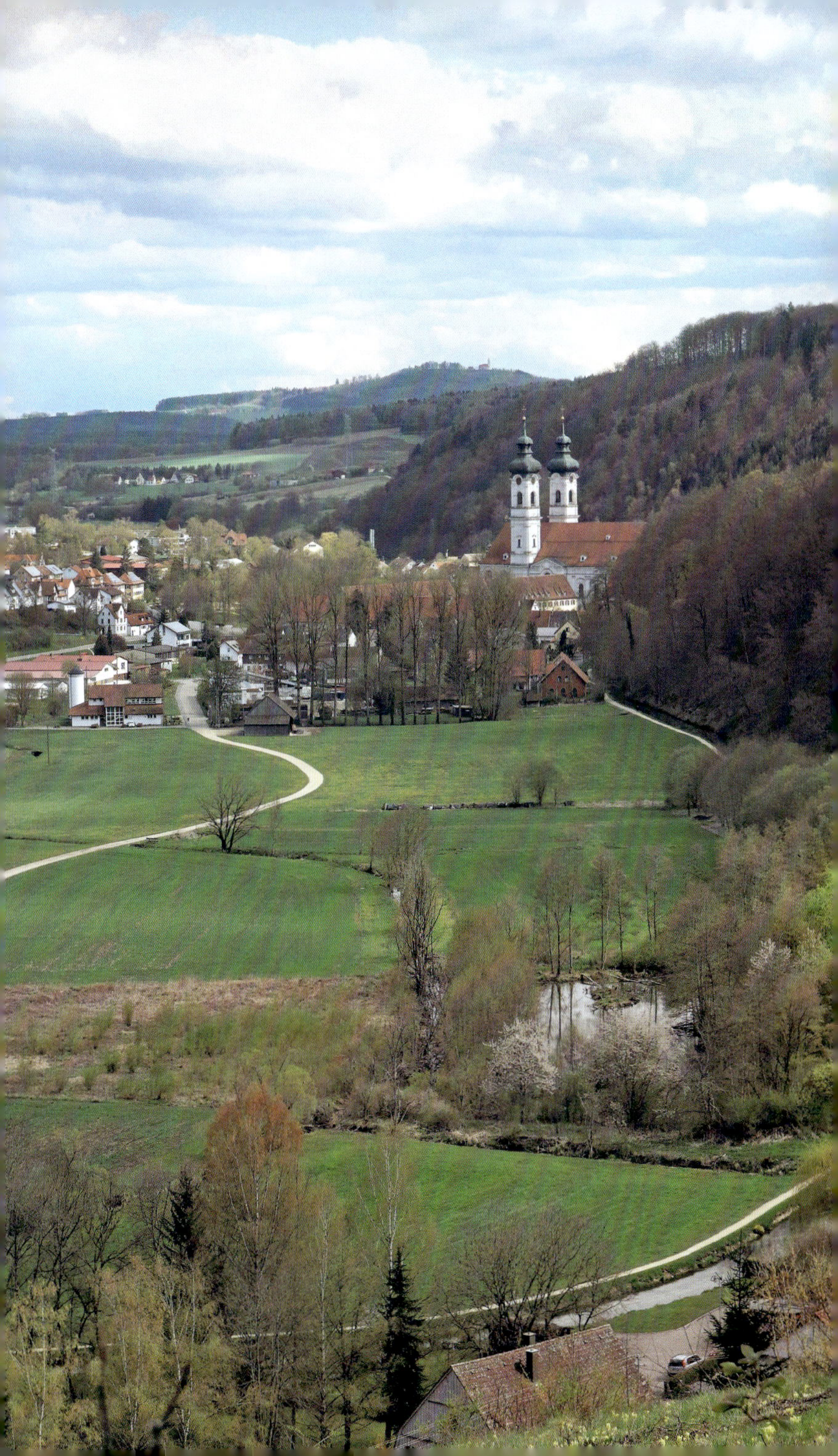

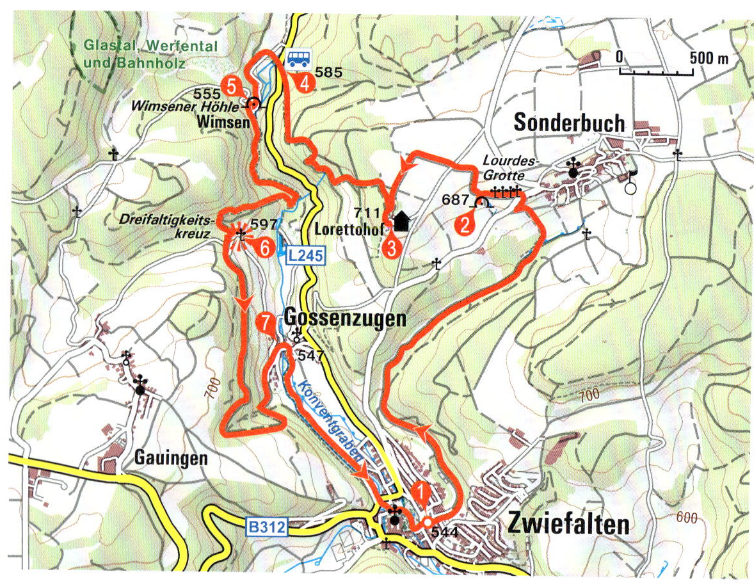

Kurzfristig geht es aus dem Wald, am Hinteren Heuberg hinab und wieder im Forst rechts zum breiten Weg. Am Hinteren Hirschlauf (Quellbach) führt unser Weg an einer alten Waldsitzbank vorbei und schlängelt sich anschließend durch den Wald. An den folgenden Gabelungen halten wir uns stets links. Konstant verlieren wir an Höhe und die schmale, steinige Wegspur führt zur **Bushaltestelle Wimsener Höhle 4**. Vorsichtig setzen wir über die Straße und gelangen im Talgrund zum

Bei der Lourdes-Grotte.

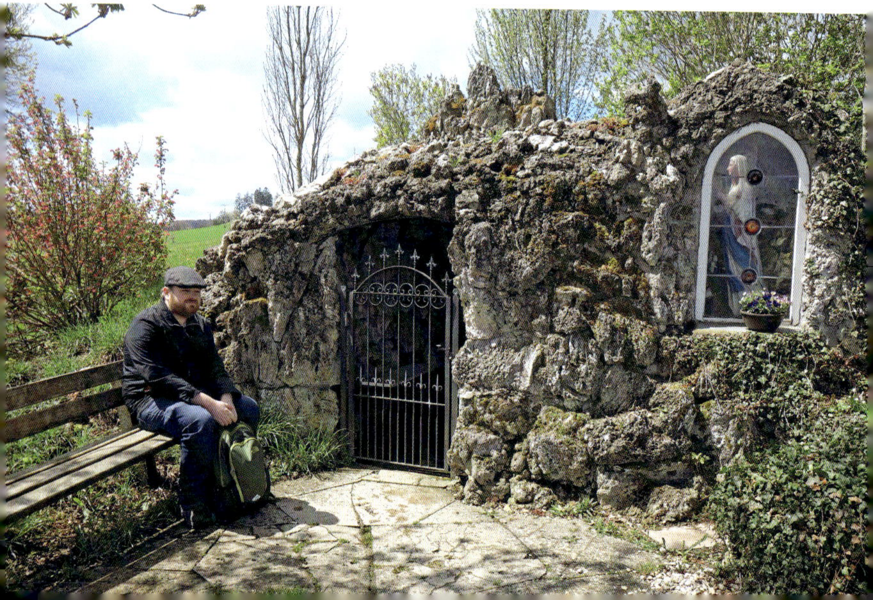

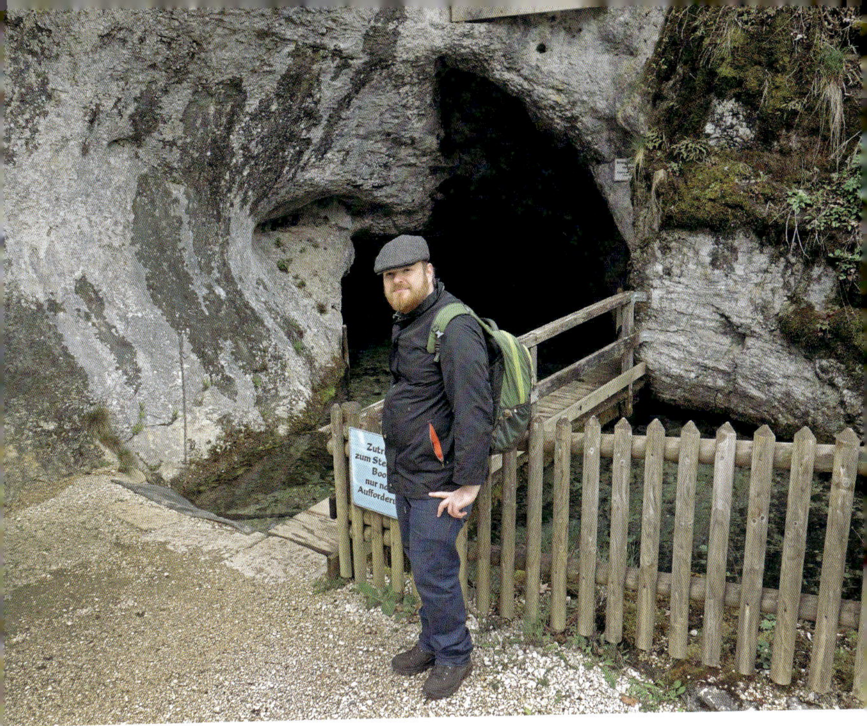

Am Eingang der Wimsener Höhle.

idyllischen Hasenbach. Wir gehen links zum Parkplatz Wimsener Höhle. Zur linken Seite entdecken wir den Hasenbach mit seinen kleinen Kaskaden und türkisfarbenen Lagunen. Neben dem Weg türmen sich mächtige Felsen hoch auf und begleitet von hübschen Wasserterrassen wandern wir zur **Wimsener Höhle ❺**, der einzigen Wasserhöhle Deutschlands, die mit dem Boot befahrbar ist. Der einladende Gasthof Friedrichshöhle bietet sich perfekt zur Rast an.

Gestärkt geht es gemütlich weiter, indem wir neben der Zwiefalter Ach talwärts wandern. Traumhaft schönes Genusswandern steht auf dem Programm, denn die Schlucht ist problemlos begehbar. Bald taucht ein hübscher Rastplatz auf und wenig später führt ein Steg über den stillen Fluss. Am Nördlichen Scharren gehen wir rechts in den Wald. Der breite Wimsener-Weg führt durch das grüne Tal hinauf. Am Wegetreff wenden wir uns scharf links bergwärts und erreichen nach 200 m das **Dreifaltigkeitskreuz ❻**. Die Aussicht auf das Achtal und Zwiefalten ist grandios.

Ein Fahrweg führt hinauf und in einer Haarnadelkurve wenden wir uns links dem Wald zu. Über welliges Terrain leitet der Weg südwärts und umwandert den Einschnitt des Schlossertals. Dann führt die Markierung talwärts nach **Zwiefalten-Gossenzugen ❼**. Nach der Zwiefalter Ach folgen wir rechts dem Fußweg, der entlang des lauschigen Baches, gemütlich wieder nach **Zwiefalten** zurückführt. Über die Sägmühlstraße gehen wir zum gepflegten Münster-Park und dem prächtigen Gotteshaus sowie dem **Parkplatz ❶** zurück.

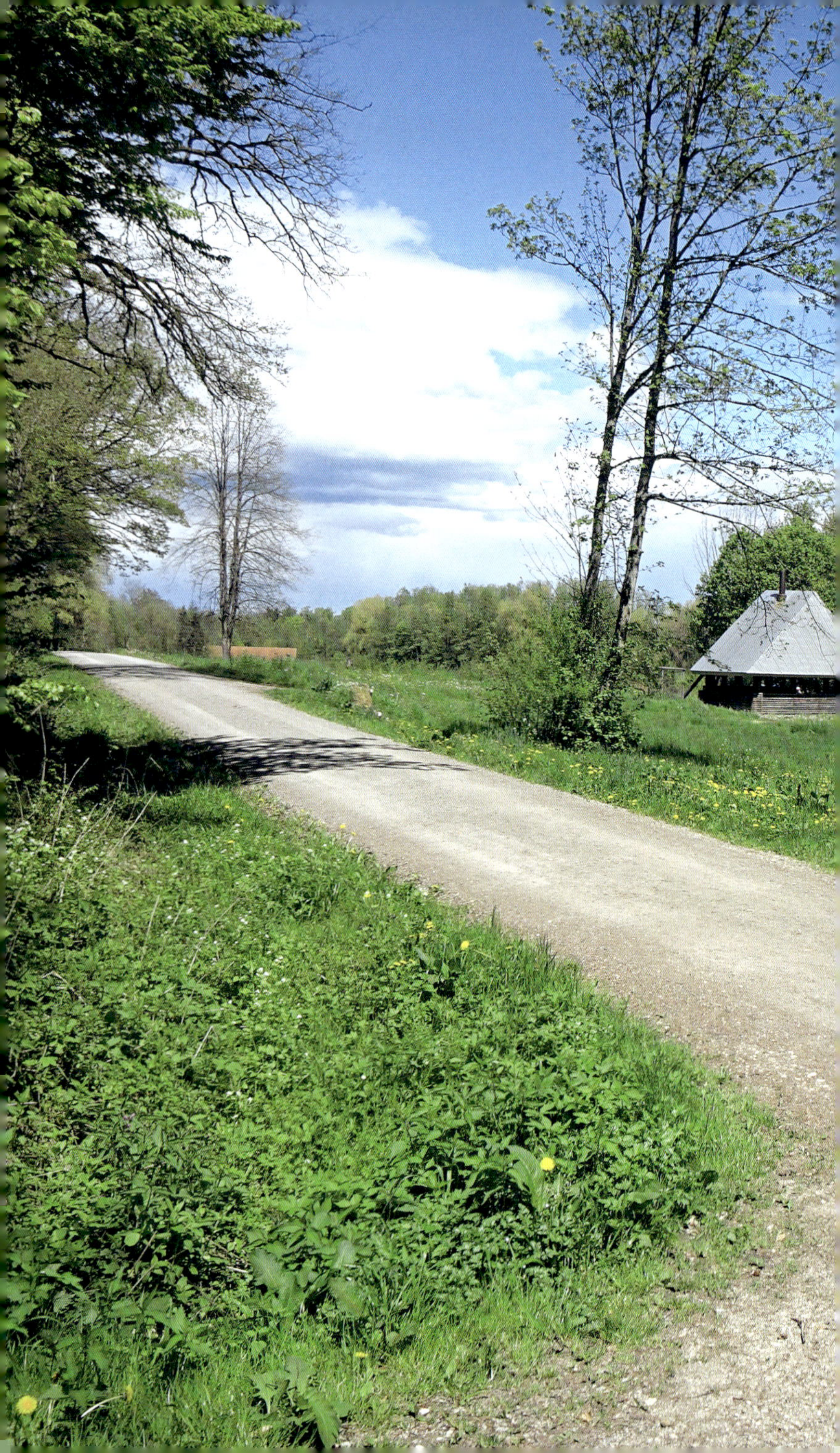

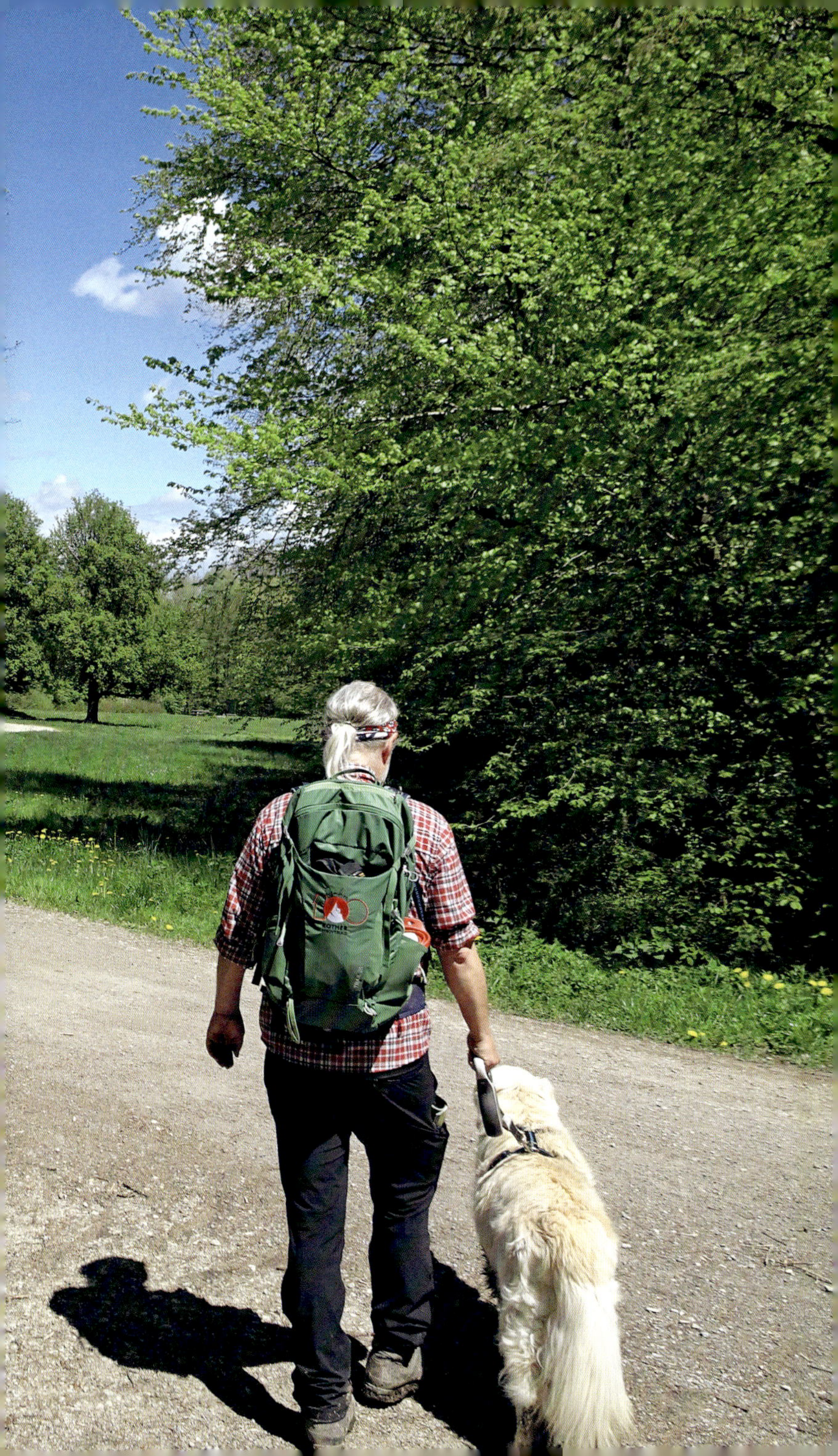
ROTHER

Stichwortverzeichnis

A
Aichstetten 128
Albtrauf 14
Alte Steige 89
Anwandfelsen 39
Ave-Maria, Wallfahrtskirche 24
Ave-Quelle 24
Ave-Weg 22
B
Bad Boll 25
Bad Ditzenbach 8, 41
Bad Überkingen 8, 29
Barbarossakirche 53, 56
Barnberghütte 90
Berneck 23
Bertaburg 26
Berta-Hörnle-Tour 25
Beuren 80, 84
Beurenberg 83
Beurener Fels 82
Beutenlay 108
Bichishausen 116
Bismarckfelsen 40
Bläsiberg 36
Blumentobel-See 81
Bodenfels 34
Boller Heide 26
Breitenbachsee 97
Breitenlau-Hütte 81
Bremelau 113
Brucker Fels 83
Buchrainenhütte 33
Bühl 79
Burg Derneck 121
Burg Teck 78
Burg Tiefental 129
Bürzel 117
Buschelkapelle 23
C
Charlottenhof 50
Charlottensee 50
D
Dalisberg 64
Deggingen 22
Donzdorf 44
Dreifaltigkeitskreuz 135
Dreifelderwirtschaft 109
Drei-Kaiserberge-Land 52, 65
E
Eckfelsen 42
Engelberg 81
Erbstetter Feldkreuz 125
Erkenbrechtsweiler 82, 90
Eybach 39
Eybacher Schloss 40
F
Feldberg 104
Felsendach Heuscheuerle 126
Felsenrunde 8, 28
Felsental 38
Felsen-Tour 10, 38
Filstal 32
Filstalgucker 8, 32
Filsursprung-Runde 35
Fohlenhof St. Johann 93
Friedrichsfels 83
Fritz-Bolay-Denkmal 100
G
Galgenberg 72
Galgenbergpark 72
Gasthaus Lorettohof 132
Gasthaus Ziegelhütte 60
Gasthof Burrenhof 91
Geiselstein 14, 34, 58
Geiselsteinhaus 34
Geislingen an der Steige 8, 38, 58, 65
Gelber Fels 79, 93
Gestütshof St. Johann 94
Gießstein 107
Gomadingen 110
Gönningen 101
Großes Lautertal 113, 126
Große Weite 37
Grüner Fels 94
Gundelfingen 116
Gundelfingen-Wittstaig 120
H
Haarberg 47, 63
Hasenbach 130
Hasental 37
Hausen an der Fils 64
Hausener Felsen 29
Hayingen 124, 130
Herrenhau 117
Heutal-Blick 108
Hexensattel 47, 63
Hiltenburghütte 43
Himmelsfelsen 39
hochgehackert 127
hochgehadelt 75
hochgehberge 70
hochgehblickt 72
hochgehbürzelt 116
hochgehfestigt 84
hochgehflogen 9, 92
hochgehgrenzt 113
hochgehhütet 108
hochgehkämpft 101
hochgehkeltert 87
hochgehlautert 9, 124
hochgehlegen 82
hochgehnießen 80
hochgehpilgert 9, 132
hochgehschätzt 130
hochgehsiedelt 90
hochgehsprudelt 110
hochgehswiggert 9, 120
hochgehträumt 9, 104
hochgehtürmt 9, 98
hochgehwachsen 96
Hohbölle 85
Höhenrunde 8, 41
Hohenstaufen 8, 52, 55

Hohenstein 67
Hohe Warte 93
Höllenlochhütte 94
Hörnle 48, 79
Hörnle-Hütte 25, 27
Hülbener Brille 90

J

Jungfraufels 16, 29

K

Kahlenstein 34
Kilianskreuz 23
Knaupenfels 36
Kornberghütte 26
Kretzenbühl 66
Kuchalb 15, 66
Kuhfelsen 67

L

Landpark Albtrauf 44
Lautertal 6
Lerchental 112
Lichtenstein 104
Lindhalde 47
Linsenbühl 107
Lourdes-Grotte 132
Löwenpfade 20

M

Maierhalde 65
Maitis 55
Markwasen 96
Messelberg-Tour 44
Messelstein 45
Michelsberg 28
Mittlere Roßbergwiesen 102
Molachsee 91
Mühltalfels 60
Münsingen 108

N

Naturschutzgebiet Won 99
Neuffen 87
Neuffener Heide 87
Nürtingen 72

O

Oberböhringen 31
Obere Wanne-Hütte 98
Ochsenwang 79
Ödenturm 59
Olgafels 94
Orchideenpfad 8, 46
Ostlandkreuz 34
Östliche Roßbergwiesen 102
Owen 75

P

Papiermühle 36
Parkplatz Heiligental 121
Parkplatz Hopfenburg 108
Parkplatz Kalkofen 104
Parkplatz Landesziegenweide 98
Parkplatz Pappelweg 26
Parkplatz Roßwasen 96
Parkplatz Schützenhaus 101
Pfronstetten 127
Pfullingen 98
PhänoPfad 127

R

Rastplatz Tiefental-Hütte 129
Reichenbach im Täle 46, 62
Restaurant Schützenhaus 97
Reutlingen 96
Rossberg 9
Roßbergturm 102
Rossfels 94
Rötelstein 44
Ruine Helfenstein 59
Ruine Hiltenburg 8, 42
Ruine Hohengundelfingen 6, 122
Ruine Hohenneuffen 86, 87
Ruine Maisenburg 125
Ruine Monsberg 126
Ruine Rauber 70, 78
Ruine Reußenstein 35
Ruine Wartstein 126

S

Sandgrube 31
Sättele 99
SAV-Wanderheim Bichishausen 115
Schachenberg 113
Schafberg 8
Schertelstal 37
Schillerlinde 74
Schillertempel 31
Schloss Ehrenfels 131
Schloss Filseck 50
Schloss-Filseck-Runde 50
Schloss Lichtenstein 9, 107
Schlupffels 82
Schönberg-Turm 99
Schonderhöhe 42
Schwäbische Alb 14, 16
Schwäbische-Alb-Panorama 111
Schwäbischer Albverein 17
Seizenbachtal 44
Sibyllenloch 79
Sonnenfels 94
Spielburg-Felsen 56
Spielburg-Runde 52
Staufer-Runde 8, 54
Steigen-Tour 58
Sternbergturm 110
Stromberg 17

T

Tempele 27
Teufelsklinge 97
Tierstein 43
Tiroler Felsen 34
Tobelweiher 85
Traunsee 8
Türkheim 33

U

Uhingen 50
Unterböhringen 64

V

Villa Rustica 72
Vorderer Lahngangsee 9

W

Wackerstein 9, 99
Waldparkplatz Braikestal 111
Waldparkplatz Schelmenwasen 87
Wanderheim Eninger Weide 94
Wanderparkplatz Anhausen 125
Wanderparkplatz Bassgeige 82
Wanderparkplatz Hochholz/Astropfad 90
Wanderparkplatz PhänoPfad 128
Wanderparkplatz Schillerhöhe 45
Wanderparkplatz Steighof 116
Wäschenbeuren 54
Wäscherschloss 54
Wasserberg-Haarberg 8, 46
Wasserberghaus 48
Wasserberg-Runde 62
Weigoldsberg 64
Weiler ob Helfenstein 59
Weitblick-Tour 8, 65
Wengert-Häuschen 73
Wimsener Höhle 130
Winterhalde 24
Wittstaig 121

Z

Ziegelhof 36
Zwiefalten 130, 132
Zwiefalten-Gossenzugen 135
Zwiefalter Münster 71, 132

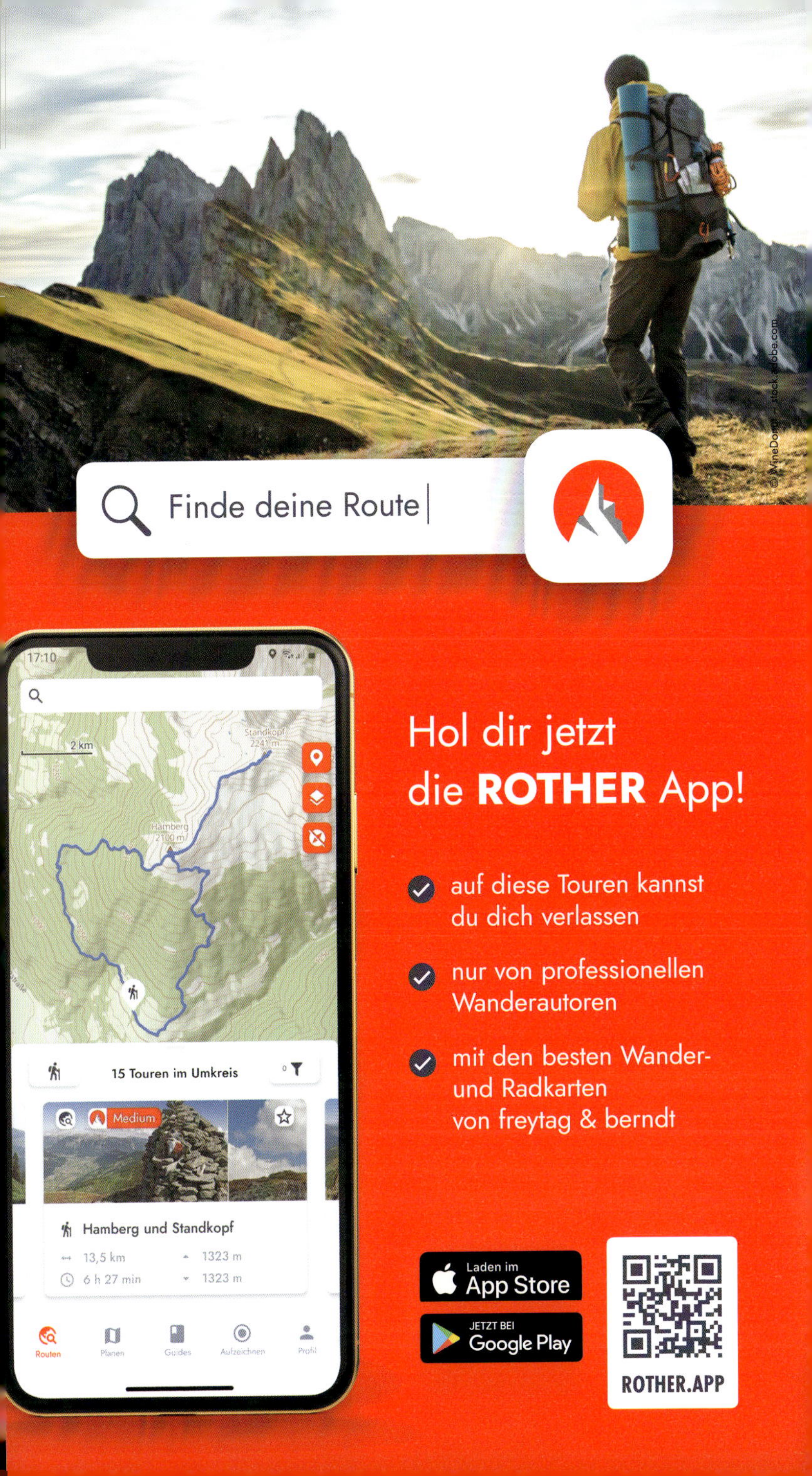

Impressum

Umschlagbild: Am Tierstein (Tour 7)

Bild im Innentitel: Neuffen und die Hohenneuffen (Tour 21)
Bild S. 18/19: Streuobstwiese bei Bad Überkingen (Tour 3)
Bild S. 68/69: Albsofa auf dem Burgstall (Tour 4)
Bild S. 136/137: Im Tal des Breitenbachs (Tour 24)

Alle Fotos von Martin und Heidi Maria Kuhnle – außer S. 76/77 (Foto Stephan Reinhardt) und S. 106 (Bildrechte: Schloss Lichtenstein)

Kartografie: 36 Wanderkärtchen im Maßstab 1:25.000 / 1:50.000
Geodaten © OpenStreet Map und Mitwirkende
Kartografisches Design: Freytag & Berndt, Prag, www.freytagberndt.cz
sowie 2 Übersichtskärtchen im Maßstab 1:400.000 und 1:800.000
© Freytag & Berndt, Wien

1. Auflage 2023

ISBN 978-3-7633-3379-0

Wir freuen uns über jeden Korrekturhinweis zu diesem Wanderbuch!
Bitte per E-Mail an: **leserzuschrift@rother.de**

ROTHER BERGVERLAG · Keltenring 17 · D-82041 Oberhaching
Tel. +49 89 608669-0 · www.rother.de